昭和街場のはやり歌

戦後日本の希みと躓きと祈りと災いと

前田和男［著］

彩流社

まえがき

私の同級生の大半は戦争が終わって一年目の一九四六（昭和二一）年に、私自身はその翌年に生まれた「団塊」といわれるベビーブーマーのフロントランナーである。

私たちベビーブーマーと戦後日本が青春を謳歌した時代は、つねに歌と共にあった。ラジオとテレビと映画という子供から大人までが等しく享受する国民共通の情報インフラが健在で、その中心には「はやり歌」が君臨していた。そうした国民的歌謡が、時代の節目節目に通奏低音として流れていて何かを告げていた。にもかかわらず、あらゆる面で幼かった私たちはそれを聞き取る耳をもっていなかった。

私の父親は職業軍人で復員をして私と二歳下の妹が生まれたが、その父親が湯船につかりながら、上機嫌でペギー葉山のヒット曲「南国土佐を後にして」をうたっていたことがあった。「あの歌は、このあいだの戦争中に軍隊でうたわれていたものだ……」。父親からそう聞かされても、子供の私には、元歌とどこがどう違っているのか理解できるはずもなかったし、長じてからも父親への反発から、この歌がもつ意味とメッセージを深く考えることはなかった。

わが家に待望の白黒テレビが入り、そこからコロムビア・ローズの「東京のバスガール」が流れてきたときもそうだった。往時小学生の私の目には、しばしば渋谷へ遊びに行くのに乗車するバスの現実の女性車掌たちは暗くて地味で、歌詞のように「♪若い希望も恋もある」と信じて「♪明るく走って」いるようにはどうしても見えなかった。それなのに「それはなぜだろう」とも思わず、ましてや、やがて同世代の〝金の卵〟の女子たちが、この歌にあこがれて、集団就職で東京を目指すことに思いが及びもしなかった。

あのころ街場にあふれていた「はやり歌」たちは、「今日より明るい明日が来る」と思わせてくれるチアアップソングであり、私たちベビーブーマーは、それにまんまと乗せられて無邪気に幼少年期を謳歌していたのだった。往時のアルバムを見ると、つぎはぎだらけのボロをまとった自分が目を輝かせて顔だけでなく身体全体で笑っているのに驚かされる。おそらく、その大きな要因のひとつは「はやり歌」の効用だったのだろう。

ところが、やがてそれに疑念を抱くときがやってくる。

戦後民主主義の申し子であった私たちは、新生日本は、同世代の吉永小百合が主役を演じる「青い山脈」の世界を追い求めているはずだと信じこんでいたが、それは淡くも儚い夢にすぎなかった。それに気づいた私たちは、世間に異議申し立てをしたが、無残にも踏みにじられた。それから半世紀がすぎ、「なんでこんな日本になってしまったのか」の苦い思いと共に、「この先、私たちはどうなるのか、何を見ることになるのか」と危惧と不安がつのるばかりだ。

すんでしまったことを取り戻すことは叶わない。それでも、「はやり歌」に隠された警告のメッセージを読み取ることで、未来の危難への備えを下の世代に伝えることはできるのではないか。

その理由は、私が戦後日本の「はやり歌」と共にあった団塊世代というマジョリティの中のマイノリティだからである。だったら、遅ればせながらそれにチャレンジしよう。そう思いたったものの、幼さゆえに聞き逃してしまった、「はやり歌」にこめられた警告のメッセージを、改めて思い起こすことはできるものだろうか。私は昭和歌謡史の研究者でもなければ、音楽業界の内情に精通しているわけでもない。はたしてその任に堪えられるかと不安もあったが、筆をすすめるほどに、むしろ私だから逆にそれができそうだと確信が増してきた。

歌は世につれる以上、〝不都合な真実〟はなかなか歌の直接的主題にはなりにくい。いや、なったところではやらない。それでも〝不都合な真実〟は、流行歌から完全に覆い隠されることはできず、いつしかじわじわと滲みでてくる。それは時に、「この世は理不尽だ」「間違っている」と声高に断罪する論壇の言説よりも、かえって説得力をもって「時代の深層にある真相」を垣間見せる。

だが、それにマジョリティは気づきづらい。「はやり歌」は「大衆」をターゲットにするがゆえに、マジョリティの耳には心地よく、その裏側にひそむ〝不都合な真実〟には思いが及ばないからだ。

いっぽう、マジョリティの中にありながら、そこに居心地の悪さを覚えるマイノリティがいる。彼らはマイノリティゆえに「大衆歌」に違和感をもち、時にその歌の通奏低音に警告のシグナルを聞き取ることができる。

かくいう私もその一人である。団塊世代は七〇〇～八〇〇万人ともいわれる巨大な塊りだが、そのうち私のように四年制大学への進学者は一五パーセント程度でしかない。また、団塊世代の多くは、地方から大量に都市へ押し寄せて戦後の高度成長を支えたが、私は東京生まれの東京育ちである。大学に入ってからは、そしてその後社会に出てからも、少数派として肩身の狭い思いをさせられてきた。

さらに、私たちの青春時代はベトナム反戦や全共闘運動など「政治の季節」といわれ、私も〝怒れる若者〟として参加をしたが、それは当時の学生のせいぜい五パーセント程度でしかなかった。大半の同世代は「平凡パンチ」を愛読し甘酸っぱい青春を享受し、やがていい会社に就職することが最大の関心事だった。

私はそんな同世代のマジョリティとは大きく外れていたのに、下の世代からは、さんざん世の中を騒がせたあげく、髪の毛を切って企業戦士となり、バブルの恩恵にあずかり、しっかり年金をもらってハッピーリタイアした食い逃げ人生、と指弾されている。最初の「世の中を騒がせた」の批判は甘んじて受けるが、それ以外は私にはあたらないので、なんともわりにあわないという違和感を抱きつづけてきた。

しかし、そのおかげで、本書のテーマである街場の「はやり歌」から、戦後日本の深層に潜む真相に気づくことができたのだから、まあよしとしよう。

本書における私の役回りは、いってみれば、かつて炭坑夫がガス爆発から身をまもるために坑内にもちこんだとされる「炭鉱のカナリア」かもしれない。といっても、長生きが取り柄なだけのそうとう鈍感なカナリアである。なにしろ、喜寿をすぎ三年後に傘寿《さんじゅ》を迎える歳になって、わが青春時代の「はやり歌」に潜んでいた戦後日本の深層に潜む真相にようやく気づきはじめたのだから。

だが、この「気づき」を遅きに失したというなかれ。時代の深層に潜む真相は、いたずらに馬齢を重ねないと気づけないものなのだ。それでもまだ間に合う。とりわけ、私たちより下の若い世代にとっては。

「はやり歌」たちは、戦争を挟んで六十余年もつづいた「昭和」とは一体いかなる時代であったのかをあぶりだしてくれる。さらに「過去の日本」のありようだけでなく、そこからは「明日の日本」を垣間見ることができるかもしれない。

今も街場の「はやり歌」たちは、そのための手掛かりとして発見されることを待っている。

＊

なお本書は、四章だてで構成されている。

Ⅰ　希求と喪失の章では、「今日より明日がよくなるという成長神話はどう生まれ、なぜ頓挫したのか」

Ⅱ　異議と蹉跌の章では、「一九六〇年代に吹き荒れた政治の季節は何であったのか」

Ⅲ　祈念と失意の章では「戦後日本は非戦平和を誓って再出発したのになぜ挫折したのか」

そして最後の、

Ⅳ　災厄と予兆の章では「新型コロナやロシアのウクライナ戦争など世紀の災厄に直面した日本はどこへむかうのか」

を、「はやり歌」たちを通してそれぞれひもといてみた。

目次

昭和 街場のはやり歌

——戦後日本の希みと躓きと祈りと災いと

I　希求と喪失の章

昨日よりも今日、今日よりも明日がよくなる——高度成長期までの戦後日本はそう信じ、青春を謳歌しながら、生き方と働き方を大きく変容させつづけた。しかし、「街場のはやり歌」たちは、人々の希求をあおるいっぽうで、やがてそれが裏切られることを知っていたのだった。

♪第一話

GHQと炭坑節が戦後日本をつくった!?

「炭坑節」 歌・赤坂小梅ほか（一九四八年）

■「炭坑節」は三池炭鉱の歌ではない

〝新生日本〟は、戦後直後の大ヒット曲「青い山脈」の歌詞よろしく「♪若く明るい歌声」によってつくられ、今日よりも明日がよくなる時代がいつまでもつづく――多くの日本人はそう思い込んでいた。しかしそれはやがて無残にうちくだかれるのだが、そう錯覚させたのはいったい誰で、それはどのようにして仕組まれたのか？

今まで秘されてきたその〝戦後某重大事件〟の存在とそれを読み解くヒントを知ったのは、一〇年ほど前、ある研究誌の取材で、日本を代表する三池と筑豊の両炭鉱跡を訪れたのがきっかけだった。大牟田市世界遺産登録・文化財室の坂井義哉さんに市内各所の三池炭鉱関連施設を案内してもらったおりに、「こんな資料もありますが」と一枚のコピーをいただいた。

一九八三年～一九九五年まで三期一二年福岡県知事をつとめた奥田八二《はちじ》が「社会問題月報」（No.三六三、一九九二年一二月号）に寄せたエッセイで、次のくだりが私の関心を惹いた。

「炭鉱節（正しくは「炭坑節」だが原文ママ、以下同）でよくうたわれている文言は、私の頭にある限り、高い煙突のない『三池』でなくて、三井田川炭鉱のことである。『一山二山三山越え』というのは田川の香春岳《かわらだけ》のことだし、『香春岳から見おろせば伊田の竪坑が真正面』というくだりも、正に三井田川炭鉱そのものをさしている。だから文言の出身は田川というのが私の判断。田川の人達は『三井炭鉱の上に出た』といったに違いない。『三井』というべきなのに『三池』といってしまったのは誰か、私には答えは一つしかない。戦後の石炭至上の時代に、日本の炭鉱に指令を出していたのはアメリカ軍だ。軍の本拠地は三池におかれていた。だからアメリカ軍が『三池炭鉱の上に出た』といわせたに違いない、というのが私の推理だった」

もちろんここで着目すべきは、「だからアメリカ軍が『三池炭鉱の上に出た』と（ウソを）いわせた」という断定である。しかしながら、そのための前提がよそ者にはストンと落ちない。奥田はそもそも「炭坑節」は三池炭鉱をうたったものではないと言い、資料提供者の市職員も、「奥田さんにいわれなくても、大牟田の人間はみなそう思っています」というのだが、子供の頃から盆踊りのBGMは「三池炭鉱の上に出た」だった東京の生まれ育ちの私には、筑豊と三池の違いもよくわからず、やれ高い煙突があるのないの、やれ山の越え方がどうのと歌詞を証拠に上げられてもピンとこない。

（上）筑豊の雄、三井伊田炭鉱のシンボルの二本の巨大煙突。坑夫と石炭を地底から運び出す蒸気汽缶には不可欠の排煙装置だった。
（下）伊田炭鉱竪坑跡から香春岳を望む。一番手前の双子の丘はボタ山。その先が「三山」だが、石炭採掘のため台形に変形。その奥に「一山、二山」が聳える。

市職員から「現地に行けば一目瞭然」といわれ、わが目で確かめるべく三池から列車を乗り継ぎ優に三時間をかけて筑豊の中心地、かつて三池とならぶ三井の有力炭鉱で栄えた田川伊田へと向かった。

当地の石炭・歴史博物館を訪れると、福本寛同館学芸員に、「今ここが伊田の竪坑の跡地であれが香春岳」と指さされた。たしかに、竪坑跡の真正面のはるか遠くに香春岳が三つの山で形成されており、歌詞のとおり香春岳に行くには三つの山を越えなければならない。なお手前下にある双子の丘はボタ山である。後ろを振り返ると煙突が天高く聳えているいっぽ

「炭坑節」のレコード録音のため航空機で大阪へ向かう地元の芸者衆（田川市石炭・歴史博物館）

う、前日訪れた三池炭鉱は福岡県大牟田と熊本県荒尾にまたがる有明の海に面しており、周囲を見渡しても山は見えない。一瞬にして納得がいった。「炭坑節」のモデルを三池とするのは地形的に見て明らかに誤りで、正解は筑豊の「伊田炭鉱」である、と。

もう一つ動かぬ証拠を福本寛学芸員から館内で示された。それは昭和七年に発売されたレコードで、「現存する最も古い『炭坑節』が録音されている」という。同年に筑豊の中心、田川郡後藤寺町（現・田川市）で勧業博覧会が開催されることになり、その記念にと地元の芸者衆三人にうたわせ、当時業界最大手であった大阪の日東レコードから発売されたものだ。当時としてはなんとも豪気なことで、ニュース映画やラジオで取り上げられ、これで「炭坑節」は筑豊地方から全国へと知られるきっかけになったという。

炭鉱《ヤマ》の人々は、炭鉱仕事に伴う苦役と恐怖をまぎらわそうと、様々な「唄」を生みうたい継いできた。産炭地の発展とともに賑わいを見せる花街で、芸者たちが同じ女たちがボタを選り分けながらうたう「選炭唄」に三味線で伴奏をつけて「座敷唄」としてうたい、評判をとるようになる。これぞ「♪月が出た出た月が出た〜」の「炭坑節」のルーツである。

こうして労働者発の仕事唄から座敷唄に洗練された「炭坑節」は、芸者衆を媒介にして炭鉱経営者の口へと伝染《うつ》り、彼らは地元の筑豊の山元だけでなく、小倉や博多の花街で豪遊するたびにこれをうたうことで広めていったのだという。

これで、奥田の指摘するとおり、「炭坑節」生誕の地は「三池」ではなく、筑豊の「三井（伊田）炭鉱」であることが明らかになった。

それでは奥田が挙げる次の「前提根拠」――「戦後の石炭至上の時代に日本の炭鉱に指令を出していたのはアメリカ軍だから（間違っているのに「三池」とうたわせた）」を確かめるとしよう。

敗戦によって壊滅的打撃をうけた日本は、鉄鋼、セメントなどの基幹産業部門はもちろん、鉄道、電気、ガスなどの生活インフラもまた最小限の石炭が確保されないために、復興のめどはさっぱり立たなかった。いうまでもないが、戦後復興の主導者は〝戦勝者〟である連合国軍最高司令官総司令部（ＧＨＱ）であった。

そこで打ち出されたのが、「傾斜生産方式」――まずは産業のコメである「石炭」と「鉄鋼」に選択と集中をしようという産業政策である。これによって、炭鉱労働者に対して主食配給の増量、賃金アップ、その他生活物資の増配などのインセンティブが与えられ、この優遇措置によって、復員者、引揚者、戦災者などが炭鉱へ大量に新規参入、終戦直後には二一万人と戦中から半減していた炭鉱労働者は一九四七（昭和二二）年には元に復する。しかし生産量は元に復するほどには上がらなかった。

業を煮やしたＧＨＱはさらなる督励策を打つ。経済安定本部、石炭庁、労働省の担当者によって構成された「石炭増産特別調査団」とＧＨＱの「総司令部石炭生産調査団」の共同事業として、その名も「ＢＬＡＣＫ　ＤＩＡＭＯＮＤ（黒ダイヤ）」号なる特別列車を仕立てて二大産炭地である北海道と北九州へ乗り込み、直接指導に入ったのである。

いかにＧＨＱが石炭増産を最優先課題にしていたかの証明であった。

こうしたＧＨＱ肝いりの石炭増産督励政策が奏功し、一九四七年度の生産量は目標の三〇〇〇万トンに対し、二九三四万トン、遂行率にして九七・八パーセントの成果を上げるのである。

これでＧＨＱが石炭増産にこだわった理由と実態はわかった。その上で奥田はいう。「（米進駐）軍の本拠地は三池におかれていた」と。それはいったいどれほどのものだったのか。彼らにとって、「三池炭坑の上に出た」とうたわせる工作をするほどのこだわりの場所だったのか。

■三池が進駐軍の本拠地に

それを確かめるために終戦直後の大牟田へとタイムスリップしよう。

敗戦から一と月もたたない一九四五年九月一〇日、米第五艦隊スツランスン大将より、連合軍が南九州の鹿屋につづき西九州へ進駐するむねの通告があり、佐世保に上陸後、九月二二日に福岡へ。そこで九州地方軍政部を設置すると、一〇月六日に小倉、久留米とともに三池炭鉱のある大牟田へ兵を進め、一九四五年一二月までに大牟田をふくむ福岡県に駐留した米軍は二万八千人を数えた。

なぜ大牟田がGHQの進駐先の一つに選ばれたのか。皮肉なことに、それは空襲の標的にされたのと同じ理由からであった。大牟田は三池炭鉱とそこから産出される石炭を原料に重化学工業で栄えた日本有数の工業都市であったため、戦前は米軍から五度の空襲にあって市街地の三分の一が焦土と化していた。そして戦後は石炭と重化学工業ゆえに戦後復興の拠点の一つにと進駐先に選ばれたのである。もうひとつ進駐の重大な理由があった。大牟田には捕虜収容所があり、そこにはアメリカ兵も収容され三池炭鉱で使役されていたからだ。

ちなみに三川坑横に設置されていた「福岡俘虜収容所第一七分所」は収容定員二〇〇〇人と国内最大級で、所長の由利敬はBC級戦犯として巣鴨プリズンの絞首刑第一号となった。

進駐軍が本部として接収したのは、戦前は三池炭鉱を経営する三井の社交場であった「三井港倶楽部」である。進駐すると、日本庭園の池をつぶしてテニスコートを作り、今もその痕跡は庭に残っていて、ここで結婚式を挙げるカップルの絶好の記念撮影ポイントになっている。

■「炭坑節」を戦後復興のプロパガンダソングに

これで奥田の前提はすべて確認できた。すなわち、「『炭坑節』は筑豊生まれで」⇩「戦前は『月が三池炭坑の上に出た』とはうたわれていなかった」⇩「戦後日本を占領支配したGHQにとって石炭増産が大命題のため」⇩「三池炭鉱に駐留した」。そこで奥田はこう結論づける。「だからGHQは『三池炭坑の上に出た』とうたわせたのだ」と。

なるほど！と感心したくなるが、しかしよくよく考えると、前提と結論の間に少々飛躍がある。GHQが三池炭鉱に惹かれて駐留したまではわかる。戦後復興に石炭は欠かせないからだ。しかし、そこでうたわれていた歌になぜGHQは惹かれたのか、しかも歌詞を改ざんまでしたのか、動機が不明である。これについて奥田は述べていない。

この論証の詰めの甘さに実は奥田自身も気づいていたのだろう、この後で、こんなエピソードを紹介して、「GHQ首謀者説」を自ら後退させている。

　ある日、奥田は元三井建設社長と会う機会があり、その席で、こんな「裏話」を聞かされた。一九五〇（昭和二五）年六月、第二回参議院選挙の全国区に当時三井鉱山社長で日本石炭協会会長を業界代表として擁立、その「選挙参謀」をつとめた。そのとき、「炭坑節」を吹き込んだレコードを全国の主要料亭に配布。今なら公職選挙法違反で失職するところだが、それが効を奏したのか、六一万六一一票を獲得して見事一位当選。こうしてレコードを何十万枚もまいたことで、結果として「炭坑節」がブームとなったのだといわれたという。

　さらに元選挙参謀はいう。「月が出た出た」のくだりは「三池炭坑の上に出た」となっていたと。「炭坑節」が戦前田川の花街から生まれたときは「三井炭坑」か「伊田の竪坑」とうたわれていたのが、戦後は「三池炭坑の上に出た」と誤ってうたわれるようになったのも、この選挙運動によるものだというのである。

　奥田は名前を伏せているが、その人物とは、山川良一三井鉱山社長（一八九一―一九八二年）である。三井鉱山に入社し、山野、砂川などの鉱業所所長を歴任。一九四七（昭和二二）年、社長に就任。翌年日本石炭協会会長となり炭鉱復興につとめた。

　戦後の「炭坑節」ブームの仕掛け人はＧＨＱではなく、山川良一日本石炭協会会長だとする「新説」に対して奥田は「彼（往時の選挙参謀）が強調したのは、三井か三池かの違いではなく、レコード吹き込みで全国配布して、はじめて親しまれる『炭鉱節』ができたので、この面からは全国レベルの文化を残したことになったということなのだ」と上手にまとめて元選挙参謀に花をもたせている。

　しかし、占領下の時代を考えれば、「炭坑節」を国民歌謡にした仕掛人＝プロデューサーはあくまでもＧＨＱであって、山川はそれに便乗しそれを尻押ししたＰＲマンにすぎないのではなかろうか。

　実に興味深い推理なのだから、奥田よ、退くな！　ブレるな！　といいたい。

　私もここまで奥田の推論についてきたのだから、断じて退くわけにはいかない。

　そこで、私なりに資料にあたりながら、大胆に推理を働かせて、奥田の推論の弱点を埋めてみよう。こう考えたらどうだろうか。

「傾斜生産方式」という乾坤一擲の政策は、炭鉱だけ、あるいは産業界だけを督励して成し遂げられる施策ではなかった。

直接炭鉱に関係のない圧倒的多数の国民の当面の「分配」を減らして先送りするのであるから、彼らを説得し支援者として巻き込む必要があった。炭鉱仕事がいかに重要かをソフトにプロパガンダして国民の理解を得なければならない。そのためには「歌舞音曲」の効果は大きい。そこでGHQは辛い職場の炭鉱生まれなのにやけに明るい「炭坑節」に目をつけ、まずはレコードを発売させ、それをラジオから流させ、「炭鉱がんばれ」という共感を国民にすり込もうとした――という仮説はどうだろうか。

実際、一九四八年一一月には、地元筑豊出身の芸者歌手・赤坂小梅が日本コロムビアから、翌一九四九年には、日本橋きみ栄がポリドールから、美ち奴がテイチクから、音丸がキングレコードから吹き込んでいる。

さらに「炭坑節」をテーマソングに一九四六年八月から毎週一回夕刻に「炭坑に送る夕べ」がNHKから放送される。まさに国をあげての一大PR作戦だったが、この裏にはGHQの強い意思が働いていたとみていいのではないだろうか。

ちなみに「炭坑節」をたて続けに吹き込んだ四人は、音丸をのぞいていずれも芸者出身で進駐軍のフジヤマ・ゲイシャ好みを感じさせる。これも裏にGHQがいる傍証ではなかろうか。

我ながらなかなかの仮説とは思うが、少々難点があることに気づいた。すなわち皇居を見下ろすGHQ総司令本部が『炭坑節』は使える」というマイナーな情報を予め持っていたとは思えないからだ。現場から、それも相当に説得力のある信頼性の高い情報が上がっていなければ、GHQ中央がレコードの吹き込みやNHKの放送をバックアップするとは思えない。

問題は現場からどのような形でどんな炭鉱情報が上がってきていたかである、とりわけ日本最大の炭鉱でGHQが進駐した三池はどうだったか、である。

そこはまさに修羅だった。

『大牟田市史』の記述によれば、GHQ進駐直近の三池炭鉱における「外国人」比率は、半島と大陸からの連行者に捕虜を加えると三一・四パーセント（全国平均は三四・二パーセント）であった。彼らのうち連合国軍捕虜約三〇〇〇人は直ちに「解放」され母国へ送還されたが、問題は半島と大陸出身の人々であった。それまで「過酷きわまりない死の労働」の下の置かれていた彼らが、「諸物資の略奪、会社幹部への暴行、器物損壊」をもって暴発したとしても不思議ではなかった。

三池炭鉱を経営する三井鉱山株式会社編「資料三池争議」によると、「小銃、軽機関銃などの武器をもって武装し、被服、食糧、現金などの諸物資を指定の時間内に調達提供することを強要し、あるいは、坑内従業人に対し、私的制裁を加えるなどほとんど手の施しようのない状態であった」。

これに母国の政治が状況を一層複雑かつ厄介にした。

万田《まんだ》、四山《よつやま》、宮浦《みやうら》の各坑にいた中国人たちは、蒋介石率いる「国民党」系と毛沢東率いる「中国共産党」系に分裂、「四山と万田でお互い機関銃を撃ちあい、四山の隊長が万田グループの者に殺されるという事件も起こった」（前掲書）。やがてこうした「騒動」もＧＨＱによって「鎮圧」され、同年九月から一一月にかけて本国へ送還されるにいたってようやく終息に向かったという。

特攻隊の生き残りに刺し殺されるのではないかと戦々恐々としながらも、ほとんど抵抗にあわず、それどころか大歓迎を受けて拍子抜けした他の進駐先のＧＩたちとは対照的であった。

大牟田に進駐したＧＨＱ兵士たちは「戦後処理」の修羅を目のあたりにして一瞬立ちすくんだはずである。そんな中で下士官クラブで軍楽隊が「ご当地ソング」として演奏する「炭坑節」を耳にしたらどうだろう。あの底ぬけの明るさに、「戦後処理」の厄介と困難をすべてチャラにしてくれそうな癒しと励ましを感受したのではなかろうか。あるいはディキシーやカントリーにどこか似ているとふと母国の故郷を想ったかもしれない。ＧＩ（進駐軍兵士）たちが他所で「炭坑節」を聴く機会もあったろうが、三池炭鉱を抱える大牟田で聴くそれはまた格別であり、だからこそ大牟田が発信源となり、それはＧＨＱ本部へと伝えられ、全国へと波及したのではなかろうか。

■「炭坑節」に魅せられたＧＩたち

では、具体的にはＧＨＱの兵士たちは「炭坑節」にどのように出会って、どう付き合い、どう戯れたのか？　調べているうちに、「炭坑節」に魅せられたＧＩたちの興味深い情報にたどり着いた。進駐軍による替え歌の Coal Miner's Song があったことが判明。「炭坑節」の英語版には様々なバージョンがあるが、そのＣＤを手に入れることができた。

その一つは、被占領時代の一九五一年七月に、日本コロムビアからリリースされた「ＴＡＮＫＯ―ＢＵＳＨＩ」である。

作詞はマイケル・ホワイト、編曲レイモンド服部、ヴォーカルはグレース・雨宮。彼らは横浜の進駐軍クラブの常連出演者であったので、おそらくそこでうたわれていたものがベースになったと思われる。
「元唄」との違いを比較検討するために、日本語訳（筆者）を補足して、以下に掲げる。

TANKO–BUSHI (Coal Miner's Song)

Shine on,shine on moon o'er the mountain high　Yoi Yoi
Out where the pine tree grow and flowers are in bloom
I'm gonna pull the "rikisha" through the bamboo grove
Darling, my dear love one, "Chotto Matte Ne"　Sano Yoi Yoi
♪月が出た、出た、山の上（ヨイヨイ）／松が茂って、花咲いて／リキシャ（人力車）を引いて竹藪ぬけて／愛しい
貴女、ちょっと待ってね（サノヨイヨイ）

Come to me, come to me my sweet and smiling gal　Yoi Yoi
And play your "Shamisen" for me by the lantern light
I'll dance and sing a spring song 'neath the cherry trees
Until the lady moon hides her face away　Sano Yoi Yoi
♪近くにおいで、笑顔の素敵な愛しい娘《こ》（ヨイヨイ）／行燈ほんのり薄明かり、弾いておくれよ三味線を／さあさ、
踊って歌おう桜の下で／お月さんが雲に顔を隠すまで（サノヨイヨイ）

Kiss me darling, kiss me darling under starlit skies　Yoi Yoi
I'll tenderly caress you and whisper words of love
In the silent and silvery night just you and me
Only temple bells a ringing far and far away　Sano Yoi Yoi
♪夜空に輝く星のもと、キスしておくれよ、愛しの貴女（ヨイヨイ）／貴女を抱いて囁くは、甘い甘い愛の言葉／夜

の銀河の静寂《しじま》の中で僕と貴女は二人きり／遠くに聞こえる寺の鐘（サノヨイヨイ）

Sayonara, Sayonara till meet again　Yoi Yoi
Someday, somewhere when love birds sing again
I'll be knocking, I'll be knocking at your lonely heart
Then you'll be "Takusan" happy to hug me tight again　Sano Yoi Yoi

♪さよなら、さよらな、また逢う日まで（ヨイヨイ）／いつか、どこかで、僕たちの愛の小鳥がまた鳴いたなら／貴女のさみしい胸の扉を叩きにこよう／貴女はタクサン幸せ気分、僕をしっかり抱きしめる（サノヨイヨイ）

元唄の原型を留めぬ大胆な超訳であり、またリキシャ（人力車）を車よろしく自ら運転するくだりのように事実誤認も相当みられるが、当時の駐留アメリカ人の日本（文化）観が反映されていてたいへん興味深い。

もう一曲、紹介しよう。ＧＨＱの日本占領が終了する直前の一九五二年一月一九日に録音された（発売は二年後の五三年一一月）の英語版「炭坑節」「CoalMinor'sDance」である。

作詞はチャールズ・ミラゾー、ヴォーカルはクラーク・ジョンストン、伴奏はビクターオーケストラ、編曲は佐野鋤。しばらく廃盤だったが、二〇〇一年に日本ビクターから復刻された『オキュパイド・ジャパン進駐軍ソング傑作選一九五〇～五三』の中に収録されている。まずは歌詞をご覧いただこう。これにも念のため日本語訳（筆者）をつける。

Coal Minor's Dance（「炭坑節」）

Tsuki ga deta deta Here's dance for everybody
You swing your partner left halfway, then around to the right.
Altogether join the chorus repeating each movement of mine.
Tsuki ga deta deta And you're doing the coal minor's dance.

♪月が出た出た、さあみんなで踊ろう／パートナーの手をとって、左に半分まわして、右に回す／一緒に歌をうたいな

がら、踊ろう／月が出た出た、さあさあ炭鉱踊りを楽しもう
First your right, then your left foot.
Shoulder right, then left, then Yoi Yoi
Stepping forward, you push gently just three times and then take a bow
Clap your hands twice and then say Yoi Yoi and you're doing the coal minor's dance
♪最初に右足出して、それから左足／両手を右肩に担いで、次は左肩に。さあ、ヨイヨイ／両手を軽く前に、押して、押して、また押して。ペコリとお辞儀／両手を叩いて叩いて、サノヨイヨイ。さあさあ炭鉱踊りを楽しもう

二番はまさに「炭坑節」の踊り方の解説である。

前掲の「TANKO―BUSHI」は超意訳ではあってもまだ日本語の元歌の名残りがあったのに、こちらは全編これ踊り方の解説であり、そもそもタイトルがsongでなくdanceになっていることがそれを問わず語りに語っている。ここではもはや「炭坑節」の歌詞はどこかへ飛んで行ってしまっていることに着目したい。

しばしば「炭坑節」の踊り方は、その仕種とフリからこんなふうに口伝される。

♪掘って掘ってまた掘って
担いで担いで後戻り
押して押して
開いてチョチョンのチョン

阿波踊りでも、「一かけ二かけ三かけて、四かけて踊るは阿波踊り……」と踊りの仕種を符牒化しているが、「炭坑節」のそれはより実践的である。これは石炭採掘の作業工程を様式化したもので、すなわち発破と機械で崩された炭層をスコップで掘って、担いで炭車に積んで、それを押してゆく……

もう一度、Coal Minor's Dance の二番の歌詞を参照していただきたい。ほぼこの踊りの仕種を踏襲していることがおわかりいただけるだろう。

こうしてみると、やはり「炭坑節」の英訳版 Coal Minor's Dance はダンスミュージックに特化しており、いかに米兵たちが「炭坑節」をダンスと一体のものと感じ取っていたかが感得できよう。これだけ歌詞が具体的ということは、進駐軍クラブの客の米兵たちは「炭坑節」の演奏を耳で楽しむだけでなく、歌詞を頼りに踊ったのではないかと推察される。

■「炭坑節」はフォークダンスである!?

さらに推論を大胆に進めよう。ここまで次のように論を進めてきた。

「炭坑節」が国民歌謡となり盆踊りの定番となるのは戦後のことだが、実はその陰の推進役はGHQではなかったか。すなわち、戦後日本の復興には石炭増産は不可欠だが、石炭業界だけを依怙贔屓すると思われては国策の遂行はおぼつかない。炭鉱はいかに大事で素晴らしいかを上手にプロパガンダして国民を味方につけなければならない。そこでGHQは辛い職場の炭鉱生まれなのにやけに明るい「炭坑節」に目をつけた。これをNHKから全国都々浦々に毎週末に流し、芸者歌手たちにレコードの吹き込みを競わせた、と。

しかし、それだけではまだ足りない。やはり身体で覚えさえるのが肝要だと。かくして「炭坑節」は盆踊りの定番となった……。

それでは、この仮説の最終推論部分を裏付けていくとしよう。

戦前までは座敷踊りでしかなかった「炭坑節」が、なぜ野外で踊られるようになったのか。その答えのヒントが Coal Minor's Dance 一番の冒頭部分にある。もう一度、読み直していただきたい。

You swing your partner left halfway, then around to the right.
♪さあみんなで踊ろう　パートナーの手をとって、左に半分まわして、右に回す……

長崎フォークダンスの最初のメンバー。
レイン・アーンズ著『長崎居留地の西洋人―幕末・明治・大正・昭和』（長崎文献社）

日本人なら誰でも知っているように、「炭坑節」の踊り方は二番であって、一番のように相方の手をとってターンなどさせない。それはスクエアダンスである。いや、団塊世代以上には懐かしくも甘酸っぱい思い出あふれるフォークダンスといったほうが通りがいいだろう。あの「オクラホマミキサー」であり「マイムマイム」である。そういえば「盆踊り」を英語にすると「フォークダンス」ではないか。

ひょっとしたら「炭坑節」とフォークダンスは関係しているのかもしれない。そもそもフォークダンスは戦後GHQによって日本に持ち込まれたものだ。そこからGHQの対日文化政策の一端を伺い知ることができるのではないか

調べてみると、まさに図星だった。

われながら驚いたことに、フォークダンスと「炭坑節」とは、地理的にも至近距離にあった。GHQが「炭坑節」を全国に広めた発信基地・三池炭鉱とは有明湾をはさんで対岸にある長崎県、そこが日本のフォークダンス発祥の地だった。仕掛け人は、ウインフィールド・パンティネ・ニブロ（一九一二〜二〇〇七年）。一九四二年に三〇歳でアメリカ陸軍に入隊、諜報部隊の特別エージェントとして、終戦三か月後の一九四五年一一月に来日。その後退役し、軍属として一九四六年七月に長崎軍政部教育課長に赴任している。

経歴からも、また広島と並ぶ被爆地が赴任地であるという点からも、ニブロが対日文化・教育政策に関して重要な任務を帯びていたことは疑いの余地がない。

長崎県の教育関係者との交歓の宴席で、ある教師が日本舞踊（「おてもやん」という説もある）を披露したお返しにニブロがフォークダンスを踊ってみせ、これで座が盛り上がったのが契機になったと伝えられるが、これも予め仕込まれた工作だったかもしれない。ニブロは戦前、アメリカの高校の教師で、フォークダンスの先生もしていた。

まずニブロは体育教師たちにレッスンを施し、体育の授業の一環として子供たちにフォークダンスを教え始めた。早く

も半年後の一九四七年初頭には、文部省の役人が視察に訪れ、フォークダンスの教科書の作成を決定、さらに一九四九年度の「学習指導要領小学校体育編（試案）」には教材例に取り上げられる。これにもGHQ中央の働きかけが強烈に匂う。

ニブロは大人たちにもフォークダンスを広める。ニブロに習った生徒が今度は先生になって輪を広げ、ニブロが在県した二年ほどの間に、長崎県のフォークダンサー人口は三万～五万人を数えるまでになり、そのため長崎ではフォークダンスとは呼ばれず「ニブロダンス」と呼ばれたという。そして、長崎を震源地にしてあっという間に全国に伝播、青少年を中心に大人のレクリエーション活動の定番になるのである。

短期間でこれほど広まった理由としては、フォークダンスによって男女平等や民主主義を流布するというGHQの意図や、文部省やレクリエーション協会による普及活動もあったが、当時娯楽が少なかったことや民主化の気運が追い風になって日本人に急速に受け入れられたものと思われる。

ここで注目したいのは、盆踊りとフォークダンスの流行の関係である。

フォークダンスが刺激となって、民謡と盆踊りも盛んになったという説がある。実は盆踊りは戦時中、国威発揚にはつながらないと禁止されていた。それが〝日本古来のフォークダンス〟という意味付けで見直され、アメリカ風のダンスになじめなかった中高年層を引き付け、当時（一九五〇年ごろ）陸続と市町村に結成されたレクリエーション協会を見ると、実質的には民謡協会の衣替えであるものが少なくないという。

また、田川市石炭・歴史博物館の福本学芸員によると、「炭坑節」が盆踊りの定番となるのは戦後のことで、戦前までは、盆には中世の念仏踊りにルーツをもつとされる「口説き」が踊られていた。それが、戦争による中断で、年期が必要とされる口説きの音頭取りと踊り手がいなくなったので、座敷踊りだった「炭坑節」が野外に「転用」され、これが「炭坑節」が盆踊りの定番となった一因ではないか、という。

盆踊りをめぐっても、フォークダンスと「炭坑節」は巧みに棲み分けをしていたと思われる。

ニブロは一九四八年一一月に長崎から札幌の軍政部教育課長に転勤となり、そこでもフォークダンスの普及に熱心に取り組み、一九五〇年に離日する。帰国後、アメリカ外務省に入省し二五年間外交官として勤務するが、それは、反米の拠点となってもおかしくなかった被爆地・長崎をフォークダンスによって〝親米の町〟にした論功恩賞ともとれるが、どうであろうか。

■「炭坑節」は〝地底の差別〟を隠した

どうやらGHQは、フォークダンスと「炭坑節」を両輪にして、戦後日本の民主主義化を国民の身体になじませようとしたことは間違いなさそうである。「炭坑節」の場合は二兎を追って、さらに経済再建という大きな兎も手に入れる。それには、突然訪れた「朝鮮戦争特需」という助っ人の後押しがあった。石炭需要はウナギ昇り、黒ダイヤ神話はいっそう輝きをます。日本各地の炭鉱は好景気に沸き立った。深町純亮『炭坑節物語』（海鳥社、一九九七年）は記す。

「炭住街にはこのころからひろく普及するようになった『とんちゃん』（ホルモン料理）を焼く香ばしい匂いとともに、『炭坑節』の合唱が夜ごと町ごとヤマごとに聞かれるようになっていった」

一九五四（昭和二九）年の第七回NHK紅白歌合戦に赤坂小梅が出演して「炭坑節」を歌う。それからの二年後の一九五六年の経済白書は「もはや戦後ではない」と宣言、池田内閣の所得倍増計画によって日本は高度成長へとひた走っていく。そんななかで「炭坑節」は盆踊りの定番になり、「国民歌謡」になっていく。

かくしてGHQによる「炭坑節」プロパガンダ作戦は見事に成功をおさめたかに見える。しかし、本当に「めでたしめでたしの物語」なのだろうか。最後に「炭坑節」をめぐる対極のエピソードを紹介して、本稿をしめようと思う。

学徒兵として広島で被爆、その後筑豊の炭鉱夫となって生涯「炭鉱《ヤマ》の語り部」をつらぬいた記録文学者の上野英信は、こんな「炭坑節体験」を告白している（『燃やしつくす日日』径書房、一九八五年）。

「あたいたちが昔坑内にさがりよった時分は、こげな歌どもおおっぴらにうたおうもんなら、それこそどやしあげられよった」とかつて炭鉱で働いていた老婆に言われて、驚いた上野がわけをたずねると、老婆は答えた。

「いまは時代が変わって、〝炭坑節〟ちゅうごとなったが、昔はなし、そげなふうには呼びよらんじゃった。みんなこの歌のことを、〝エッタ節〟とか〝エタ節〟とか、こげなふうにいいよった。そいけん、つい一杯機嫌のよか気色になっち、うかつにこの歌でもおめきだそうもんなら、こらッ、エタ節を歌うなッ！　ちゅうて、目ん玉のとびだすごとどなりあげられたもんたい」

上野はいっそう驚きを募らせて、こう記す。

「彼女はほんとうは次のようにいいたかたのかもしれない。『おまえたちは焼酎でもこきくろうて、よか気色でおめきよるばってん、こん歌は、よかか、そげな歌ではなかとぞ。おれたちの血を吐きよる音ぞ。地ん底でおしつぶれされよるおなごのうめきぞ。それば知っちょるとか。それば知ってうたいよるとなら、うたえ。ばってん、おまえたちは、これがたれの歌かも知らんとじゃ。人間がなんであるとも知らんとじゃ。それも知らじ、こん歌ばうたうことは許されんとぞ』」

およそGHQの「炭坑節」プロパガンダとは対極にある風景である。

〝エッタ〟あるいは〝エタ〟とは最下層の被差別民の呼称である。日本の近代化を担った地底の労働は根深い差別に支えられてきた。上野はそれを気づかせるいっぽうで、GHQによる「炭坑節」プロパガンダ作戦は老婆が訴えた苦役に伴う差別をあたかもなかったかのように隠してしまう「浄化作戦」でもあったことを教えてくれる。

GHQの肝いりで「炭坑節」をプロパガンダツールにして石炭増産を推し進めてきた政府だが、エネルギー転換の国策のもとあっさり石炭を切り捨て、あっという間に全国の産炭地から人と町が消えていった。それに伴い、地底の差別も、炭鉱もろとも消えてしまったかに見える。はたしてそうだろうか。

それはいま形を変えて蘇ってはいないだろうか。石炭切り捨ての一方で進められた新エネルギー政策の柱は原発であり、それが二〇一一年3・11で未曾有の事故を起こした。上野が筑豊で体験した老婆のおめきと、フクシマで原発の事故処理にあたる底辺の労働者たちの声が重なって聞こえてくる。「能天気に原発の歌をうたっていたのは誰だ」と。「原発の歌はかつての『炭坑節』と同じではないか」と。

隠され消されてしまったものに、私たちは目を向け、耳を傾けなければならない。私たちがどこから来てどこへ向かうのかを知る手がかりがきっとそこにあるはずだ。GHQの「炭坑節物語」と上野が語る老炭鉱婦の物語を重ねあわせる中から歴史の真実が見えてくる。

これからは、「炭坑節」で気軽に盆踊りは踊れそうにない。

♪第二話 地上の〝鉄道員《ぽっぽや》〟と地底の炭坑夫への挽歌

「テネシーワルツ」歌・江利チエミ（作詞・作曲：P・W・キング、R・スチュワート、一九五二年）

■「テネシーワルツ」の挿入歌効果

第一話では、占領者であったGHQが戦後日本を石炭で支えるべく、「炭坑節」をプロパガンダソングに活用した可能性について検証したが、それは黒ダイヤと呼ばれた石炭だけではなしえなかった。石炭には頼もしい同伴者がいた。鉄道である。北の空知《そらち》からも西の筑豊からも石炭を満載した貨車が工業地帯へと疾駆、日本の青春を支えつづけた。しかし、SLが威勢のよい汽笛を鳴らしていたのは二〇年たらずであった。高度成長へと向かう中、政府は「石炭から石油」へのエネルギー転換策を打ち出す。明暗をわけたのは、一九六〇（昭和三五）年の三池闘争であった。総資本対総労働の天王山とよばれたそれは、労働側の敗北に終わり、以降、石炭は斜陽産業として切り捨てられ、産炭地の鉄路も廃止されていく。最盛時の一九五三（昭和二八）年には全国で五四〇あった炭鉱は次々と操業停止、かつて日本最大の出炭量を誇った三池炭鉱も一九九七（平成九）年に閉山を迎える。

くしくもその年、すでに閉山により廃線が間近にせまった老いた駅長の悲哀を描いた短編が第一一七回直木賞を受賞した。浅田次郎の『鉄道員《ぽっぽや》』である。そして二年後の一九九九年に映画化されると、原作を超える爆発的ヒットとなった。

原作と映画化作品で、後者が前者を超えることはめったにない。「鉄道員《ぽっぽや》」には、「めったにないこと」がいくつも重なっている。

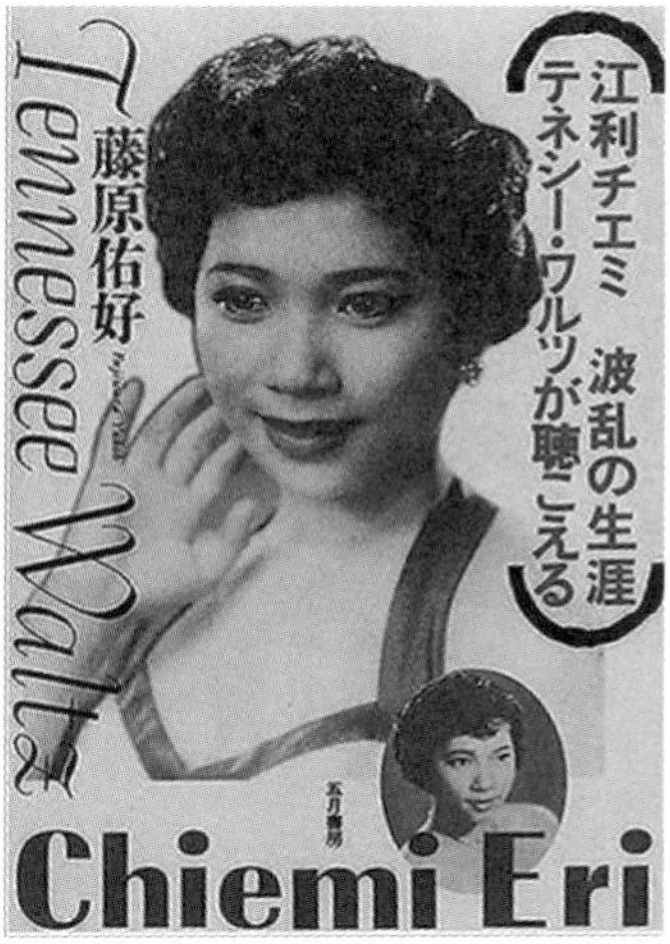

（右）藤原佑好著『江利チエミ 波乱の生涯―テネシー・ワルツが聴こえる』（五月書房）
（左）映画「鉄道員（ぽっぽや）」の舞台になった幌舞駅のモデルになったJR幾寅駅＝2000年2月4日、北海道南富良野町（朝日新聞社）

映画化が原作を超えるためには、ふつうは脚本と演出が抜きんでていなければならない。たしかに映画版では、原作にはないシーンを主役の高倉健と妻役の大竹しのぶが巧みに演じて原作をふくらませた効果は認められるが、おそらくそれだけでは原作を超える歴史的ヒットとはならなかったろう。

それを可能にしたのは、映画では「めったにないこと」だが、「脇役」どころか「端役」でしかない挿入歌の巧まざる効果によるものだった。

その挿入歌とは、「テネシーワルツ」である。

一九四八（昭和二三）年にアメリカでカントリーミュージックの新曲としてリリース、一九五〇年に当時絶大な人気のアイドル歌手であったパティ・ペイジがカバーしてミリオンセラーになり、二年後の一九五二年に日本にも上陸、何人かの日本人歌手がカバーしたが、江利チエミのバージョンがもっともヒットした。今なお私がそらでうたえるのは、江利チエミ版である。

小説『鉄道員《ぽっぽや》』は、仕事一途な働きぶりのために娘の死にも妻の死にも立ち会えない〝ぽっぽや〟の、仕事愛と家族愛の葛藤を描いた短編小説である。映画版では、その基本ストーリーは踏襲されているが、亡き妻の愛唱歌が「テネシーワルツ」であるというエピソードが追加され、これに大きな役割を担わせている。

二人の出会い、子宝にめぐまれたことを夫が運転する列車の前で告白するとき、子育てをしながら夫をまちわびるとき、二人でクリスマスツリーを飾るときなど、ささやかだが幸せ感にみちた結婚生活の折々に妻がハミングし、いつしか夫も折に触れ口笛でメロディをなぞるシーンが、全編をつうじてなんどとなく繰り返される。そして、本来なら端役であるはずの一挿入歌が、この映画で主役並みの役割を果たしていることを観客が実感するのは、大団円だろう。

主人公はたたき上げの機関士だったが、戦後日本の復興を支えて活気にあふれていた炭鉱町を終着とする盲腸線の駅長に着任。しかし、やがて町は閉山で寂れはて、主人公も娘と妻を失って一人駅長として単身で駅舎に寝泊りする日々がつづく。そして、廃線・廃駅がきまった日からしばらくして、最終列車を見送ったホームで突然体に不調を発し、翌朝、始発の前にやってきたラッセル車によって殉職体として発見される。

ここでBGMとして粛々とかぶさるのは、亡き妻による「テネシーワルツ」のハミングである。思わず感情移入させられてしまう心憎い演出で、この映画の主役は「テネシーワルツ」なのではないかとさえ思わせてしまう。映画版「鉄道員《ぽっぽや》」にも、映画には付き物である主題歌がつくられている。坂本龍一が映画と同名タイトルの「鉄道員」を作曲、娘の坂本美雨にうたわせて、封切り前後には話題にもなった。それが映画の最後で長いエンディングロールと共に流れるのを私も聴いたはずだが、あまり記憶に残っておらず、「鉄道員《ぽっぽや》」というと条件反射的に「テネシーワルツ」が立ち上がってくる。

■江利チエミは「テネシーワルツ」を〝愛の歌〟に歌い変えた

しかし、主題歌でもなくただの挿入歌にすぎない「テネシーワルツ」が、この映画をかくもショーアップできたのは、いったいなぜなのか。

それは日本で「テネシーワルツ」をカバーして大ヒットさせた江利チエミが、主役を演じた高倉健の元妻であり、二人の間には壮絶なドラマがあることを、当時の多くの日本人なら知っていたからだろう。

高倉健と江利チエミは結婚一二年で離婚するが、嫌いで別れたのではない。長い間音信のなかったチエミの異父姉が、その活躍を知ってお手伝いとして入り込むと、チエミと高倉の仲を裂くために嘘を吹聴して画策する一方、チエミの実印をつかって闇金業者から数億円を借金。その類が夫の高倉に及ぶのを恐れたチエミは自分から離婚を申し入れた。好きだから別れたのである。おそらく高倉健もまた好きだからこそ、彼女の気持ちをくんで別れに応じたのではないか。それは、高倉健が演じてきた任侠映画を地でいく「義理と人情」をはかりにかけた末の「麗しき離縁のシーン」ではないかと、高倉健ファンならきっとそう解釈したはずである。

しかし、それはファンの〝あらまほしき推測〟ではなく、実際にもそうであったと考えられる。

江利チエミは、どさ回りの仕事まで引きうけて必死に働き、数年で借金を返済し終え抵当に入った実家も取り戻すが、それからほどない一九八二年二月、自宅の寝室で一人で亡くなっているところを発見された。享年四五。脳卒中と吐瀉物が気管に詰まっての窒息死で、長年のストレスを発散させるためのアルコール依存が原因ともいわれている。

かつては炭鉱町の主役だった蒸気機関車（三菱美唄鉄道、1972年、退役）

二人は結婚して三年で待望の子を授かるが、妻のチエミが生死にかかわる重度の妊娠高血圧症候群を発症したことから、子供はこの世で息をすることは叶わなかった。高倉はその子の供養を欠かさず、やがてそれに元妻の供養も加わり、高倉自身が二〇一四年に亡くなるまで娘と元妻の命日には供物を届け続けたという。

娘と妻に先立たれた「鉄道員《ぽっぽや》」の主人公の人生と高倉のそれとは、みごとなほど重なりあう。おそらく高倉もそれを知ってこの役を引き受けたはずである。

映画というフィクションの主役とそれを演じる役者のリアルな私生活とが混然一体となることで、観客たちの共感をよびおこしたことは想像にかたくない。そして、その共感をさらに増幅させた装置こそが「テネシーワルツ」だった。映画の観客たちは、この挿入歌によって、いやでも現実世界の高倉健と江利チエミの間の劇的ドラマとフィクションの〝ぽっぽや〟夫婦のそれとを重ねてしまう。だから端役でしかない挿入歌が映画をショーアップするという「ありえないこと」ことが起きたのだと思われる。

それにしても、私生活を見せないことで知られる高倉健が、私生活の根っこにわだかまるものを公にさらすことを、よくぞ認めたものである。ましてや、すでに述べたように、「テネシーワルツ」は、高倉健にとって、人生の折々に想起される亡き妻のかけがえのない形見のようなものである。

実際、本人は「個人的なことだから」と抵抗したらしい。

「テネシーワルツ」を取り上げた朝日新聞の「うたの旅人」（二〇〇九年五月一六日朝刊）によれば、そこにはこんな経緯があったという。

一九九八年の年の瀬、「鉄道員《ぽっぽや》」のクランクインを前にした衣装合わせの時に、主人公夫婦の年代の愛唱歌には何がふさわしいかという話題になった。監督の降旗康男は、一九五〇年代にアメリカでヒットした「バヤコンディオス」を挙げ、つづいてスタッフたちもそれぞれ候補曲を口にした。すると、最後に高倉健がコーヒーを飲み終えると、ぼそっと言った。

「僕ならテネシーワルツですね」

一同は、今さらながら高倉健と江利チエミの関係の深さに気づかされて、胸をつかれた。

これをうけて、明けて一九九九年の一月、撮影開始の一〇日前の某日、監督の降旗は、高輪のホテルの一室で、高倉健に、「テネシーワルツ」を挿入歌にすると告げた。すると高倉は「そんな個人的なことまずいんじゃないですか」とだけ言って黙りこくった。

降旗はこう返して、食い下がった。

「僕らもそろそろおしまいだし、あと何本撮れるか……。甘ったれ、公私混同、何と言われたって、いいじゃないですか。最後の恥、やりましょうよ」

降旗と高倉健は、監督と主役というコンビで、「網走番外地」シリーズをはじめ多くの東映任侠映画の名作をつくってきた。それとは一線を画す「鉄道員《ぽっぽや》」は、降旗にとっては「最後の野心的挑戦」であった。

高倉は渋い顔をしてうつむいていた。降旗はその沈黙を高倉なりの「了解」と判断したのだという。

こうして「テネシーワルツ」は挿入歌に採用されることになったのだが、それが映画の歴史的ヒットに大役を演じることができたのは、その歌い手が主役を演じた男優の亡き妻だったこともさることながら、彼女の歌いぶりにもあった。

冒頭で記したが、日本で「テネシーワルツ」は、江利チエミをふくめて何人かの歌手によってカバーされているが、彼女のそれは、原曲をそのままなぞる他の歌手とは大きく違っていた。改めて聴きなおしてみて、江利チエミ・バージョン以外では、これほどのパワーと効果は発揮できなかったと確信を深めた。

小説であれ映画作品であれ「鉄道員《ぽっぽや》」は、先に逝った妻と残された夫との間の「永遠の愛の物語」。それに対して、パティ・ペイジの原曲は以下のイントロが示すとおり、どこかに悔恨を内包させた「失恋の歌」である。

I was dancin' with my darlin'
To the Tennessee Waltz
When an old friend I happened to see
Introduced her to my loved one
And while they were dancin'
My friend stole my sweetheart from me

「恋人とテネシーワルツを踊っていたら、旧い女友達にたまたま会ったので彼を紹介した。すると二人は相手を代えて踊っているうちに打ち解けて、恋人は彼女に盗られてしまった」というのが大意で、映画の〝ぽっぽや〟夫婦の愛の形とも、それと重なりあう高倉健と江利チエミのそれともいささかズレがある。

これに対して江利チエミ・バージョンでは、イントロは原曲どおりの英語ではじまるが、それを歌いおえると、原曲の歌詞の「超訳」ともいうべき日本語の歌詞に切り替わる。

♪去りにし夢／あのテネシーワルツ／なつかし愛のうた……

♪面影しのんで／今宵もうたう……

英語のイントロの意味は、おそらくほとんどの日本人の聴き手の脳裏に留まることはない。それにかわって、しっかり沁みこんでくるのは、この日本語の歌詞で、それは〝ぽっぽや〟夫婦、高倉健・江利チエミ夫婦の愛の形ともぴたりと重なる。

この映画よりも半世紀も前の歌なのに、まるでそのためにつくられたかのような印象さえうけるのは筆者だけではないだろう。観客の多くはおそらくそう感じたはずである。

さらにこんな妄想すらわいてくる。

ひょっとすると、生存中の江利チエミはこの持ち歌をうたうたびに、心ならずも別れるはめになった夫の高倉健との「♪去りにし夢」を想い、江利チエミの不慮の死後の高倉は亡き妻の「♪面影をしのんで」彼女の持ち歌を口ずさんでいた。そこへ、この歌が亡き妻の愛唱歌だという〝ぽっぽや〟の役が舞い込み、高倉健は、それを演じることで妻と子供を失った自分の人生と重ね合わせて追体験しようとしたのではないか。「個人的なこと」と断りながら最後は沈黙で了解したのはそうだからに違いない。

いずれにせよ、そんな妄想を観るものに抱かせるだけの物語をこの映画の挿入歌はもっている。だからこそ、たかが挿入歌が主題歌をさしおいて映画に原作を超えるインパクトを与えることができたのであろう。

映画版「鉄道員《ぽっぽや》」は、その年の映画作品を対象とした、日本でもっとも歴史と権威があるとされる「第二三回日本アカデミー賞」にノミネートされ、作品賞のほか、監督賞（降旗康男）、脚本賞（岩間芳樹、降旗康男）、主演男優賞（高倉健）主演女優賞（大竹しのぶ）、助演男優賞（小林稔侍）と、各部門賞をほぼ総なめにした。唯一取り損ねたのは助演女優賞だけで、それはカンヌ国際映画祭コンペティション部門にノミネートされた北野武監督の「菊次郎の夏」の岸本加世子に授与された。

興行的にも、一三三万人を動員して二〇億円を売り上げ、赤字で経営が危ぶまれていた東映の屋台を立て直すことにも貢献した。

しかし、そうした成功にたいして、真の立役者として特別賞が授与されてしかるべきは、映画で主人公を演じた日本映画界を代表する男優の元妻の持ち歌であった。

■唯一の映画出演・志村けんの迫真の演技

本稿を書くために、江利チエミ・バージョンの「テネシーワルツ」を改めて聴き、映画版「鉄道員《ぽっぽや》」もストリーミングサービスで見直してみた。

すると興味深い新発見がいくつもあり、映画版「鉄道員《ぽっぽや》」をショーアップしたのは「テネシーワルツ」だけではなかった。他にも「テネシーワルツ」ほどの主役級ではないが、バイプレーヤーとして渋い役回りを演じた挿入歌があり、この映画のエンタテインメント度を落とさずにカルチャー度を上げるのに大いに貢献していることに気づかされた。

映画では、高倉健演じる主人公の若き日の〝ぽっぽや〟時代の回想がいくつか挿入されている。

盲腸線の終着の寂れはてた元炭鉱町で一人駅長をつとめる定年間際の主人公のもとを、かつての機関士仲間が訪れ、廃線・廃駅が近いので旧国鉄関連への「横滑り」をもちかけて昔話に花が咲くという設定である。

その多くは原作にないシーンで、それにかぶさる歌やＢＧＭとあいまって、二時間ちかいこの映画をショーアップするのに大きな効果を果たしている。

その中でもっとも印象深いのは、せいぜい十数分ほどのこんなシーンである。

主人公が駅長になりたての頃はまだ炭鉱がぎりぎり健在で、駅前の食堂は仕事あけの炭坑夫たちで大いににぎわっていた。おりしも石炭が石油に取って代わられるエネルギー革命の時期にあたっており、人員整理がはじまっていた。そこで、本雇いと臨時工の炭坑夫が鉢合わせ、人員整理をめぐって内輪喧嘩がはじまる。

妻に逃げられ子連れで筑豊の炭鉱から流れてきた一人の臨時坑夫に対して、首切り反対の赤旗を掲げる労働組合に組織された本工坑夫たちが「スト破り！」と罵倒。片や子連れの臨時坑夫は「なにいってるんだ、先に首を切られるのはおれら臨時工だ！」と応じ、多勢に無勢の殴り合いになる。

居合わせた主人公の〝ぽっぽや〟駅長が仲裁に入るが、「この親方日の丸」と逆に矛先を向けられ、食堂のおかみのとりなしでなんとか事なきを得る。

これが機縁で、〝ぽっぽや〟駅長は子連れの臨時坑夫と親しくなるが、ある日、男は落盤事故で死亡、〝ぽっぽや〟駅長夫妻は、残された男の子を、幼くして亡くした娘の代わりに面倒をみる。

感動的ではあるが、実は封切られてしばらくして観たときは、このシーンを適当に見流していて、その重要性と真の意味には気づかなかった。それは子連れの臨時坑夫を演じていたのが志村けんで、「バカ殿」のイメージから、どうせ意外なキャスティングによる話題作りだろうという偏見をもっていたからだ。ところが今回、見直してみて、その演技に感心させられた。小林稔侍ではなく、志村にこそ日本アカデミー賞助演男優賞を授与すべきだったとさえ思えるほどだ。（なお、志村は二〇二〇年末に公開予定だった「キネマの神様」に主演することに決まっていたが、クランイン直前に新型コロナで急逝、「鉄道員《ぽっぽや》」が生涯で唯一の映画出演作品となった。二〇二一年八月、沢田研二が代役に起用され公開された）

実は、その志村の迫真の演技のなかに、この映画を歴史的な作品にさせた秘密のひとつがひそんでいた。

〝ぽっぽや〟駅長が志村けん演じる流れ坑夫と親しくなるのは、駅前食堂で坑夫同士の喧嘩の仲裁に入ったことがきっかけだが、その後やけ酒をあおって正体をなくした臨時坑夫を放ってはおけず、男と子供を一間だけの炭鉱住宅へと送っていく。その道すがら、男は雪道でこけつまろびつしながら、ろれつの回らない声でうたう。

♪どう咲きゃいいのさ　この私　夢は夜ひらく

詳しくは後の第九話で記すが、この「圭子の夢は夜ひらく」は少年鑑別所と少年院の生まれで、夢とはせいぜい夜寝ているときに見るもので、昼間の世界で実際にかなうわけがない、という「自棄の歌」である。〝詠み人知らず〟を藤圭子がなげやりな歌いぶりでカバーしてヒットさせたが、それはちょうど全国の産炭地で閉山が相次ぐ時期とも、またそれによって炭鉱《ヤマ》を追われる坑夫たちの気分とも重なっていた。

そもそも鉄道と炭鉱とはきわめて近い間柄にある。坑夫が地底から掘り出した石炭を〝ぽっぽや〟が運び、それによって戦後日本の復興は下支えされ豊かな高度成長を準備した。しかし、石油へのエネルギー転換政策で石炭が用済みになると、最盛時には数十万人もいた地底の労働者たちはあっさりうち捨てられた。きっと彼らもまた、映画の流れ坑夫とおなじような怨嗟の思いをこめて、酒をあおりながら「夢は夜ひらく」をうたったことだろう。

『鉄道員《ぽっぽや》』の原作では、主たるテーマは鉄道員で、炭鉱ははるか後景にある。いっぽう映画版は、「圭子の夢は夜ひらく」を「テネシーワルツ」に次ぐ挿入歌とすることで鉄道と炭鉱の距離を現実に近づけ、映画に原作を超える訴求力を与えたのである。

■高倉健の熱演は〝鬼の労務〟の父親への贖罪か

さらにこの短い回想シーンからは、新たな発見があった。

高倉健演じる〝ぽっぽや〟駅長の、志村けん演じる流れ坑夫に対する接しぶりは、感動的ではあるがいささか過剰である。坑夫の落盤事故死の後、遺児をひきとって面倒をみるまではすんなり受け入れられるが、遺児が望むイタリアでの料理人修行を応援するエピソードになると、唐突さとストーリー展開の乱れを覚える。しかし、今回関連資料をあたるなかで、その〝過剰〟さにこそ高倉健のこの映画へのこだわりの根っこがあり、高倉の演技が共感を呼ぶ秘密もあると気づかされた。それは、高倉健にとっての父親という暗澹たる存在である。

高倉健が筑豊出身であることは知られているが、父親が坑夫たちから〝鬼の労務〟と恐れられ、しかもその〝鬼ぶり〟たるや尋常ではなかった。

反骨のルポライター上野英信が、炭鉱を追われて南米に移民（上野にいわせると「棄民」）させられた元坑夫たちを取材した労作『出ニッポン記』（潮出版社、一九七七年）の中に、それに関わる驚くべき証言がある。

高倉の父親の職場と同じ筑豊の大正中鶴炭鉱からパラグアイに入植した元坑夫はこう述懐している。

「いやあ、あの高倉健の親爺さんばっかりはハシカ犬のごといばしかったばい。うっかり表で石炭《なまいし》でもおこしょろうもんなら、カンテキを蹴っとばして火はひっくり返すわ、空になったカンテキは足で踏んづけてぺしゃんこにするわ、やりっぱなしの横暴狼藉やったけん。たまったもんじゃなか」

「カンテキ」とは、九州をふくむ西日本で使われていた鉄製の「七輪」のことである。

元坑夫の妻も女性らしい視点から負けじと証言する。

「いつも炭鉱病院に入りびたりで、水虫の治療を受けよっちゃったですが、その格好がねえ。診察室の長椅子を占領して大の字に寝ころがり、一人の看護婦は頭の所に坐らせて膝枕にするとです。もう一人の看護婦は足の所に坐らせて足をのせるとです。そげなふうにしてから、何時間でも足に湿布をさせるとですけねえ。ほんと、炭鉱の労務係はめちゃくちゃでした。ここはいろいろ恐ろしい動物はおるけれど、炭鉱のごと労務係がおらんとがなによりです」

ここまであからさまな証言ができたのは、彼らがすでに日本から遠く離れていたからだろう。

こうした父親の〝悪評〟は、息子の高倉健も聞き及んでいて、深い慚愧の思いを抱いていたはずである。〝ぽっぽや〟駅長が流れ坑夫に注ぐ無償の行為を、高倉は、〝鬼の労務〟の父親の贖罪として演じていたのではないか、そして公私混然となった演技ゆえに観客を共感させたのではないか、そう思えてならない。

そもそもこのシーンは原作にはない。ということは、高倉が監督の降旗康男に父親の過去を話し、それを脚本に反映してもらったのかのかもしれない。あるいは、父親のエピソードをどこかで聞き及んだ降旗が男気を発揮して高倉に父親の贖罪をさせる原作にはないシーンを加えたのかもしれないが、高倉も降旗もすでに鬼籍に入っているので確かめようがない。

いずれにせよ、映画の中ほどで、流れ坑夫の「夢は夜ひらく」と共に差しはさまれるこの短い回想シーンが、高倉健にとっては大団円だったのではないだろうか。

さらにもうひとつ、「テネシーワルツ」と「夢は夜ひらく」について、映画をショーアップするのに陰で大役を果たしている挿入歌、正確には挿入効果音がある。それは、そもそも〝ぽっぽや〟の由来である、石炭をくべて走るデゴイチことD51と貴婦人ことC57の汽笛であり、それらが引退したあとを引き継いだ気動車キハ12のそれぞれ微妙に音色が異なる汽笛だ。

映画版「鉄道員《ぽっぽや》」では、ここぞという場面で、夏は緑の原野に、冬は白い雪原に蒸気機関車や気動車の汽笛が鳴り響くが、それはしばしば単なるBGMを超えた役割を演じている。この効果は映画ならではのもので、こればかりは原作の小説はかなわない。

とくに印象深い役を演じているシーンが二つある。

ひとつは、炭鉱町から集団就職の子どもたちを列車で送り出す情景である。映画では、旧国鉄で人員整理をふくむ合理化に反対する「順法闘争」がたたかわれる最中、集団就職列車だけは止めずに運行させることになり、主人公は機関士として同僚とともに、彼らを乗せたSLの汽笛を「がんばれ!」とばかりに鳴らし続ける。

いっぽう原作の小説では、主人公が殉職する数日前、死んだ娘が高校生に成長して主人公が一人で寝起きする駅舎にやってくる幻影を見るシーンが、次のように描かれる。

娘に「一番つらかったことは何か」と訊かれて、一番はもちろん娘の死で二番目は妻の死だったが、それは飲み込んで、毎年の集団就職の子らをホームから送り出すときの辛さを物語る。

「あんたより二つ三つもちっちぇ子供らが、泣きながら村を出てくのさ。そったらとき、まさか俺が泣くわけいかんべや。気張ってけや、って子供らの肩たたいて笑わんならんのが辛くってなあ。ほいでホームの端っこに立って、汽車が見えなくなってもずっと汽笛の消えるまで敬礼しとったっけ」

そして主人公は、機関士時代に〝金の卵〟たちを乗せた列車を運転しながら、激励の汽笛を鳴らし続けたことを思いだすのである。

■戦後の成長を支えた〝昭和〟への挽歌

もうひとつ、汽笛が印象深い役を演じているのは、映画のエンディング・シーンである。

定年を間近かにひかえた主人公は職務中にホームで斃れ、その遺体は列車で運ばれ、追悼の汽笛が雪原に物悲しく鳴りわたる。

映画も原作も、その列車を運転する〝ぽっぽや〟仲間のこんなやりとりで終わる。

「おやじさん、キハはいい声で鳴くしょ！　新幹線の笛も、北斗星の笛もいい声だけど、キハの笛は、聞いて泣かさるもね！　わけもないけど、おれ聞いてて涙が出るんだわ！」

「まだまだっ。聞いて泣かさるうちは、ポッポヤもまだまだっ！」

そして、〝ぽっぽや〟仲間の片割れは、運転席で引退間近のキハ12の汽笛を思いっきり踏みしめるのである。

しかし〝まだまだ〟は残された〝ぽっぽや〟たちの〝はかない夢〟にすぎなかった。それは、〝もうまもなく〟この鉄路もまた原野に戻ることへの哀惜の汽笛であったからだ。

原作と映画の舞台となった北海道では、主人公の死の頃から始まっていた炭鉱の閉山が加速、ちなみにかつて一〇万人を超えていた夕張は全山閉山から二〇年たらずで一万人を割りこみ、歌志内、赤平、芦別、美唄など空知の炭鉱町も、同じように人口を激減させ、そこを走っていた鉄道も次々と廃線・廃駅を余儀なくされた。その動きは炭鉱がとっくに消え去った今もまだ続いている。

主人公は、「D51やC57が戦争に負けた日本を引っ張るんだ」という父親の言葉に感銘をうけ二代目の〝ぽっぽや〟となったのだが、そのバトンを三代目に受け渡すことはできなかった。戦争に負けた日本を引っ張ってきた鉄道と炭鉱が、その役目を終えたとたんに、日本の足を引っ張る存在として切り捨てられたからだ。

「鉄道員《ぽっぽや》」を改めて見直してみて、しみじみ思った。この映画をショーアップした挿入歌は、「テネシーワルツ」だけではない。これに「夢は夜ひらく」と「汽笛」たちが加わった三部合唱となったがゆえに、観客の琴線をさらにふるわせたのである、と。

合唱のリード役である「テネシーワルツ」の歌詞は、こんなふうに聞こえてくる。「私」とは「〝ぽっぽや〟と炭坑夫」。「恋人」とは「時代」。その「恋人」を奪って虜にしたのは「クルマと石油」。そして、「夢は夜ひらく」は、「〝ぽっぽや〟と炭坑夫」を見捨てた「時代」への恨み節であり、「汽笛」は、戦後の繁栄を下支えして用済みになったところでお払い箱になった「〝ぽっぽや〟と炭坑夫」への追悼歌である。

すなわち、この三部合唱は、〝♪去りにし夢〟としての昭和への惜別の挽歌であり、それこそがこの映画を歴史的な作品に仕立てた陰の主役であった。

♪第三話

東京のバスガールは明るく走ってはいなかった⁉

「東京のバスガール」歌・初代コロムビア・ローズ（作詞・丘灯至夫、作曲・上原げんと、一九五七年）

■「心に残る昭和の歌」があぶりだした女性の働き方

戦後日本の青春を下支えしたが、もはやリタイアして久しい思い出深い職業がある。それは、汗臭い石炭や鉄道とは違って甘酸っぱい味がする。誕生時には「乗合自動車女車掌」と呼ばれた「バスガール」である。

明治維新以降の日本の近代化は、女性たちのあいだに、それまで江戸時代にはなかった多くの「仕事」を誕生させた。日本の女性誌の草分けの一つである『婦人画報』の一九二四（大正一三）年四月の春季特大「婦人新職業号」には、当時女性たちが就いていた職業として、「女医、歯科医、英語の先生、婦人速記者、秘書、美顔術師、カフェの女主人、電話交換手、女工、印刷屋、女店員、ウエートレス、楽屋の女優、踊りの師匠、髪結い、ガイド」などが挙げられているが、そこにはまだバスガールの名はない。

一九二〇（大正九）年一月に、東京市街自動車会社（後に東京乗合自動車と改称）が輸入車一〇〇台をもって運行を開始、初めて女性車掌を乗車させたが、数はわずか三七人と少なく、初任給三五円という高給の広告塔でしかなかった。バスガールが一般女性にとっての「新職業」として本格的にノミネートされるのは、その三年後におきた関東大震災で市民の足だった東京市営の路面電車の軌道が壊滅、その代替として走りはじめたバスに女性車掌が採用されたのが契機である。

昭和に入ると民間バス会社の参入が相次ぎ、バスガールたちはその制服から東京市営は「赤襟嬢《あかえり》」、民営一番手の東京乗合自動車は「白襟嬢」と呼ばれ、互いに対抗心をもやしながら、その数をふやしつづけた。昭和九年の四月二三日の東京朝日新聞には、こう記されている。

「円太郎千百十八名、青バスの六百九十三名の動員数を筆頭として市内乗合自動車会社四十四に総計二千七百といふあっぱれな女子職業の戦線ぶりだ」（なお、「円太郎」とは東京市営のバス、当初一一人乗りのT型フォードで、落語家の円太郎から「乗り心地はいまひとつ」と揶揄されたため。かたや「青バス」は民営最大の東京乗合自動車の車体の色からそう呼ばれた）

そして、戦争をはさんで、戦後も路線バスは全国各地で地域住民のもっとも身近な足となり、バスガールは最盛時には都営だけでも相当数にのぼった。だが、昭和四〇年代後半からは若年女性労働者の不足と地下鉄建設による乗客の激減などの経営不振から、それ以前に導入されていたワンマン化が促進され、平成を迎えるまでにはついに姿を消すことになる。バスガールは、まさに昭和と共に生まれ昭和と共に消えた女性の「新職業」であり、昭和のシンボルでもあったわけだが、興味深いのは、それが昭和歌謡史のなかに、はっきりと刻みこまれて、ひとり気炎を吐いていることだ。

昭和が終わって元号が平成と改まったのを機に、ＮＨＫでは二〇代以上の男女二〇〇〇人を対象に、「心に残る昭和の歌」なるアンケート調査が実施されている。

ちなみに上位二〇〇曲のうちのトップ五は——

「青い山脈」（昭和二四年、藤山一郎・奈良光枝）

「影を慕いて」（昭和七年、藤山一郎）

「リンゴ追分」（昭和二七年、美空ひばり）

「上を向いて歩こう」（昭和三六年、坂本九）
「悲しい酒」（昭和四一年、美空ひばり）

これらをふくむベスト二〇〇曲からは多様な検証ができそうだが、本稿のテーマである「昭和の女性の働き方」に関わると思われる曲をぬきだすと以下のとおりである。

七位「瀬戸の花嫁」（昭和四七年、小柳ルミ子）
八位「岸壁の母」（昭和二九年、菊地章子）

一三位「お富さん」(昭和二九年、春日八郎)
三三位「こんにちは赤ちゃん」(昭和三八年、梓みちよ)
六六位「東京だよおっかさん」(昭和三二年、島倉千代子)
九六位「おふくろさん」(昭和四六年、森進一)
一一四位「銀座カンカン娘」(昭和二四年、高峰秀子)
一二〇位「花街の母」(昭和四八年、金田たつえ)
一三四位「東京のバスガール」(昭和三二年、初代コロムビア・ローズ)
一三五位「九段の母」(昭和一四年、塩まさる)
一四九位「嫁に来ないか」(昭和五一年、新沼謙治)
一六二位「愛ちゃんはお嫁に」(昭和三一年、鈴木三重子)
一八五位「ゲイシャワルツ」(昭和二七年、神楽坂はん子)
一九五位「新妻鏡」(昭和一五年、霧島昇・二葉あき子)

驚かされるのは、「嫁（妻）と母」をテーマにした曲が合計で一一と、なんと多いことか。これに対して「夫と父親」をテーマにした曲は、「関白宣言」(一〇九位、昭和五四年、さだまさし)、「娘よ」(四九位、昭和五九年、芦屋雁之助)のわずか二曲。さらに驚かされるのは、昭和歌謡が女性たちに期待した「良き嫁（妻）と良き母」以外の働き方としては、バスガールを除くと、「接客」(「ゲイシャワルツ」)と「愛人」(「お富さん」)しかないことである。

片や男たちの「職種」は多種多様にわたっている。

格闘家（六位「柔」昭和五九年、美空ひばり、）教師（四四位「せんせい」昭和四七年、森昌子）、船乗り（五一位「港町一三番地」昭和三二年、美空ひばり）、サラリーマン（六九位「おーい、中村君」、昭和三三年、若原一郎）、警察官（一三六位「若いお巡りさん」昭和三一年、曽根史郎）、木こり（五七位「与作」昭和五三年、北島三郎）、板前（一四五位「月の法善寺横丁」昭和三五年、藤島桓夫）、渡世人（一〇四位「無法松の一生」昭和三三年、村田英雄、一一七位「大利根月夜」昭和一四年、田端義夫、一三二位「勘太郎月夜唄」昭和一八年、小畑実、八〇位「潮来笠」昭和三五年、橋幸夫）

ここからは、昭和という時代と社会が女性たちに期待し、女性たちも甘受してきたものが何であったのかが流行歌を通して見て取れるだろう。いっぽうで、こうした圧倒的な男性優位原理の中にあって、エッセンシャルワーカーであるバスガールをフィーチャーした「東京のバスガール」が一三四位にランクインして異彩を放っていることは、注目に値する。

なお、一一四位「銀座カンカン娘」（昭和二四年、高峰秀子）があるが、♪男なんかにゃ騙されない、自立した女性をテーマにしているが、あくまでも「生き方」の主張であって、「働き方」は明示されていない。その点からも、「東京のバスガール」は異色である。

■「バスガール」は「バスガイド」にあらず

♪若い希望も恋もある　ビルの街から山の手へ……

「東京のバスガール」は一九五七（昭和三二）年のリリースだから、世に出てから六〇年以上もたつ。それなのに、私よりも二〇歳以上も下の世代が口ずさめないまでも、この歌を聞き覚えていることを不思議に思ったことがこれまでに何度かあった。聞いてみると、中学高校時代、東京への修学旅行の折にバスガイドから聞かされたといい、そのほとんどが「バスガール」を「バスガイド」と誤認していた。

その都度、彼らの誤解をとくためにした説明をここで繰り返すと、かつて昭和四〇年代までは日本全国の路線バスには女性の車掌が同乗、通学通勤者は定期券を見せ、そうでない乗客は車掌から購入した切符にハサミを入れてもらい、支払った料金や釣り銭は彼女の大きながまぐち状の鞄を出たり入ったりする、そんな情景が見られたのである。

その情景を日常的な体験として記憶にとどめているのは、私たち戦争直後に生まれた団塊世代よりもせいぜい一〇歳下までだろうか。

たしか「東京のバスガール」を初代コロムビア・ローズがうたうのをはじめて見たのは、小学校五年か六年のときで、近所の裕福な友達の家ではなく、ようやくわが家にもやってきた自前の白黒テレビでだった。自宅は駒沢通から脇へ一〇〇メートルほど入ったところにあり、東横線から歩くと中目黒駅と祐天寺駅のどちらからも一四、五分ほどかかり、最寄りのターミナルの渋谷へ出るときは、もっぱら東急バスをつかっていたので、バスガールは身近な存在だった。だが、

初代コロムビア・ローズ（日本コロムビア）

彼女たちは、歌のようには、紺の制服を身に着けてはおらず、♪発車オーライの掛け声とともに、明るく明るく走ってもいなかった。（今回調べて知ったが、コロムビア・ローズが着ていた紺の制服は演出用に「はとバス」のを使ったのだという）私の記憶にある実際の「東京のバスガール」は、垢ぬけない、どこかくすんだイメージで、歌と現実とのズレを感じさせられた。だから、そのままだったら、この歌はわが青春の思い出の一曲にはなっていなかっただろう。

それがにわかに明るく輝いて見えてきたのは、中学に上がってからだった。

私が入学したのは六年制の中高一貫の男子校で、クラスの三分の一近くは多摩川を越えて川崎や横浜から通学してきていた。ある日、同級生の一人から、「知ってるか、あの浜美枝は、臨港バスで車掌をしていたんだぜ」というビッグニュースがもたらされた。「臨港バス」とは、正式には「川崎鶴見臨港バス」といい、川崎・鶴見の湾岸の京浜工業地帯をエリアとする路線である。それはまたたく間にクラスから、そして同じ学年のあいだに広まった。

いまでこそスローライフの先駆的実践者として知られているが、当時の浜美枝は私より三、四歳年上、一六歳で東宝のニューフェースとしてデビュー、いきなり青春映画の準ヒロインを演じてブレイク、芸能誌の「平凡」と「明星」のグラビアを吉永小百合や星由里子らと賑わしていた。

ビッグニュースの出所であるクラスメートは鶴見で八百屋兼立ち飲み屋をやっていて何度か遊びにいったことがあった。海寄りには大小の工場が林立、一郭にはハングル文字の看板が並ぶ地区があり、私が生まれ育った山の手とは別世界だった。そんななかを臨港バスは走っていた。あの浜美枝はそこでバスガールをしていたのかと思うと、芸能雑誌のグラビアを飾る綺麗なお姉さんがにわかに身近に感じられて親しみがわいてきた。と同時に、中卒のバスガールが銀幕のスターになるのには相当な辛酸があっただろうことは子供心にも想像がつき、そのシンデレラストーリーに共感をおぼえたのだった。（実は、彼女の父親は戦前亀戸で段ボール工場を経営していたが空襲ですべてを失い川崎へ移住、戦後は極貧の中で高校進学をあ

きらめ、大卒の初任給が一万二千円だった当時、女子としては破格の九千円がもらえるバスガールになったという）

こうしてこのときから、私にとって、「東京のバスガール」は、実際のバスガールとはズレのあるコロムビア・ローズの歌ではなく、浜美枝というシンデレラガールをフィーチャーした夢のサクセスストーリーソングになったのである。

あれから六〇年たって、さらなる気づきがあった。

「東京のバスガール」がテレビから流れはじめた昭和三〇年代初頭は、「戦後」がおわり、高度成長へむけて、私とほぼ同世代の中卒の男女たちが〝金の卵〟として首都圏へと向かいはじめた時期であった。彼らの多くは中小企業の町工場に就職し、「バスガール」は願ってもかなわない憧れの就職先であったはずである。集団就職組にとって、「東京のバスガール」の「♪若い希望も恋もある　ビルの街から山の手へ」は心の応援歌であり、おそらく浜美枝は彼らの夢を実現したシンボルだったのではなかったろうか。

当の浜美枝自身にも同様の思いがあったらしく、『孤独って素敵なこと』（講談社、二〇一六年）にはこんなくだりがある。

「私が担当したのは、工場街を走る路線。マイカーなどほとんどない時代ですから、朝早くから工場勤務の人々がどっと乗ってきました。それから終バスまでずっと混んでいました。特に終バスは、遅くまで工場で働いた人でいっぱいで、座席に座った途端、ガラス窓に頭をもたせかけて、こっくりこっくり眠ってしまう人もいました。当時、男性はポマードで髪を撫でつけていたため、ガラスにポマードが丸くべったりと付いてしまうこともあり、それを取るのがひと仕事でした。冬の朝には白い息をはーはーとあてて、ひとつひとつ丁寧に拭き取りました。一日が終わると、ぐったりするほど大変な仕事でしたが、いやだと思ったことは一度もありませんでした。乗客の工場勤務の人たちも、運転手さんも、車掌である私も、みんな同じ時代に働く仲間であるという連帯感のような雰囲気が、いつもバスの中に満ちていたからです。汗と油でどろどろになった作業服を着たまま眠っている人を見ると、素直に『お疲れさまです。バスのなかのこのひとときでも、体を休めて英気を養ってくださいね』という気持ちになったものでした。」

あの時代は、吉永小百合が「キューポラのある町」（監督・浦山桐郎、日活、一九六二年）で演じた明るくけなげに働く若者にみんなが喝采をおくりそれに自らを重ねていた。都会と地方や境遇の違いを超えて、がんばれば明るい明日がやってくるとみんなが信じていた。当時、中学・高校生だった私も、そうだった。そして親たちもまた、子どもたちがそうなることを信じて疑わなかった。

後年、コロムビア・ローズも引退後のインタビューで往時をこう述懐している。

「歌の中のけなげな姿に、集団就職で上京した子どもたちの姿を重ねたのでしょう。全国の公演先で大歓迎されました」

（「サザエさんをさがして　バスガイド」、朝日新聞、二〇一一年一二月三日　朝刊）

「東京のバスガール」は、私にとっても、おそらく〝金の卵〟たちにとっても、さらには〝金の卵〟の親たちにとっても、逆境でもひたむきに生きれば夢はかなうというシンデレラストーリーの歌であった。そして、そのまごうかたなき実証例が浜美枝というシンデレラガールだった。

ところが、私にとっては、そこから数年で、「東京のバスガール」のイメージは暗転する。

どうもそんなうるわしい話ではなさそうだ、この歌の裏には、〝不都合な真実〟が隠されているらしい。そう気づかされたのは、大学へ入学、おりしも盛り上がりをみせた学生運動に参加するなかで、〝闘うバスガールたち〟と出会い、〝不都合な真実〟を知ることになったからである。

それは、それまでけなげなシンデレラガールだった浜美枝が、突然セクシーでしたたかなボンドガールに抜擢された（「００７は二度死ぬ」一九六七年）、大変身をとげて私を驚かせたのと、ほぼ時期が重なっていた。

■東京のバスガールは労働運動の花でもあった

一九六五（昭和四〇）年に大学へ進学、ほぼ時期を同じくして、中学・高校の六年間、通学につかった都電が次々と撤去、代替された路線バスもワンマン化、都営交通の労働者たちのあいだに反対運動が沸きおこり、廃止される軌道に彼らとともに座り込んだのが契機だった。

当時はベトナム反戦が世界的な盛り上がりをみせ、日本でも多くの学生がそれに参加、いっぽうで高度経済成長への総仕上げのなかで産業の合理化が進行。都電の撤去もバスのワンマン化もその一環だった。

反戦という政治課題と、反合理化という労働運動の課題のふたつが結び付けば、六、七年前の一九六〇年では安保闘争と三池闘争が結びつかずに敗北した失敗を乗り越えて、今度は日本の戦後体制を根本から変えることができるのではないかと、そんな「夢物語」が政治にめざめた当時の若者たちの一部では、現実味をおびつつあった。

　したがって東交（東京都交通局労働組合）の労働者たちは頼もしい連帯の相手だったのだが、私の場合はそれにいささか不純な動機が加わっていた。

　当時、女子の四年制大学進学率はせいぜい一割から二割。定員三四〇〇人の東大の女子合格者が戦後はじめて一〇〇人を超えたことが新聞記事になったほどで、学生運動でも参加者にしめる女子の割合は一割から二割。これにたいして、労働組合には青年婦人部があり、「労学連帯」によって同世代の若い女性たちと出会えることが期待され、とりわけバスガールを抱える東交ではその確率はかなり高かったからだ。

　しかし、そこで出会ったリアルなバスガールたちが置かれていたのは、歌詞とはちがって「♪若い希望も恋もある」ようなヤワな状況とはほど遠く、私の不純な動機がかなうことはなかった。

　そこは男性のバス運転手よりもはるかに厳しい肉体労働の「現業の現場」であった。

　ちょうど「東京のバスガール」がラジオやテレビから流れてヒット曲となるころ、バスガールの元締めである東京都交通局の広報誌には、「女子車掌（バス）の仕事」と題された文章が掲載されていて、そこからは当時の彼女たちの過酷な労働実態を知ることができる。

「動くバスの中で立ち続けるため、見習生たちは足の疲れに悩まされるのが常で、痛みのあまり夜には正座ができなくなる者もいるほどでした。しかし一〇日ほどすると慣れ、終日立ち続けても平気になるのです。

　勤務は決して楽ではありません。失敗したりラッシュで体調を崩したりしながら、それでも毎日の乗務が楽しく満員のラッシュアワーが苦にならなくなって一人前の車掌といえるのです。正月やお祭りなど世間の女性が着物を着て浮かれ気分になるときは、女子車掌たちにとっては反対に忙しいとき。お盆も正月もないわけです。普段の勤務は六勤一休でしたが、七か月に一度は二連休をとることができたため、車掌たちは『ダブル公休』と呼んでその日を楽しみにしていました。忙しい中で若き女子車掌たちは力強くその青春を謳歌し、市バスに花を添えていたのです」（「交通局報」第二一号、一九五八年三月）

「体調を崩そうとも盆や正月も休まずに働く」ことをバスガールへの「誉め言葉」にしているところに、当時の使用者側の「女子労働観」が透けてみえる。さらにいえば、当時は、それが世間から女性たちの花形とされていたバスガールの実態でもあったのである。

もしこれを今の女性たちが読んだら、「東京のバスガール」になろうなどとは絶対に思わないだろう。いや、当時の女性たちですらためらったはずである。それでも多くの中卒の女子たちがバスガールをめざした理由の一つは、おそらく「東京のバスガール」の出だしの歌詞「♪若い希望も恋もある」に夢をみたからではないか。そして、実際にバスガールになってみて現実は歌とは大違いであることを体感して愕然としたのではないか。となると、この歌は、バスガールたちへの応援歌の形をとりながら、実際はバスガールに過酷な働き方を強いる使用者への応援歌になった可能性がある。

しかし、私のなかで「東京のバスガール」のイメージを反転させたものは、それだけではない。決定的なダメ押しをしたものがある。それは、「バスガールたちの終業後の入浴」である。

勤務が終わると入浴するのが彼女たちの「日課」だとはじめて聞かされたときは、てっきりこう思った。さすがは戦闘的な組合で知られる東交だ、バスガールたちが一日の疲れを癒すための「福利厚生の権利」を勝ち取ったのかと。というのも、東京都清掃局の組合活動家の友人から、業務完了後に汚れた身体を洗うための入浴とその後の団らんを「福利厚生の権利」として当局に認めさせていると聞いていたからだった。（国鉄の一部の機関区では、労働者たちには就業中にも「入浴」が認められていて、これは後に「国労バッシング」のネタにもつかわれた）

それを口にしたら、「学生さんは労働者と連帯するとかいってるけれど頭でっかちで現実を知らない」と笑われた。実は「終業後の入浴」は切符の売り上げを隠していないかを確認するための「身体検査」を兼ねていたのである。

この〝不都合な真実〟を知らされとき、私は、「許せない」という道義的な怒りと共に、なにやら艶めかしい情景が脳裏にうかび、そんな自分に恥じ入ったことを今でもはっきりと覚えている。

■「密行」が来ているから風呂にはいるな！

もう半世紀以上も前の話なので記憶に誤りがあってはいけないと思い、元バスガールを尋ねあてようとしたが、半世紀を超える年月がそれを阻んで叶わなかった。そこで、ネットを渉猟しているうちに、元都バスの車掌だった母親の体験記を聞き書きしたブログに遭遇。母親は昭和三三年に入局したというから、私が出会った〝闘うバスガールのお姉さん〟たちとほぼ同世代と思われる。そのブログの中の以下のくだりが、私を当時に引き戻してくれた。

「乗務を終え、お風呂に入ろうとしたところ『密行が来てるから今はいらない方がいい』と、耳打ちされたこともあったそう。横領を防ぐため、時々『密行』といわれる人がバスに乗り込んできてチェックしていたそう。バスの中以外でも入浴時にお金を身に着けていたらアウト！　常に監視されているような状況も母にとっては苦痛で、『黒歴史』につながったのかもしれません」

「都バスに車掌さんがいた風景３」

https://www.bus-trip.jp/magazine/variousbus/bus_etc/3878

「密行」とはなんとも時代がかった言葉だが、たしかに私には聞き覚えがあった。ウラをとろうにも、直接当人たちを尋ねあてることができないままなので、昭和三〇年代、都電の運転手として青山営業所で組合支部の青年部長をつとめていた運動の大先輩のＭに、コロナ禍の見舞いをかねてたしかめてみた。

すると、「バスガールの入浴」には、職制ではなく組合の役員が立ち会って〝自主管理〟をしていたという。彼女たちが不当な権利の侵害を当局から受けないようにとの配慮からだった。

「密行」については、都電であれ都バスであれ、当局は常に車掌の売上をチェックしており、ある車掌があやしいと目をつけると、乗客になりすまして、あらかじめ印をつけておいた札を渡して釣りを受け取り、勤務終了後の確認時にその札がなければそれを動かぬ証拠にするようなこともあったらしい。

また、「密行」の摘発をうけたものと思われるが、組合のあずかり知らぬところで、ある日突然、姿を消してしまう職員がいたという。

さらにＭによれば、職場の行事などで「東京のバスガール」が彼女たちの歌として愛唱されたことはなかった。

組合による〝自主管理〟とはいえ、「終業後の入浴」の背後には「身体検査」があることに変わりはない。長時間立ちっぱなしという男性運転手よりも過酷な肉体労働に加えて、この精神的プレッシャーでは、とてもではないが「♪発車オーライ」と「♪明るく明るく走る」ことなどできるはずもない。

こうしてあのとき「労学連帯」によって、私は東京のバスガールたちをめぐる〝不都合な真実〟を知り、私の幼少時に利用した東急バスのバスガールたちがなぜ歌のようには、「明るく走っていなかったのか」の理由もわかった気がした。そして、私の中で、「東京のバスガール」のイメージは一八〇度変わり、以来、この歌は私の愛唱歌ではなくなった。

人権に抵触しかねないバスガールたちの労働実態は、都バスに限ったことではない。

「東京のバスガール」がヒット曲となった二年後の一九五九（昭和三四）年、私鉄のバスでも、それをめぐって、大規模な抗議行動が起きている。

「二一組合がスト予告　バスガールの〝天引き〟で」の見出しを掲げた同年の朝日新聞、一一月一〇日夕刊の記事によれば、概要は以下のとおりである。

事の発端は、会社側が「車掌が売上金をごまかすのを防ぐ方法がない限り、会社が損害賠償を求めるのは当然」として、バスガールによる切符と売り上げの「差額」を給料から天引きすると通告。これに対して、組合側は「バスが込みすぎたり、労働がひどいので、どんなに一生けんめいやっても過不足がでるのだ。第一、労働協約もないのに不足分だけは一方的に月給から天引きするのは労基法違反だ」と反論。東武、東急、京急、京成など私鉄総連傘下の二一組合がストを予告したと報じている。

バスガールにたいする入浴に名をかりた身体検査は私鉄のバスでも行なわれていたが、それだけでは会社側は満足のいく「成果」を上げることができず、「給与からの天引き」にまで踏み込んだのだろう。

前述のMによれば、都営のバスガールについては、「給与からの天引き」問題にまで発展することはなかったというが、バスガールの仕事をめぐるセンシティブかつストレスフルな労使間問題は一向に改善されることはなく、それから一〇年ほどして、私は「労学連帯」のなかで、それを知らされることになるのである。

■バスガールがつくった日本初の女性の労働組合

この「入浴による身体改め」と「密行」は、実はバスガールという「女性の新職業」の誕生とともに発生した労使間問題であった。

教習を終え、職場にデビューした都営バスの新人女性車掌＝1966年5月27日、東京都世田谷区駒沢付近（朝日新聞社）

一九二五（大正一四）年三月に都バスの前身である東京市バスの女子車掌の第一期生となった神山ハナ（一九〇二～一九八二年）の貴重な聞き書きが残されていて、そこで神山はこう証言している。

「入浴前に服をぬがされてポケットをしらべるわけですよ。人権無視ですよ。（略）中休といって、ラッシュアワーでない時に休みになるでしょう。ちょっと家へ帰ったりしてがまぐち（財布）でも入れてこようものなら、それを捨てちゃわなければならない。言い訳なんか当局は決してきかないから」（『運動にかけた女たち――戦前婦人運動への証言』渡辺悦史・鈴木裕子、ドメス出版、一九八〇年）

これは活動家の弾圧にも使われた。神山によると、このバスガールを首にしようと目星をつけたら、「密行」という交通局のスパイが客をよそおって、大勢でどやどや乗り込んできて、わっと料金を払って釣りをよこせと要求、バスガールはいそがしさにかまけて切符を切り忘れる。すると、車庫についたところで点検をうけ、切符と金額があわない差額分を「横領のかくれもない証拠」として、そのバスガールを馘首したというのである。

しかし、〝元祖東京のバスガールたち〟は強かった。逆に「仲間を首にした密行を首にしろ」とゼネストをうって、撤回させたという。

当時の市電と市バスの乗務員は約四五〇〇人。半分は女性だったが組合運動を果敢にたたかったのは女性たちだった。神山はこう述懐している。

「男は家族があるから、首になるとね、その点女はタダ口だから、女の方が勇敢だったですよ。なにかデモがあると女が先頭。それで逮捕者がでると警視庁へみんながデモかけるの。交渉となると、（警察当局は）代表だせというの。そうするとみんなが代表だというのよね。みんな検挙するわけにいかないでしょう。車がうごかなくなるでしょう」

神山は、一九三〇（昭和五）年に東京市交通局で起きた人員整理をめぐる大争議で解雇処分、その後復職を勝ち取り、新宿自動車部の婦人部長に就任。共産党の指導者であり戦後に衆議院議員もつとめるが党から除名された神山茂夫（一九〇五～一九七四年）の夫人でもある。

東京の元祖バスガールたちは、日本における女性の権利獲得・拡大の先駆者であった。それは、日本ではじめて「婦人による組合」を結成したのがバスガールだったことからも明らかであろう。

私が二〇歳前後に出会った〝闘うバスガールのお姉さん〟たちはそのＤＮＡをうけついだ末裔たちだったのである。

どおりで、肉体的にも精神的にも過酷な労働環境にありながら、それにめげずに組合運動の先頭でたたかえたわけだ。

当時は、大学なんか早くやめて労働運動に入るというのが〝いっぱしの活動家〟の理想形だった。実際、東大や早稲田を中退して、高卒の経歴で東交や国労や全逓に一労働者と入った先輩がいて、憧れもし尊敬もしていたが、結局私には、そんな「革命的根性」もなく、ジャーナリズム業界へもぐりこんでなんとか今まで生きのびることができた。その結果、〝闘うバスガールのお姉さん〟たちとも数年で縁が切れた。

あれから半世紀、彼女たちはどうなったのだろうか？

東京都交通局は一九六六（昭和四一）年度をもって「新規採用」を中止、バスガールたちには希望退職と配置転換が求められた。

女子の職種が増えたことに加え、高校進学率も上がったことで、中卒の応募者が集まらなくなった。いっぽうでワンマン化を柱とする経営の合理化があり、両方があいまって、新規採用はストップされたのである。

朝日新聞、昭和四一年五月二七日夕刊「ニュース・グラフ」には、「わたしは東京のバスガール　新人さん〝発車オーライ〟」の見出しと共に、一か月の研修を終えた二五〇人の少女の一人が初めて乗車業務につく姿が写真入りで紹介されている。これが新規採用の最後の東京のバスガールで、ひょっとしたら私も「労学連帯」の中で、そのうちの何人かと出会っているかもしれない。

Ｍによると、当局の「新規採用中止」にたいして、組合は条件闘争でこれにのぞみ、希望退職と配置転換はバスガールたちの自主的判断にゆだねられた。その後、当局の要望を受け入れて年々バスガールたちは数を減らしていったが、やがて昭和が終わりへと向かうなか、一人は不慮の死をとげ、残りの二人にも定年の時がやってきた。そして、ついに東京のバスガールは姿を消したのである。

■かくして「東京のバスガール」はハッピーリタイアした

それからしばらくして元号は「昭和」から「平成」へと変わり、私は文化放送の「浜美枝のいつかあなたと」にゲストとして呼ばれた。「京浜工業地帯のバスガール」出身の映画スターはボンドガールに抜擢されて私を驚かせた後、ニュースショウの司会を経て田園のスローライフ実践者に大変身、私が書いた大手スポーツ用具メーカーの「ウォーキングシューズ」の開発秘話に関心をもってくれたのだった。

「強い者はより強く、速いものはより速く」の推進役が「ゆっくり歩く」ことに向き合ったところにライフスタイルの転換の兆しを読み解くのが本のテーマだった。思えば、昭和とは「強い者はより強く、速いものはより速く」の時代であり、バスガールたちはそれを下支えして走り続けてお役御免になったが、浜美枝はそこからハッピーリタイアした先駆者だった。

「東京のバスガール」は、私の中では、明るい明日を夢見る集団就職女子の応援歌から、彼女たちに過酷な労働環境をしいる使用者の応援歌へと反転して久しかった。それが、半世紀の時をへて、わが青春と共にあったこの歌は、昭和の歌謡遺産へとハッピーリタイアできたのだった。

♪第四話

元〝金の卵〟たちにとって上野は今も「心の駅」だろうか

「あゝ上野駅」歌・井沢八郎（作詞・関口義明、作曲・荒井英一、一九六四年）

■散文的な歌詞でつづられたミリオンセラー

私は戦争が終わって生まれた七〇〇〜八〇〇万人ともいわれる団塊世代の一人である。その中には、炭坑夫や鉄道員やバスガールと同じように戦後日本を下支えしてきた〝金の卵〟と呼ばれた集団就職者たちがおり、彼らのために「望郷」をテーマに数多くの歌がつくられた。

「望郷」は歌謡曲の定番的モチーフのひとつだが、そのなかで大ヒットを射あてたものは、総じて、過剰なまでに涙腺と琴線を刺激する抒情的歌詞の横溢を特徴としている。

三橋美智也の「♪おぼえているかい別れたあの夜、泣き泣き走った小雨のホーム」の「リンゴ村から」（一九五六年）にしろ、美空ひばりの「♪つがる娘は泣いたとさ、つらい別れを泣いたとさ」の「リンゴ追分」（一九五二年）にしろ、春日八郎の「♪泣けた泣けたこらえきれずに泣けたっけ」の「別れの一本杉」（一九五五年）もしかり。そしてつい最近の島津亜矢の「♪おれたちゃ先に逝くやけん、おまえの思うとおりに生きたらよか」の「帰らんちゃよか」（二〇〇四年）も同様である。

ところが、これでもかこれでもかと抒情の詞が連鎖する「望郷」のヒットソングのなかで、この「公理」がまるであてはまらない歌がある。それは井沢八郎の「あゝ上野駅」である。組み立てもストレートかつシンプルで、これほど散文的な歌詞でつづられたミリオンセラー曲もめずらしい。

井沢八郎「あゝ上野駅」（東芝レコード）

「♪上野はおいらの心の駅だ」
「♪就職列車にゆられて着いた　遠いあの夜を思いだす」
「♪くじけちゃならない人生が　あの日ここから始まった」
「♪配達帰りの自転車をとめて聞いてる　国なまり」
「♪お店の仕事は辛いけど　胸にゃでっかい夢がある」

　この詞は、農協をスポンサーにした農家向け雑誌「家の光」が公募した「農村の唄」の当選作である。「賞金三万円、一流歌手によるレコード化」に惹かれて応募・投稿して見事一等を射止めたのは関口義明。埼玉のコメ農家に生まれ、高校卒業後地元の銀行に勤務していた当時二二歳のアマチュアだった。

　曲がつけられて、いよいよ待ちにまったレコード化。しかし「一流歌手」を期待していたアマチュア作詞家を落胆させる。冒頭で掲げた「望郷のヒット曲」をうたいあげた国民的超大物は無理にしても、ヒット曲をもつそれなりの歌手どころか、井沢八郎という、名前も聞いたことがない二七歳の新人歌手だったからだ。

　アマチュア作詞に無名の新人歌手という「初期条件」からすると、ヒットソングになる目はまずなかった。おそらく主催者の「家の光」誌もレコード会社の東芝音工も大した期待は抱いていなかったのではないだろうか。

　ところが、発売されるや、爆発的な支持を得て、後に累計で一〇〇万枚超を売り上げ、今も歌い継がれるロングヒット歌謡になる。

　その理由は何だったのか？　今から振り返ると、もっとも大きかったのは一九六四（昭和三九）年の年度初めというリリースのタイミングにあったと思われる。

　この年に開催された東京オリンピックで日本経済は弾みをつけ、高度成長を一気に加速化、それを支える労働力として多くの若者たちを地方から東京へと呼び寄せる。四月から五月にかけての年度初めに彼らを乗せた集団就職列車が走りはじめるのは、ＧＨＱの占領が終わって日本が独立する翌年の一九五三（昭和二八）年からだが、それがピークを迎えるのが、東京オリンピックの年である。その頃から、彼らは〝金の卵〟と呼ばれるようになり、この年に首都圏へと吸い寄せられた中卒者たちは東北を中心に七万八千人に上ったという。

年度が明けると、その光景がテレビのニュースで連日のように流されたので、当時高校二年生だった私の記憶にも、それは深く刻みこまれている。

ところは上野駅の集団就職列車専用の一八番線ホーム。中学を卒業したばかりで私よりも二歳年下の少年少女たちが、旗をもった先生か出身地の役所の担当者とおぼしき大人に先導されて下車。そこで待ち受けていた就職先の企業の担当者に引き渡される。

男子はみな詰襟に白線入りの学生帽を目深にかぶり、女子はセーラー服。手には大きなボストンバッグをもち、中には柳ごおりを大切そうに抱えているものもいる。ほとんど全員、笑顔はなく、仲間と会話を交わすでもなく、ただただ押し黙り、不安と悲しみが入り混じった表情をしていたのが、いまも印象深い。

そして、この物言わぬ無表情の黒っぽい少年少女の集団に、折しもラジオやテレビから流れ始めた「あゝ上野駅」のシンプルで散文的な歌詞は、ぴったり重なりあった。また、歌い手の井沢八郎が同じ東北は津軽のコメ農家の三男、ＮＨＫのど自慢で県内三位になったことで歌手として一旗揚げようと上京するも鳴かず飛ばず、苦節七年でようやくデビューを果たしたばかりというキャリアが、「名もなき金の卵」たちともぴったり重なりあった。これが三橋美智也や美空ひばりや春日八郎のような人気歌手だったら、そして、歌詞が抒情たっぷりだったら、これほどヒットしていたかどうか。

「技巧」や「たくらみ」がまったくなかったからこその巧まざる演出効果が奏功したというべきだろう。この年以降、マスコミはこぞって井沢八郎の「あゝ上野駅」を〝金の卵〟のＢＧＭにつかうようになり、それによって上野は彼らの「心の駅」としてうたい継がれていく。

■「東京ネイティブ」には「故郷喪失の怨歌」？

ところが、もういっぽうの当事者――かくいう私もその一人だが、当時彼らの「受け皿」となった東京が「生まれ故郷」

の「東京ネイティブ」たちにとっては、「あゝ上野駅」は「人生の応援歌」どころか、「故郷喪失の挽歌」であった。

「あゝ上野駅」をはじめて聞いたとき、なんともいえない違和感、わだかまりを感じ、それがその後も続いていた。

私は東京は目黒区中目黒の駒沢通からちょっと入った路地の育ちだが、わが家が水洗トイレになったのは、大学に入ってからだ。それまでは、いわゆる「ぼっとん便所」で、定期的に作業員が汲み取りにやってきた。

それから数年して、東京オリンピックの開催が持ち上がり、集団就職の〝金の卵〟をはじめ地方出身者が続々と東京へ集まりはじめ、わが家の隣り近所にも、彼らの受け皿として木造モルタル・アパートが俄か普請された。そこももちろん「ぼっとん式の共同便所」で、「うちの田舎以下じゃないか」と地方からの入居者たちを大いに失望させたものだった。

わが路地の下水化と水洗化がなかなか進まなかったのは、住民負担金をめぐってもめているからだと母親から聞かされたが、今から思うと、それもあったかもしれないが、子どもの私もそうだったように路地の住民たちは「ぼっとん便所」に特段の不便を感じていなかったからではなかったか（小学校もそうだった）。「ぼっとん便所」だけではない、路地の中央には共同井戸があり、夏にはそこでスイカを冷やし、年末には石臼が持ち込まれて餅をついたりする暮らしぶりを「時代に乗り遅れている」とも「都会らしくない」とも思ってはいなかった。

しかし、そうこうしているうちに、大事件が起きた。歩いて一〇分ほどのガスタンクの森が伐採され、水洗を完備した近代的なアパート群が出来上がったのである。そこは鬼ヤンマやセミをおいかけ、蛇をつつき回し、カエルを餌にザリガニを釣る、子どもたちにとってはかけがえのない遊び場であった。それが契機になって、わが路地の下水化問題も解決され、木造モルタルのアパートも水洗付きに「改良」され、以来、地方からやってくる「新住民」たちから不満が聞かれることはなくなった。

この頃を境に、私の「故郷」である東京は、にわかに快適で便利で奇麗な大都会へと変貌をとげていく。そして時を同じくして、井沢八郎の「あゝ上野駅」がラジオやテレビからさかんに流れはじめる。

前述したように、この歌は、毎年、年度初めに上野駅で集団就職列車から降り立つ〝金の卵〟たちをはげます「人生の応援歌」となったが、いっぽうで私にとっては、「東京ネイティブ」と彼らとの間に潜在する「葛藤」を気づかせる契機ともなった。すなわち、東京が快適で便利で奇麗になればなるほど、「古き良き東京が壊され失われるのではないか」という危惧が私の中に芽生えるとともに、それをもたらした原因の一つには「夢の大都会・東京はこうあってほしい」と願う〝金の卵〟をはじめとする新規参入者による「無言の圧力」があり、それをチアアップしたのが「あゝ上野駅」ではないか、という疑念が胸中にわだかまるようになったのである。

当初は漠たる危惧と疑念であったが、それはやがて消えてしまう小さなものどころか、東京の成長とともにますます大きくなる厄介事だと思い知らされた。それから二年後、大学へ進学し、都民の足であった都電が次々と撤去されるなか、その阻止闘争に参加したときだった。

線路に座り込みながら、私の脳裏にまざまざとよみがえったのは、一〇月一日「都民の日」の子ども時代最大のイベントであった。毎年この日には、当時東京都の公認キャラクターであった清水昆のカッパのバッジが支給され、これをつけていれば都電・都バスは乗り放題。動物園や植物園などの施設も無料。当日の一番人気は、品川と上野を結ぶ一番の都電に乗って上野へ行き、東園と西園を結ぶモノレールに乗るコースだった。

「一番」は路線番号が示すとおり、最新鋭車両を二両連結した都電の中のエースであった。しかし、撤去阻止闘争もむなしく、その一番をはじめ、最盛期には四〇路線二一三営業キロもあった都電は、自動車道路と競合しない荒川線をのぞいて、東京の街から姿を消した。その中には、私が中学一年から六年間も朝夕の通学につかった八番（中目黒―築地）もふくまれていた。

私にとっては、少年期の思い出が丸ごと消されたに等しかった。

ガスタンクの森の消失にはじまり、これで私の「故郷として東京」は永遠に失われてしまったのである。

井沢八郎の「あゝ上野駅」が登場してから十年たらずの出来事だった。

たしかに都電を撤去したことで東京は快適で便利で奇麗になった。私たち「東京ネイティブ」もその恩恵に大いに与ったが、それと引き換えに失ったものを考えると、素直には喜べない。胸中に「昔の東京を返せ」の言葉が込み上げてくる。

そして、快適で便利で奇麗になった東京を支えたのが〝金の卵〟たちだと思うと、彼らの人生の応援歌である「あゝ上野駅」を素直に受け入れることはできなかった。

以来、私は、「あゝ上野駅」を敬して遠ざけ、〝金の卵〟たちの「心の駅」である上野駅は、私の、心の中では「近いけれど遠い駅」になった。

■永久欠番となった集団就職列車専用ホーム

さらにあれから半世紀以上の年月がすぎた。

元〝金の卵〟たちの「心の駅」だった上野はどうなっているか、そして「東京ネイティブ」の私の中にわだかまってい
た〝金の卵〟との「葛藤」はどうなっているのかを確かめるために上野駅をたずねた。

上野駅がずいぶん前に全面リニューアルされたことは知っていた。何度か乗り降りしたことはあるが、じっくり見て回るのは初めてである。ファサードは往時のままだが、構内がこれほど様変わりしていたとは思ってもみなかった。

そもそも上野駅のシンボルだった集団就職列車専用の一八番線のホームがないではないか。上越・信越・東北に向かう列車用の一三番から一七番は健在だが、一八番線は影も形もない。一九番と二〇番も見当たらないが、新幹線ホームとして地下へ移動して生き延びていた。

実は一八番線は、一九七五（昭和五〇）年の集団就職列車の廃止により、在来特急用に転用されたが、一九九九（平成一一）年に完全撤去。「永久欠番」となったのである。さながら半世紀前の都電撤去後の光景を思いださせた。

構内はまばゆくも華やかで、東京駅や大阪駅の北ヤードと区別がつかない。

「あゝ上野駅」の導入の「♪どこかに故郷の香りを乗せて」北国から列車が到着するあの独特の雰囲気を偲ぶよすがは、もはやどこにもない。その香りをかすかに嗅ぐことができるのは、駅前の外れにぽつんと佇む「あゝ上野駅」の歌碑だけだ。

この様変わりを元〝金の卵〟たちにどう受け止めるのだろうか？

と、私の胸中に、わが幼年期の「糞尿譚」のつづきが甦った。

わが家の「ぼっとん便所」に定期的やってくる作業員に東京都から支給される「汲み取り券」を渡すのは普段は母親の役目だったが、たまたま小学校から帰宅していた私が代役をおおせつかった。バキュームカーから伸びた蛇腹のゴム管がゴボゴボと音と臭気を立てながら我が家の排泄物を飲み込み終わるのを見届けてから、ゴム靴にゴム手袋にゴムの作業服というゴムづくしのおじさんに、「おわいやさん、ご苦労様」といって券を渡したところ、「おい、坊主、おわいやとはど

ういう意味か知っているのか」と汚物のついた手袋でほっぺたを叩かれた。小学生も高学年だった私は、丁寧語の「お」をつけ、最後には「さん」の尊称までつけているのに、なぜ叩かれたのか、わけが分からず茫然とおじさんを見返した。

わが家をはじめ周辺の住民は、彼らを「おわいやさん」と呼んでいて、子供たちも深く考えずに大人たちの呼び方を真似ていたからだ。

すると、「わからなければ、親に訊いてみろ。そのついでに、お前んとこのおわいは甘い匂いがするから、病気に気をつけろといっておけ」と返された。

家に戻って「みんなが『おわいやさん』といっているのに」と母親に訴えると、こうたしなめられた。「『おわい』というのは『きたない』という意味なのよ。これから券を渡すときは『汲み取り屋さん』といいなさい」

左が17番線。右に18番線のホームがあったが、いまは二階ホームへのエスカレータになっている。

それで私は胸落ちしたわけではない。「汚穢」と書いて「おわい」と読むのだと知ったのは高校も高学年になってからだった。そのとき私は、「汚穢」（汚れて穢れている）という文字から発せられるおぞましさに、慄然として立ちすくんだ。ゴムづくしのおじさんの汚物にまみれた手袋でほっぺたを叩かれた感触が甦った。そうだったのか、おじさんが子供相手に平手を食らわすのも無理はない、とわが身を恥じた。「甘いおわいの臭いに気をつけろ」と忠告されたことで父親に糖尿の気があり、治療に役立ったことと共に、それは私にとって忘れられないエピソードとなった。

■「おわいやさん」は〝金の卵〟の親

私は回想からさめると、ふと、思った。

そういえば、汲み取りのおじさんには東北なまりがあった。ひょっとして私とほぼ同年代の〝金の卵〟たちの親、あるいは年上の兄だったかもしれない。

あれから半世紀たって、ようやく同世代の〝金の卵〟と歴史的な和解ができたような気がした。

彼らのほとんどは自ら進んで東京をめざしたのではない。毎年東京へ出稼ぎにくる親兄弟の背中をみて集団就職列車に乗ったのであろう。そして「あゝ上野駅」の歌詞にあるように「辛い仕事にもめげず」に、東京と日本の高度成長を下支えした。その結果、わが東京は快適で便利で奇麗になり、「古きよき東京」は失われたが、皮肉にも、彼らの故郷も快適で便利で奇麗をめざして「ミニ東京」に変わってしまった。

彼らも「東京ネイティブ」の私と同じく、帰るべき故郷を失ったのである。

もはやここ上野駅は、望郷を癒してくれる「心の駅」ではない。それは表玄関の東京駅かと見まがう構内のツルピカな様変わりを見れば明らかである。

彼らにとって「あゝ上野駅」はもはや「人生の応援歌」ではない、いまや失われた故郷への挽歌である。

これからは、失われた故郷を偲ぶよすがとして、共に「あゝ上野駅」をためらいなくうたえそうな気がする。

♪第五話

戦中派と戦後派を共感でつなぐ〝詠み人知らず〟の元軍国歌謡

「南国土佐を後にして」歌・ペギー葉山（作詞／作編曲・武政英策、一九五九年）

■なぜ軍国歌謡が集団就職世代の応援歌になったのか？

「集団就職とはやり歌」について、さらに素材と視座を変えて検証を続けようと思う。

前話の井沢八郎の「あゝ上野駅」の追究だけでは、いささか一面的かつ平板すぎたかもしれないと思い直したからである。

そもそも地域的な偏りに問題があったかもしれない。ちなみに「上野駅」は、あくまでも「北と東」からの集団就職の若者たちにとっての到着駅でしかない。いうまでもないことだが、〝金の卵〟たちは、西日本からも大都市へと呼び寄せられた。西からも就職列車が仕立てられ、彼らは途中の大阪や名古屋で下車しながら、最後に東京駅のホームに降り立った。

澤宮優著『集団就職　高度成長を支えた金の卵たち』（弦書房）

たまたま関連資料をあさっていたところ、『昭和の貌《あの頃》を撮る』（写真・麦島勝、文・前山光則、弦書房、二〇一三年）に行きあたり、熊本駅と八代駅の集団就職列車の出立風景につけられた次の「解説文」に、はっと虚をつかれた。

「八代から球磨川を五十キロほどさかのぼった人吉盆地で育ったが、少年時代の一時期、『自分にはふるさとがない』と思いこんでいた。（略）そのような幼稚な思いこみをしていたかと言えば、流行歌からの影響が大きかった。（略）それは北の方の、寒くて、家には囲炉裏があって、畑にはリンゴが植えられているところでなくてはならない、ことばも九州弁でなく東北弁でないとふさわしくない、というふうにふるさと像が刷り込まれていたのである。」

なるほど、「♪おぼえているかい故郷の村を／都へ積み出すまっかなリンゴ……」の三橋美智也の「リンゴ村から」（一九五六年）が典型だが、戦後歌謡のメインストリームである「望郷歌」では［東北の寒村］というイメージが定番の「書き割り」になっている。

そこで、「地域的偏り」をただすべく、行きつけのカラオケスナックで、西日本出身の常連に聞いてみた。

「東京の西を舞台に集団就職をうたった歌はあるだろうか？」

すると、すかさず「ペギー葉山の『南国土佐を後にして』」と返ってきた。

「どこが」と問い返すと、常連は、

「♪都へ来てから幾歳《いくとせ》ぞ」と口ずさんでみせた。

これには私は意表をつかれた。

私にとって、「南国土佐を後にして」は、後に述べるように元職業軍人の父親が私の前で愛唱した唯一の戦後歌謡だったからだ。

「それは軍国歌謡のリバイバル・ソングだろう」と言うと逆にキョトンとされた。

元歌の存在がカラオケフリークの間でも知られていなかったことに私は驚きながら、調べてみると、たしかに集団就職世代の一部には彼らの「人生の応援歌」と受け止められているらしい。

■共産党副委員長も軍歌だったとは知らなかった！

「南国土佐を後にして」を歌ったペギー葉山は二〇一七年四月に八三歳で亡くなっている。同歌の生まれ故郷の地元紙では、彼女を偲ぶ「投稿特集」が組まれ、そこからは、この歌の多様な評価をうかがい知ることができる。（高知新聞二〇一七年一一月一九日、「声ひろば」《ペギー葉山さんしのぶ》

ペギー葉山「南国土佐を後にして」（キング）

ひとつは、わが行きつけスナックの常連氏のように「集団就職世代の応援歌」としての評価である。

「日本が高度成長の前段の頃で、恩師を頼って上京。恩師の世話でその頃花形だったトランジスタラジオの会社で働き始めた。（略）昼休みになるとわが社の製作したトランジスタラジオから音楽が全社に流れて、よく聞いた。どの放送局を選択してもかかっていた。郷里を後に夢を抱いて都に出てきた自分を、この歌詞に重ねた。聞くたびに古里の両親、姉妹を思い、随分勇気付けられ頑張ってこられた」【七六歳男、高知市】

上記投稿は、元歌にはふれていないが、元唄が「軍歌」であることを知った上で、「集団就職世代の応援歌」とする投稿もある。

「大阪市鶴橋の小さな工場に就職しました。何カ月かたった頃、仕事場のお昼休みのラジオから、ペギー葉山さんの『南国土佐を後にして』の明るい歌声が流れるのを耳にしたのです。『ウワー、南国土佐を後にしているのは自分もだ!!』と思い、それから、何度もラジオから流れるペギーさんの歌声に感動しては涙したことでした。この歌は元々は戦地の兵隊さんたちが作ったものと知りました。その方たちに敬意を払いながら、『南国土佐を後にして、大阪に来てから幾月ぞ』と、小さな下宿屋の寝床で夜ごと口ずさんだことでした」【八五歳男、四万十町】

一方で、驚くことに、地元高知在住でありながら、ペギー葉山が亡くなる前後まで、元歌が軍国歌謡であることを知らなかった投稿者もいる。

「私はこの歌は酒場などで歌う歌と思っていました。ほろ酔い機嫌になると、私もよくこの歌を口ずさんだものです。ところがある日、本屋で『奇跡の歌　戦争と望郷とペギー葉山』（門田隆将、ペギー葉山死後の二〇一七年七月刊、小学館）という本が目に留まり、買いました。家に帰り読み始めると、炊事することも忘れてしまうほどでした。（略）中国で第二三六連隊（鯨部隊）の兵士たちが、明日は死ぬ身かわからぬ中で、故郷を懐かしみ親きょうだいの事を思い起こしなが

ら歌った歌なのです」【八八歳女、佐川町】

高知県民でも元歌が「軍歌」であったことを知らなかったとなれば、わが行きつけスナックの常連氏の反応は当然なのかもしれない。

元参議院議員で共産党副委員長だった市田忠義もかつてこう述べている。

「先日、歌手のペギー葉山さんが共産党本部を訪ねてこられた。目的は『地球環境保護チャリティーコンサート第三六回歌謡祭』への協力依頼と、日本歌手協会会長就任のあいさつを兼ねて、ということだった。集団就職世代のわたしは、『あゝ上野駅』を聞くと、高校を卒業して大阪の繊維会社に就職した四十数年前を思い出して、ジーンとくる。『ホームの時計を見つめていたら母の笑顔になってきた……』なんて歌詞は、今も歌うと涙がにじむ。また『南国土佐を後にして都へ来てから幾年ぞ……』の歌詞で始まる『南国土佐を後にして』がもともとは戦時中、高知から中国に派遣された部隊の愛唱歌で『南国土佐を後にして中支へ来てから幾年ぞ……』という望郷の歌だったということも知らなかった」（共同通信社会員情報誌「Kyodo Weekly」It's小タイム、二〇〇九年一一月号）

「南国土佐を後にして」は、私の幼少期の体験から、軍国歌謡のリバイバルと思っていたが、どうやらそんな単純なものではないらしい。投稿からも分かるように戦後高度成長を支えた〝金の卵〟の応援歌であると同時に、元兵士たちの「望郷歌」であり死んだ戦友たちへの「鎮魂歌」でもある。そしてまた「ご当地ソング」のはしりでもある。

なぜそのような複層的な要素が同居し折り重なっている歌が、今も語り草になるほどの空前の大ヒットになったのか？調べるほどに、謎が深まる。ひょっとしたらそこには戦後歌謡の文脈をひもとく重要な手がかりが隠されているかもしれないとさえ思えてきた。

■鯨部隊から自然発生した「望郷の歌」

そのために、まずは私の「南国土佐を後にして」初体験を改めて記すことにする。

皇太子成婚ブームをうけた世間の同調圧力にわが家も屈して、黒白テレビが入った一九五九（昭和三四）年、私が小学校六年のときだった。父親は、平日には私と二歳下の妹が布団に入って寝息を立てる前に帰ることはまずなかったので、おそらく半ドンの土曜日か日曜日の夕方だったと思われる。

父親は職業軍人でポツダム宣言受諾後に階級を一つ進級された、いわゆる「ポツダム少佐」だった。後で母親から聞かされて知ったが、戦後は職業を転々とした後、軍隊時代の部下が経営する精糖会社に拾われ、内風呂付の戸建て社宅で一家四人が生活できるようになったらしい。

上機嫌で湯船につかって歌をうたう父親を私が目撃したのはその時が初めてで、そしてそれが最後だった。

父親の口からついて出たのは、

♪南国土佐を後にして……


同じ頃にラジオから盛んにながれはじめていたので、私にも聞き覚えがあった。

その後の食事時、めったに会話をしない父親が、問わず語りにこう言った。

「あの歌は、このあいだの戦争中に軍隊でうたわれていたもので、歌詞は変えられているが、元軍人仲間では昔の歌詞に戻してうたっている」

父親からそう聞かされても、子供の私には、元歌とどこがどう違っているのか理解できるはずもなかった。さらに低音の女性歌手がうたう民謡調の歌にもさっぱり共感できず、「父親の愛唱歌」が「私の愛唱歌」になることはなかった。

というわけで「南国土佐を後にして」は久しく忘却の彼方にあったが、検証をすすめるなかで、興味深い事実と共に、論争的な謎が浮かび上がってきた。

前掲の高知新聞では、ペギー葉山の死を契機に、「『南国土佐を後にして』と日中戦争　高知の兵士の望郷の調べ」と題して特集が組まれている。（二〇一七年六月一二日）

それによると、「南国土佐を後にして」の誕生の経緯は以下のとおりである。

同歌は、昭和一四（一九三九）年に四国出身者らで編成された旧日本陸軍第四〇師団歩兵第二三六連隊、別名「鯨部隊」の中から生まれた。誰がつくったというわけでもなく「詠み人知らず」。部隊内でうたわれはじめたのは、戦闘が激化する昭和一八（一九四三）年ごろ。三千人規模の部隊は一九四六年五月の復員までに二千人以上が死んだとされる。取材された生存者の元鯨部隊兵士（渡辺盛男、九五歳）はこう証言している。

「歌が好きというより、歌わんとやってられん気分でした」。

（八月一五日に攻撃がやみ敗戦を知ったのは翌日）。「この戦争、何やったんやと仲間と泣いて泣いてやけくそで歌うた」。

「南京で捕虜となり、復員まで道路工事を強いられた時も歌が支えてくれた。口ずさむと涙が出た」。

六〇年前、父親が私に言っていたのはこのことだったのである。

では、こうして日中戦争の戦地で生まれた「詠み人知らず」の望郷の軍国歌謡は、いったいどのようにして、戦後の日本で歴史的ヒット曲となり、集団就職世代の応援歌となったのか？

死地を生き延びて故郷の四国へ復員した鯨部隊の兵士たちは、中国の大地で眠る戦友への「鎮魂の歌」として酒席などでひそかにうたいついでいたが、たまたまそれを聞いて共感を覚えた男がいた。武政英策である。山田耕筰に師事、京都でクラシックの指揮者として活躍していたところ、米軍の空襲で大阪の自宅を焼かれ高知県は南国市に疎開、戦後も同地にとどまって楽団の指揮など音楽活動に関わっていた。武政は口伝えゆえにバリエーションがある「元歌」を採譜してアレンジ、さらに戦時色の強い歌詞をマイルドに脚色、戦後復興の中ではじまった「集団就職世代の望郷歌」に衣替えさせた。いまだＧＨＱの占領下にあって「軍歌」はご法度とされていたことに配慮したのであろう。

前掲の高知新聞による元兵士への聞き取りによれば、歌詞にかかわる武政の「補作」と「オリジナル」との違いは以下のとおりである。

一番の「都へ来てから幾歳ぞ」が「中支へ来てから幾歳ぞ」

二番の「月の浜辺で焚き火を囲み」が「月の露営で焚き火を囲み」

三番の「私も負けずに励んだ後で」が「俺も負けずに手柄を立てて」

「中支」（揚子江と黄河の間の「華中」に対する戦前の日本による呼称）、「露営」「手柄」、いずれも戦時を反映したキーワードである。

そして、日本がＧＨＱの占領から解かれ「独立国」となって三年後の一九五五（昭和三〇）年、「南国土佐を後にして」

のタイトルでレコード化。国民的人気の民謡歌手、鈴木正夫を父親にもち翌年に「愛ちゃんは太郎の嫁になる」（作詞・原俊雄、作曲・村沢良介、一九五六年）でヒットを飛ばすことになる鈴木三重子を歌手に起用したが、話題にもならず売り行きもさっぱりだった。

ところが、鳴かず飛ばずの六年間後、突然、関係者も想定外の空前の大ヒットになるのである。その経緯は次のとおりであった。

一九五八（昭和三三）年の暮れ、高橋圭三司会のＮＨＫの人気番組「歌の広場」で、高知放送局のテレビ放送開始記念が「特番」として組まれることになり、ペギー葉山に、高知以外ではほとんど無名の「南国土佐を後にして」をうたってほしいとの依頼が舞い込んだ。当時、アメリカンポップスの新星として将来を嘱望されていたペギーは、「ご当地新民謡」は自分にはあわないと断わったが、再三の要請に渋々同意したところ、思わぬ反響に当人もびっくりしたらしい。

自伝的エッセイ『わが心に歌えば』（主婦と生活社、一九七五年）によれば、「自分があれほど拒否しつづけていた歌が、心ならずも大好評を博したことに、何か割り切れないものを覚え」、それゆえ、「テレビではいちおう好評であったものの、レコードにするには二の足をふんでいた」と当時の心情を正直に告白している。

ようやくリリースされた内容にも彼女の気分が反映されている。Ａ面はたまたま日本トルコ友好協会の親善使節としてアンカラとイスタンブールへ出かけそこで覚えた「ドクトル・ジバンヌ」。本人は「奇妙な歌」とまで言い切っているこの歌の抱き合わせのＢ面が、「南国土佐を後にして」だった。ここからも、ペギーとその関係者がいかに渋々レコード化に応じたかをうかがい知ることができるだろう。

レコードが街の店頭に並ぶのは皇太子成婚に日本中が沸く四月。そして、数か月後の夏には爆発的な売上げをみせるが、これについても、ペギーは前掲書でこう述べる。「そのヒットの台風の目の中で、わたしはひとり、なにかサメた気分で未来を見つめていました。〝これでよかったのだろうか〟」

なおペギーは、その後多くのインタビューで、「南国土佐を後にして」によって自分は大きく成長できたと思い直し、今ではこの歌に感謝していると述べ、また詠み人知らずの元歌を歌い継いできた兵士たちへオマージュを捧げている。それもまたペギーの真意であろう。

予期せぬ成功譚にはしばしばあることだが、年とともに当初の「忌避感」は薄められ、それにあわせて過去が装飾されがちである。それを責めるつもりはない。しかし、本稿では、あくまでも当初ペギー葉山にあった「忌避感」にたって検証をすすめようと思う。

■ヒットの〝勲一等〟は集団就職世代

それにしても、歌手本人がこれほどまで「二の足を踏んでいた」のに、爆発的ヒットになったのは、なぜなのだろうか？「南国土佐を後にして」は、前述したように、一九五二（昭和二七）年、おそらくGHQへの配慮から歌詞を「集団就職の応援歌」風に替え、鈴木三重子の歌によってレコード化されたが、ほとんど話題にならなかった。それはまだ高度成長前で集団就職世代が大きなボリュームになっていなかったからではないか。

その六年後、ペギー葉山が渋々歌ったにもかかわらず大ヒットとなったのは、発売された一九五九（昭和三四）年が、集団就職が急速に増加する高度成長の入口にあたっていたからと思われる。ペギーがうたったからヒットしたという説もあるが、彼女のうたいぶりが戦争を知らない集団就職世代とフィーリングがあったからで、どちらがヒットを生んだ主役かといえば集団就職世代のほうであろう。

また、皇太子成婚でテレビが普及し、それにペギーが乗ったことをヒットの原因とする説もあるが、これも主役は集団就職世代であろう。テレビの普及は、集団就職世代に、ミッチーブームと共にペギーの歌を遍く知らしめる役割を果たしはしたが、彼らがそれを支持しなかったら空前の大ヒットはありえなかったからだ。それは前掲の投稿からも明らかである。

つまり、「南国土佐を後にして」を戦後歌謡史を画すミリオンセラーにした〝勲一等〟は集団就職世代で、〝勲二等〟がペギー葉山とテレビ時代の到来といえるのではないだろうか。

最後に誤解なきように述べておきたいが、だからといって、元兵士たちの役割を軽んじるつもりはない。「聖戦」に狩り出され生死の境の中から生まれた詠み人知らずの「望郷の唄」。それを、命からがら故国の土をふむことができた元兵士たちは「不帰の人」となった仲間にたむける「鎮魂の唄」としてうたい継いできた。それがはからずも「集団就職の歌」に衣替えされ、集団就職世代の共感を呼んだ。したがって「南国土佐を後にして」の大ヒットは、戦争に蹂蹦された世代と戦争を知らない世代の「合作」という歴史的文脈によって生みだされたものといえるのではないか。「合作」を可能にしたもの――それは両者をつなぐ共通の「体験」である。すなわち〝金の卵〟たちを大都市へ動員した高度経済成長もまたカネを砲弾に変えた「戦争」であり、その意味で〝金の卵〟たちは「経済」という赤紙によって徴兵された兵士（企業戦士）だった。

翻って私の場合は、彼らとは同世代ではあるが〝金の卵〟ではない。東京生まれの東京育ちである。また学生運動に関わったおかげで、幸か不幸か企業戦士への道は閉ざされた。だから父親とはついに共通の体験をもつことがなく、「南国土佐を後にして」は父子共通の愛唱歌にはならなかった。

高校時代にベトナム戦争反対のデモに参加、以来、元職業軍人の父親とは「不倶戴天」の仲になった。父親もまたそれを知って、私の前で「過去」を語ることは生涯なかった。思えば、六〇年前、「南国土佐を後にして」のいわれを問わず語りに語ろうとしたときが、父親の「戦争体験告白」の最初で最後であった。

親族の話では、戦前父親は当時「昭南島」と呼ばれていたシンガポールで〝マレーの虎〟こと山下奉文の下で経理将校をしていたらしいが、いったいどうやって戦後復員をし、私と妹が生まれたのか？

今になって思うと、会話を遮断せず、聞いておけばよかったと悔やまれる。

だから、私にとって「南国土佐を後にして」は「望郷の歌」でもなく、「鎮魂の歌」でもない、ましてや「人生の応援歌」でもない。父子でついに語りあうことができなかった「悔恨の歌」である。

♪国の父さん室戸の沖で鯨釣ったという便り……ヨサコイ　ヨサコイ

♪第六話

サラリーマンソングは「昭和」をあぶりだす

「スーダラ節」ほか 歌・植木等（ハナ肇とクレイジーキャッツ）

（作詞・青島幸男、作曲・萩原哲晶、一九六一年）

■「サラソン」は時代の気分を微分する？

物心ついてから高校までのわが幼少年期は、近くの寺の境内でのチャンバラごっこが渋谷は百軒店のジャズ喫茶通いに代わったていどで、大方の同級生たちと同じく、将来のことなど深くは考えず「そのうちなんとかなるだろう」と能天気に毎日を送っていた。ただ、私が周囲とひとつだけ違っていたとしたら、「将来なりたくない職業」だけははっきりしていたことだろうか。

その職業とは「サラリーマン」である。往時の「サラリーマン」は現在の「俸給生活者全般」をさすそれとはニュアンスが相当に違っていて「かなり上等」な響きがあった。それゆえ、母親も、そして一人っ子だった父親が自慢の祖母も、父が「会社員」や「勤め人」ではなく「サラリーマン」と呼ばれるのをとても喜んでいた。

それなのに、その息子の私が、なぜ幼少時から「サラリーマン」だけにはなりたくないと思っていたのか？ それは子供心にも、その仕事がなんだか正体不明で、どこか「あやしげ」に思えたからだった。

私は大学の一年まで目黒区は中目黒で、父親の会社が借り上げた社宅に住んでいた。駒沢通りから少し脇へ入ったわが界隈は、わが家もふくめてまだ汲み取り便所で、同級生では私のような勤め人（「サラリーマン」と呼ばれる層はそのごく一部だった）の子がせいぜい二割、残りは商売人や職人の子供たちのごった煮だった。

たとえばＹ君の父親は東急電鉄の保線夫で、東横線をはじめ東急の鉄道とバスの全路線乗り放題の家族パスをもっていたので、私はそれが魅力で積極的に接近して「親友」になった。おしゃまなＩ子のうちは小間物屋で、母親が商売柄知り得た個人情報を広める「放送局」、音楽のＴ先生と同級生の母親との不倫の噂の発信地はここだった。Ｆ君の家業は職人と親方二人の町工場で、しばしばグラインダーでベーゴマを磨いてもらい、勝率向上に寄与してくれた。それ以外にも隣りのクラスで文武両道だったＮ君の稼業はバナナ屋、転校生のＳ君は駒沢通り沿いのわが町にはじめて出来たフランス料理屋（といっても実態はスパゲッティも出す洋食屋だったが）の息子といった調子だった。いずれの一家も正体は明快でコミュニティでそれぞれの役割を果たしていた。

ところがわが家ときたら、何をしているのか級友に聞かれても「父親は毎日、日曜も朝早く出かけて夜遅くにならないと帰ってこない」と要領を得ない答えしかできなかった。

しかし、小学校まではぼんやりしていた父親の職業の正体が明らかになる出来事が二つもほぼ同時に重なり、以来、私の中に「サラリーマン忌避の気分」が決定的にわだかまるようになったのである。

佐藤利明著『クレイジー音楽大全』（シンコーミュージック）

■「♪ああそれなのに」で知ったサラリーマンの正体

それは、小学校から進んだ中高一貫男子校の中学三年のことだった。私学だったので経済的にゆとりのある中小の自営業者の子弟が多く、「勤め人」の中のアッパークラスであった「サラリーマン」の家庭の比率は小学校よりやや上がったものの二、三割ていどであった。

所属していた柔道部の春か夏休みの合宿の打ち上げの懇親会の席で、大学に進学して指導にやってきた四、五歳以上年上の「大先輩」から、「英語の勉強に役立つから」との触れ込みで、奇妙な歌を聞かされた。これぞわが人生で出会った「サラソン」第一号であった。
バージョンはさまざまあるらしいが、私が伝授されたのは、以下の歌詞で、たちどころに覚えて、今も暗誦できる。

Today in the sky ad-balloon
My papa is now in the company
I think always you are very busy
Oh nevertheless nevertheless
Don't you?
I am angry I am angry
It is naturally

実はこれは、はるか戦前（一九三六〈昭和一一〉年）の映画「うちの女房にゃ髭がある」の主題歌で、「♪空にゃ今日もアドバルーン／さぞかし会社でいまごろは／おいそがしいと思うたに……」の「替え歌」である。作曲は古賀政男、歌は美ち奴、作詞はサトウハチローの別名の星野貞志。「♪ああそれなのに、それなのに」「（怒るのは）あったりまえでしょう」は、当時子どもたちまでもが口にした流行語となるも、折しも一九三七（昭和一二）年の盧溝橋事件によって戦争の道へと走りだす歴史の転機にあったことから「軟弱」として「発禁」となるのだが、当時の私はこの歌をめぐるそんな履歴などつゆ知らず、柔道部の大先輩から伝授されたこの奇妙な英語の歌こそが「本歌」であり、「サラソン」第一号であった。

この歌によって、私は、それまで正体不明だった「サラリーマン」という父親の職業の中身がなんとなくわかったような気がした。つまり、父親は「会社」なるところへ出かけて「さぞかし（夜遅くまで）忙しく働いていると思われていたが」、その実態は、仕事と称して夜は飲み歩いている。だからほとんど毎日家族とは夕食を共にせず、たまに早く帰るときは部下を引き連れてわが家で宴会、翌朝母親から怒りをふくんだぼやきを聞かされるのは、どうやらそのせいらしい、と気づかされたのである。
この歌は、柔道部の先輩の触れ込みとは違って、文法的にもでたらめの超和製英語で、英語の勉強に役立つどころか却ってじゃまになった。だが、当時最寄りの渋谷の東横デパートにも「大売出し」のアドバルーンが大空にゆらゆらと上がっており、それを見上げるたびに、
♪ツデイ　インザスカイ　アドバルーン……オー、ネバザレス、ネバザレス　アイアムアングリー　アイアムアング
リーイトイズナチュラリー……
の歌詞が脳裏に浮かび、サラリーマンの歪められた正体をいやでも私の脳裏に刻み付ける役割をはたしたのである。

■クレイジーキャッツの〝C調無責任〟サラソン・シリーズ

そして、その直後だったと思うが、次なる「サラソン」が私を襲って、わがサラリーマン観を決定づけた。それは、
♪ちょいと一杯のつもりで飲んで、いつも間にやらはしご酒……の「スーダラ節」（一九六一年）
♪サラリーマンは気楽な稼業ときたもんだ……の「ドント節」（一九六二年）
♪てなこといわれてその気になって、ハイそれまでョ……の「ハイそれまでョ」（一九六二年）
♪ガキの頃から調子よく、楽してもうけるスタイル……の「無責任一代男」（一九六二年）
♪どうせこの世はホンダララ……の「ホンダラ行進曲」（一九六三年）
いずれも作詞は青島幸男、作曲は荻原哲晶、歌はメインボーカルである植木等。このうち「サラリーマン」を直接タイトルや歌詞にしているのは「ドント節」だけである。しかし、よれよれの背広を着た植木が片手に寿司折りをぶらさげて「こりゃまた失礼しました」とテレビ画面にしばしば登場する姿から、それらが〝C調無責任〟なサラリーマンのビヘイビアを〝通奏低音〟にしていることは、当時中学生から高校生低学年だった私にも明らかだった。
これで私の父親の職業である「サラリーマン」とは、ろくに仕事をしないどころか、「仕事しているふりをすることが

仕事」というイメージが決定づけられた。先の柔道部の大先輩から伝授された「♪オー、ネバザレス（ああそれなのに）」では、サラリーマンのわが父親はまだ昼間は少なくともそれなりに働いていると思われた。だが、このクレイジーキャッツの「サラソン」シリーズにいたっては、昼間もまじめに働いていないことが明らかにされたのだから、サラリーマンの子にはショックだった。「サラリーマン」と呼ばれるのが内心自慢の母や祖母にはもっとショックだったはずである。

クレイジーキャッツ版「サラソン」シリーズは同級生の間でも大流行、私は、〝村八分？〟を恐れて同級生の合唱に加わったものの、わが家では父親はいうまでもなく、母親と祖母の前では、とてもじゃないが歌うにうたえない、鬱屈した想いにかられたものだった。

将来サラリーマンにだけにはなるものかと思い、実際そのとおりの人生を送るはめになったきっかけの一つは、今から振り返ると、どうやらこのクレイジーキャッツの「サラソン」ショックが少年期にありがちな父親への反発と重なってのことだったと思われてならない。

クレイジーキャッツの〝C調無責任〟「サラソン」シリーズは、戦後芸能史を画しただけでなく、高度成長という「昭和」を象徴する変曲点の一つを微分してあぶりだす重要なファクターだったのである。そして、ほぼそれとシンクロしたわが団塊世代の思春期にも大きな影響を与えたようなのだ。

クレイジーキャッツの一連の「サラソン」が登場するのは、「経済白書」が「もやは戦後ではない」と宣言してから四年後、高度経済成長の上り坂のとば口にあたっていた。それまでの日本の生産人口における職業別割合は、ざっくりいうと、第一次産業（農林水産業）が三割、第二次産業（製造業）が三割、残りの四割が第三次産業（商業・サービス業など）であった。第二次産業に関わる人々はブルーカラー（工場労働者）であり、「会社員」「月給取り」とよばれるホワイトカラーの「勤め人」は、主に第三次産業にくくられていたが、当時「サラリーマン」と呼ばれる人々は、その中の一握りのエリート層、いってみれば東京の丸の内に本社がある一部上場の大企業の「正社員」で、生産人口のせいぜい五パーセントもいたかどうかであった。

そもそも「サラリーマン」という呼称は「和製英語」で、明治末期から大正期にかけて生まれたといわれるが、それは戦後の高度成長期の手前まで実在していた。たとえると（といわれても若い読者にはおそらくピンとこないかもしれないが）、老獪な上司の森繁久彌と実直な部下の小林桂樹がからみあう源氏鶏太原作の映画「三等重役」の世界であり、おそらく私の父親はそこで小林桂樹の役回りを演じていたのであろう。

みずからを「社畜」だの「リーマン」と自嘲する現役のサラリーマンたちには信じられないだろうが、「サラリーマン」がそれ以外の多数の国民の憧れの対象であり、裏を返せば「やつらはいい思いをしている」と羨望、妬みの対象とされた時代があったのである。

■サラリーマンになれなかった青島幸男の「恨み節」

仮に私の父親たちを「旧サラリーマン」と名付けると、クレイジーキャッツの「サラソン」シリーズは、現在のサラリーマンにつながる「新種」がまさに生まれんとする直下のタイミングで、古き良き時代の「旧サラリーマン」を怨嗟のターゲットにして誕生したものであった。

それは、そのすべてを作詞した当時放送作家として売り出し中の青島幸男の「旧サラリーマン観」が、あからさまに転写されたものといってもいいだろう。

「♪サラリーマンは気楽な稼業ときたもんだ」の「ドント節」の作詞の動機を、青島はこう直截に吐露している。

「卒業、就職の時期に結核を患い、やむなく大学院に籍を置いて、療養生活を余儀なくされ、身の保証の何一つないヤクザな稼業に追いやられた私としては、『サラリーマンがナンボのもんじゃい』とうらみがましく思っていた」（青島幸男『わかっちゃいるけど……』文藝春秋、一九八八年）

東京日本橋の老舗弁当店の次男だった青島は、早稲田高等学院から早稲田大学商学部に進学、一流企業に就職できると思っていた矢先に結核にかかってかなわず、大学院へ進学して一時待機していたところ、病床を見舞う同級生たちがみな大企業に就職していくのが悔しくて、「ドント節」をはじめサラリーマンをコケにする歌詞に、その鬱憤をぶつけて晴らしたのである。

ちなみに「ドント節」のオチである「♪ちょっくらちょいとパアにはなりゃしねえ」の「パア」は、当初青島が書いた歌詞では「クビ」。また「無責任一代男」の最後の決め台詞の「♪こつこつやるやつはご苦労さん」の「ご苦労さん」の当初は「バカ」だった。これでは、あまりにもきつすぎてさすがに世間から反感を買うだろうと、レコード化にあたって渡辺プロの渡辺晋社長ら周辺が「青ちゃん、これはいいすぎだ」となだめてマイルドに書き換えられたのだという。

もともとはクレイジーキャッツの人気テレビ番組のコントの挿入歌だったこともあり、どうせその番組限りだからと、サラーマンになれなかった青島に「積年の恨み」をストレートに出すことを許したのであろう。そこには「揶揄」を通り越した「侮蔑」さえこめられている。

これについて青島は、ずいぶん後になってこんな弁明をしている。

「自分の生きたかった自分じゃないって思いながら、タイムカードをガチャンと押して、一日過ごしてしまえば、なんとかかっこがつく。そんなの不本意だろ。そんな企業社会の中でいじけていないで、外へ出てみよう、青空を眺めて深呼吸をしよう、オレだって、順風満帆で気楽に生きてきたわけじゃない、でも、そう呼びかけたかったんだよ。でもこれが誤解された」(青島幸男『ちょっとまった! 青島だァ』岩波書店、二〇〇六年)

しかし、今や鬼籍に入って反論できない相手への「不在裁判」で申し訳ないが、「あれは企業社会へのプロテスト・ソングだったのに誤解された」の弁明は青島一流の「後付け」で、おそらく前掲書で「自白」しているように、サラリーマンになれなかったことへの「意趣返し」がやはり本音だろう。そして、それが「やつらはいい思いをしている」という多くの国民の羨望、妬みに火をつけたのである。

しかし、五パーセントいるかいないかのマイノリティにすぎなかった「旧サラリーマン」には、そしてその子供である往時の私には、それはとんだ〝とばっちり〟だった。

前掲の『わかっちゃいるけど……』によると、突然コケにされた当事者たちから、「『あの歌をテレビでやるのやめてくれ、俺は一所懸命やってるし、子供の手前もやりきれない……』といった苦情とも哀願ともつかない葉書がテレビ局に殺到した」という。

それに対して、同書で青島は「書いた私としては本当のところ会心の作とひそかにほくそえんでいたのだ」と追記していることからも、青島自身の本心と本音がみてとれる。やはり「サラリーマンがナンボのもんじゃい」という恨みのストレートな発露で、それが青島と同じく「古き良き時代を謳歌するサラリーマン」に妬みをもつ国民大衆の心情に火をつけたのである。

クレイジーキャッツの「サラソン」シリーズの大ヒットの要因は、それだけではなかった。そこには、新しい時代の到来気運も助太刀をしていたのである。

おりしも池田勇人の所得倍増計画をうけた高度成長が上り坂に差し掛かろうとしており、日本経済のパイがふくらんで五パーセント以外の「しがない勤め人たち」にもそのおこぼれ（トリクルダウン）がもたらされつつあった。

クレイジーキャッツの「サラソン」シリーズは、「俺たちは汗水たらして働いている、その上に胡坐をかいているあいつらは無責任でお気楽なものだ」と、五パーセントのエリートである「旧サラリーマン」を揶揄して多数の国民の溜飲をさげさせる一方で、「自分たちもなれるものならなってみたい」という彼らの内なる願望を引っぱりだした。そして、高度成長という時代の気運はそれを叶えてくれそうに思わせ、結果として叶えてもくれたのである。

実際、小中学校時代の私には、わが「旧サラリーマン」家庭に周囲がどんどん追いついてくるという実感があった。左右であわせて二〇軒ほどある路地で、わが家は地主の家についで電話もテレビも二番目に入り、しばしば近隣のための電話の呼び出しの取次ぎ所となったが、やがてほとんどの家に電話とテレビはもちろん洗濯機や電気冷蔵庫が常備され、ついにはわが家を追い抜いてマイカーを購入する一家まであらわれた。その多くは親の稼業をつがずに新しくサラリーマンになった家庭で、あれよあれよという間に「旧サラリーマン」は追いつかれ、ときには抜かれていった。

「新サラリーマン」の登場と台頭がいよいよはじまったのである。クレイジーキャッツの「サラソン」シリーズはそれをはやし立てる陽気きまわりないＢＧＭでもあった。

おもえば、戦後高度成長を境に、父親が属していた大正デモクラシー時代以来の少数精鋭の「ネアンデルタール・サラリーマン」が滅亡を迎え、一人一人の能力は劣るがゆえに群で成果をあげる「ホモサピエンス・サラリーマン」が新たに生まれつつあった。クレイジーキャッツの「サラソン」シリーズは、前者にとっては「挽歌」であり、後者にとっては「援歌」であったのである。

■天下無双の〝毒消し男〟植木等

さて、ここまでは、われながら上首尾の立論だと自負していた。ところが、実は大いなる欠陥と矛盾があることに気づかされた。

たしかにクレイジーキャッツの「サラソン」シリーズは、高度成長という時代の気運をうけて「旧サラリーマン」に対する「妬み」と「憧れ」に、掛け算が成立し、大ヒットとなったのはその通りだろうが、しかしそれに乗った国民には、いささか後ろめたい躊躇いと戸惑いがあったのではないか。

青島幸男の一連の作詞は、前述したように、青島個人のルサンチマンを転写した毒と刺で溢れ返っている。それは「♪ちょっくらちょいとクビにはなりゃしねえ」の「クビ」を「パア」に、「♪こつこつやるやつはバカ」の「バカ」を「ご苦労さん」にマイルド化したぐらいでは消されるものではない。五パーセントのエリートである「旧サラリーマン」をコケにしているうちはいいが、やがて高度成長で地位が向上してきた自らにも毒と刺が跳ね返ってきかねない。そうなるととてもじゃないが気楽にうたうことなどできず、国民的ヒットなどおぼつかないという反証になりはしないか。

なお、クレイジーキャッツの「サラソン」シリーズについて、現在では、当時のサラリーマンの「自嘲の歌」で、それに国民的ヒットの原因を求める論評が見受けられるが、当事者の子供からすると、それは事実誤認もはなはだしい。すでに検証したように、これらの歌は五パーセント足らずのエリートたる「旧サラリーマン」への毒と刺をふくんだ揶揄であり、当の旧サラリーマンが喜んで歌うはずがない（私も父親や同僚が歌うのを聞いたことはない）。また、高度成長で膨大に生まれる「新サラリーマン」たちも、旧サラリーマンをコケにしてうたいはしたろうが、高度成長の登り坂にいる自らをコケにする「自嘲の歌」としてうたうのには抵抗があったはずである。だったら、何をもってこの「サラソン」たちは国民的ヒットとなったのだろうか？

それは、「新サラリーマン」を含む多くの国民が心おきなくうたえるように、「毒消し」役を一手に引き受けた人物がいたからだった。

その毒消し役とは、ボーカルの植木等である。

彼のおかげで、世の人々は気分がぐんと楽になり、大手を振って心おきなく、

♪サラリーマンは気楽な稼業ときたもんだ
とうたうことができたのだった。

■「わかっちゃいるけどやめられない」は親鸞の教え!?

資料をあたってみて驚かされたが、実像の植木等は私の知っていた芸能経歴を裏切る正系志向の硬骨漢であった。〝生涯の相棒〟である異端志向の青島幸男や渡辺プロに乗せられて無責任男を演じたことに生涯、悩みつづけた。

そもそも植木は、クレイジーキャッツというコミックバンドの一員でありながら、本格的なミュージシャンを目指して技をみがいてきた。成り行きで引き受けたテレビ番組のコントが受けたところへ、「♪ちょいと一杯のつもりで飲んで……」の「スーダラ節」でレコードデビューの話が舞い込み、チャンス到来と喜ぶどころか大いに悩んだ。晩年、渡辺えり子との対談で、その経緯をこう打ち明けている（渡辺えり子『芝居語り』小学館、二〇〇六年）

「これを歌ったら、いよいよこれは、日本全国で勘違いされる。嫌ですよ。歌というものは、聞くと心が洗われるとか勇気が出るとか、何かいい景色が浮かんでくるとか、そういうものが歌ですよ。（略）こんなもの（スーダラ節）冗談じゃないよ」と断わったが、説得されて渋々受けた。だから「レコーディングで何時間歌っても、やる気がないやつが歌っているから、ＯＫがでない。だんだんやけくそになって歌った……」

そこで、植木は父親に相談した。父親は浄土真宗の僧侶で植木徹誠といい、戦前、部落解放運動の「朝熊事件」にかかわり、また檀家の子弟が出征するときには「敵は殺すな、逃げて帰ってこい」と説教して特高警察に捕まって投獄された筋金入りの人権活動家である。父親の答えは、息子の想定を裏切るものだった。

「人間てものはな、みんな、わかっちゃいるけどやめられないものなんだ。医者にこれやっちゃいかん、先生にこれしちゃいかんと言われてもやりたくなるものなんだ。宗祖親鸞上人は九〇歳で亡くなったけど、亡くなる時に、『我が生涯は、わかっちゃいるけどやめられない人生であった』と言ったんだ。それが人間てものなんだよ。青島君て人は実に才能がある。これは真理を突いた素晴らしい歌だ。ヒット間違いなしだから、自信を持って歌ってこい」（戸井十月『植木等伝「わかっちゃいるけど」』（小学館、二〇〇七年）

父親の予言どおりヒットはしたものの、いやヒットしたからこそ植木はかえって悩む。

「地方に行ったときに、東北の雪深い村で『おい、植木。スイスイ植木』って声かけられるんです。とうとう、僕はがんじがらめになっちゃったな、僕の人生は、僕の意志では、もう開拓できないのかもしれない、という寂しい気持ちでね」（前掲『芝居語り』）

そこでまたぞろ父親に相談した。すると、こう言われた。

「大体、おまえみたいな者にレコーディングさせようと考えてくれた人がこの日本にいたというだけで、おまえはラッキーだ。それで、その歌がヒットしたというんだから、こんな幸せなことはないんじゃないか」（前掲『芝居語り』）

植木は、そう思わなきゃいけないのかなと、その後も悩みながらも「無責任サラリーマン」を演じつづけたのである。

唯我独尊の青島も、さすがに植木の苦悩が気になったらしく、こう記している。

「気の毒なことをしたよ。植木さんはきわめて謹厳実直、酒ひとつ飲まないし、それこそ地は絵に描いたような真面目人間さ。それが、無責任男にされちゃったんだから」（前掲『ちょっとまった！　青島だァ』）

「地は絵に描いたような真面目人間」の植木だからこそ、青島幸男が毒気を盛りに盛った歌詞の毒消しには適役だった。ハナ肇にも谷啓にもそれはこなせなかった。少年の私には植木のパフォーマンスがなんとも調子よくて面白いだけだったが、おそらく当時の大人たちは、♪スイスイスーダラッタとうたい、ときに植木の踊りをまねているうちに、「気楽な旧サラリーマン」を揶揄する毒気はどこかへ飛んでしまい、いつしかそれは「新サラリーマン」を鼓舞する景気のいい応援歌へと昇華していったのではないだろうか。

さて、これでクレイジーキャッツの「サラソン」シリーズの国民的大ヒットの検証と解明はやりおおせたと思うが、旧サラリーマンの子供にとっては、まだ未解決の問題が残されている。

同世代のほとんどがほぼサラリーマンになったと思われるが、少年期に興じたクレイジーキャッツの「サラソン」シリーズは、それにどのような影響を与えたのか、である。

友人へのアンケートの結果では、当時は中学生か高校生で、青島が歌詞にこめた「旧サラリーマン」への毒と刺をふくんだ揶揄までは理解できるわけもなく、♪スイスイスーダラッタ、♪ドント行こうねドントね、♪ホンダラホイと、やたら調子がよいメロディと囃子詞《はやしことば》をまねてうかれていただけであった。この歌のせいで、私のように「サラリーマンは最低の仕事だからなるまい」とも、あるいは逆に「そんな気楽ならなってみたい」とも思わず、「♪気がつきゃホームのベンチでごろり」ではないが、気が付けばサラリーマンになり、気がつけば年金生活者になっていたということらしい。

となると、わが団塊世代が後に「中堅サラリーマン」として「一億総中流化」を下支えするのと、クレイジーキャッツの「サラソン」シリーズは無関係だったのだろうか？

そんなことはあるまい。友人たちとアンケートをやりとりするなかで、陰に陽に影響をうけていたことが明らかになった。

あの時代、前述したように「サラリーマン」は五パーセントたらずのエリートだったが、高度経済成長によって、残りの国民はサラリーマンに追いつき、ときに追い越しはじめた。それをうけて、国民の多くが新たにサラリーマンとなった。そのとき、すでに述べたとおり、クレイジーキャッツの「サラソン」シリーズは、植木等が絶妙な「毒消し役」となって、「旧サラリーマン」への「妬みの歌」から、みずからのキャリアアップの「応援歌」になった。

かくしてサラリーマンになればより豊かな電化生活が手に入るという時代の気運が、当時中学生から高校生だった私たち団塊世代にもサラリーマン志向を芽生えさせたことは否めない。

わけても、大半が専業主婦で、夫は非サラリーマンだった当時の母親たちからの〝圧力〟が大きかったと思われる。

一般に子供は、とりわけ男子は、父親よりも母親からの影響力がつよく、父親には反抗するが、母親の期待にはできることなら応えてやりたいと思う属性をもっている。母親たちは、「ドント節」「スーダラ節」「無責任一代男」にたいして、青島が盛り込んだ毒と刺は聞き流し（ここでも植木等が絶妙な毒消し役となったことだろう）、これぞ「高度成長でサラリーマンが楽勝な時代がやってくる」ことを予言する歌だと受け止めたのではないか。

そして、子供たちをサラリーマンにさせるために〝教育ママ〟となり、その多くが願いかなってサラリーマンになった。しかし、母親たちにとっては「嬉しさも中ぐらいなり」、いや場合によっては「後悔先にたたず」であったかもしれない。

というのも、サラリーマンが「気楽に」生きられたのは、そう長くはなかった。「気楽な稼業」だったはずが、やがて「モーレツ社員」、そして「二四時間戦えますか」の企業戦士を強いられたところへバブル崩壊が追い打ちをかけ、子供たちばかりか、ちょうどサラリーマンになりたての可愛い孫をも苦境に陥れたからだ。

■「気楽な稼業」から「社畜」へ

♪サラリーマンは気楽な稼業ときたもんだ……の歌のとおり、どこまでも明るい景色がどこまでも遠くつづくはずだったのに、バブル崩壊をもって、戦後日本の青春時代を象徴する眺望はいきなり靄《もや》と霧に覆われ、それはますます濃くなっていき、以来、視界不良は三〇年もつづくことになった。

「永遠の成長神話」が破綻した一九九〇年は、くしくも「社畜」が流行語になり、それを境に「サラリーマン」のブランド価値が急落。このあたりから、「サラリーマン」に代わって「ビジネスマン」がさかんに使われるようになったが、それによって「サラリーマン」の地位は、ついに「しがない」が接頭語につく〝社会を支える下積み〟に成り下がってしまった。

自らを「リーマン」あるいは「社畜」と呼んで自嘲するまでになった現代のサラリーマンたちにとって、「♪気楽な稼業ときたもんだ」は筋の悪い冗談でしかない。

クレイジーキャッツの〝無責任サラソン〟がカバーされても、もはや往時のように国民大衆から共感を得ることはむずかしいだろう。

そのことを、それらの歌の産みの親である青島幸男も、心底、思い知ることになった。

青島は二〇〇四（平成一六）年の第二〇回参院選の東京選挙区（定数四）に出馬、政見放送で、自身が作詞した「ドント節」をこんな替え歌にして熱唱した。

♪有権者は気楽なもんだときたもんだ
　孫や曾孫が戦火に追われ
　苦労したとて俺たちゃ知らぬ
　どうせこの世にゃいやしねえ

あ俺たちゃ責任取らねえよ！
ドント行こうぜ、ドントね！
あ皆で選挙に行きましょう
https://www.nicovideo.jp/watch/sm 17401888

当時問題となったイラクへの自衛隊派遣を批判する内容である。

世の有権者は、周囲に頼まれて深く考えずに一票を投じている。なんとも無責任かつお気楽の限りである。孫や曾孫が戦争に巻き込まれても、その時はこの世にいないから知ったことか、でいいのか。

「サラリーマン」を「有権者」に置き換えて、そう皮肉と揶揄をこめて挑発をしたのだが、半世紀近く前とちがって、それは世間には通じなかった。九年前の一九九五（平成七）年の都知事選挙では、「都市博中止」のワンイッシューで一七〇万余票を獲得したが、その三分の一の六〇万票弱で、あえなく落選の憂き目にあった。

青島のパロディパワーは明らかに落ちていた。それに加えて、サラリーマンが「社畜」にまで追い詰められている時代には、もはや青島の毒や刺をうけとめる余裕はなかった。それをつくづく思い知らされたからだろう、青島は政界から引退を宣言し、その二年後に没した。

その葬儀に植木等は病いを押して酸素吸入器をつけて列席、その三か月後、植木に昭和元禄の無責任男を演じさせた伝説的振付師の元へと旅立っていった。

彼岸で青島と再会したとき、おそらく植木はこう声をかけたのではないか。

「いよっ！　青ちゃん、お先にごくろうさん。もう俺たち、あっちじゃ、お呼びじゃないらしい。で、こりゃまた失礼してきたってわけだ」

Ⅱ　異議と蹉跌の章

思春期の只中にあった戦後日本にとって、今日よりも明日がよくなる――は生活を超えた政治的な希求でもあった。体制に順応せず社会の矛盾に異議申し立てをする同時代の〝怒れる若者たち〟に、「街場のはやり歌」たちは時にエールを送りつつも、その挫折を予見していたのだった。

♪第七話

六〇年安保闘士と越山会の女王の〝異床同歌〟とは

「アカシアの雨がやむとき」歌・西田佐知子（作詞・水木かおる、作曲・藤原秀行、一九六〇年）

■六〇年安保と七〇年安保の間の不連続

戦後日本の前半期は政治の季節であった。もっとも激越をきわめたのは一九六〇年安保から一九七〇年安保にかけての十数年であり、そこには〝怒れる若者たち〟を時に鼓舞し時に慰撫する「はやり歌」たちが伴走していた。

六〇年安保闘争から六〇年、七〇年安保闘争から五〇年の節目にあたる二〇二〇年六月一〇日、憲政記念館で記念集会が開かれ、つづく六月一五日には、当時東大文学部自治会副委員長だった樺美智子が斃れた国会議事堂南通用門前で恒例の追悼集会がもたれた。

六〇年前の歴史的な運動が切り拓いた成果を未来へ託すべく、後継世代にも招集がかかり、一九六五年大学入学で七〇年安保世代との中間世代にあたる私も双方の集まりに参加した。

今や傘寿《さんじゅ》を超えたかつての「若き闘士」たちから、古稀を超えた私たち団塊世代にむけ「運動の承継」が熱っぽく訴えかけられたが、かねてから私の中でわだかまり続けている〝疑念〟が首をもたげた。

どうすれば「運動を継承」できるのか？　いや、そもそも「運動の継承」など無理ではないのか。六〇年安保については数多くの文章や語りによって往時の言説が残されてきたが、それがいくら充実していても、頭では理解できるが情緒的共感が伴わないからだ。

それを象徴する同時代の「はやり歌」がある、

♪アカシアの雨にうたれて、このまま死んでしまいたい

ではじまる西田佐知子の「アカシアの雨がやむとき」である。

「アカシアの雨がやむとき」は安保闘争が盛り上がりをみせる一九六〇年四月にシングル・リリース。ジャズ歌手志望だったがなかなか芽がでず、ポリドールに移籍、名前を本名の「佐智子」から「佐知子」に代えて転機をはかった西田に提供された楽曲だった。翻訳されてフランスでもベストセラーになった芹沢光治良《こうじろう》の代表作『巴里に死す』の主人公・伸子の心象風景をモチーフにしたものだが、おそらく〝高踏趣味〟すぎたからなのだろう、ほとんど人々の口の端にものぼらなかった。それが、なぜか一年を過ぎたころからヒットチャートに躍りでて、さらに一年後の第一三回NHK紅白歌合戦では、美空ひばりの「ひばりの佐渡情話」や吉永小百合の「寒い朝」をさしおいて、大トリをつとめた島倉千代子の「さよならとさよなら」の一つ前で歌われるのである。相手の白組はフランク永井の「霧子のタンゴ」。そのときの視聴率はなんと八〇・四パーセントを記録した。

西田佐知子「アカシアの雨がやむとき」（ポリドールレコード）

　まさに戦後歌謡史を飾る謎の重大事件といってもいいだろうが、これについて、歌謡業界では次のような「解釈」がなされて、今に語りつがれてきた。いわく――

　この頃から紅灯の巷を中心に有線放送がひろまりはじめた。それに、無名のハスキーボイスの女性歌手によるやたらに暗い曲のリクエストが相次いだ。一晩に一〇回以上もかかる〝独り勝ち状態〟が続いたという。あれこれ調べてみると、どうやら、この無名の曲に、前年の安保闘争に参加した若者たちが自らの挫折感を仮託・共振させているらしい。そこから、「アカシアの雨がやむとき」は〝六〇年安保闘争のレクイエム〟と解釈されることになったというものだ。

マスコミ嫌いで知られる西田だが、珍しいことに、自身をスターダムに押し上げた代表曲について、この業界の「解釈」に同調してこう答えている。

「どんなふうに歌ったらいいのかわからなくて。恋人を思う歌ではあるんだけど、異国情緒っていうか、シャンソンの雰囲気もあったし。心からわいてくるやるせなさを大事にして歌った覚えがあります。それが時代の気分とマッチしたのでしょうか」（特集WORLD：視角アングル「戦後六〇年　アカシアの雨がやむとき」毎日新聞、二〇〇五年五月二七夕刊）

作詞家の水木かおるのコメントも西田と同様である。

「何となく肌で感じたことを歌にしたのが、たまたま時代の純粋な人たちの心に受け入れられたのでしょう」（朝日新聞、一九九〇年五月二二日朝刊、特集「三〇年前アンポがあった」）

以上の経緯から、私も「『アカシアの雨がやむとき』は六〇年安保闘争のレクイエム」説をこれまでかたく信じて疑うことはなかった。しかし、はたしてそれは事実に基づくものだったのだろうか。

先の集会に先立って、全学連中央執行委員として六〇年安保を指導・牽引した篠原浩一郎に、その疑念をぶつけたところ、生涯の盟友の全学連委員長・唐牛健太郎との思い出話をまじえて、こう答えてくれた。

「当時、よく歌ったのを覚えている。挫折感かなぁ？　たしかに六一年は唐牛も私も荒れていたからねぇ。死に損ないの特攻隊帰りのような気分だった。だいたい酒を飲むなんて退屈で投げやりな気分の時が多いでしょう？　そういう時にはピッタリの歌だった」

また、二〇二〇年の六・一五国会議事堂南通用門前の「樺美智子追悼集会」で司会をつめた三上治は、彼が関わる「経産省前脱原発テント村行動」の個人通信「テント日誌」の六月一九日号に、こんな文章を寄せている。

「最近はまっているというか、よくでかける『ひとりカラオケ』に行くと『アカシアの雨がやむとき』を歌ってしまう。戦後の歌というか、一九七〇年代の初めころまでの歌、それしか歌えないというべきだが、そこにこの歌は入っている。この歌は一九六〇年の安保闘争の後によく歌われた。当時はまだカラオケなんて無かったから、コンパや飲み屋で歌ったのだが。安保闘争を闘った世代の代表的な歌と言えるのだろうか。全共闘世代の代表歌が藤圭子の『（圭子の）夢は夜ひらく』ならそれに匹敵するといえようか。この歌は一九六〇年の四月に発売されたらしいが、僕らが良く歌ったのは一九六〇年の秋頃からだったように記憶する。これは安保闘争の挫折を象徴すると言われたものだが、そのメロディーとセンチメイトな歌詞が、安保闘争後の心情にマッチしていたところがあったのだろうか」

なお、三上は六〇年に中央大学法学部に入学直後、詰襟の学生服姿で闘争に参加。その後、吉本隆明と交流を深め、全共闘運動の中から新左翼グループ「叛旗派」を立ち上げ、運動にかかわりながら評論活動を続けている。

六〇年安保の伝説的闘士の一人であった篠原、当初は一般学生であった三上の証言からも、これまで「左翼業界」で語り継がれてきた「『アカシアの雨がやむとき』は六〇年安保のレクイエム」説は今なお健在であるらしい。

■七〇年安保世代にはカバーされない元祖「挫折の鎮魂歌」

しかしながら、彼らから五歳下の私たちの世代、そしてさらに五歳下の全共闘〜七〇年安保世代にとって、「アカシアの雨がやむとき」に、私たち自身の挫折感を情緒的に仮託するのは、難しい。

なんといっても、〝あの時その場にいなかった〟ことが決定的だ。六〇年安保の運動継承に疑念と〝もどかしさ〟がつきまとうのは、そのためである。

そもそも彼らが特攻隊帰りの気分で「アカシアの雨がやむとき」をうたっていたとき、私は中高一貫男子校の中学二年生だった。

「アカシアの雨がやむとき」がたんに西田佐知子の代表的ヒット曲ではなく、六〇年安保の鎮魂歌でもあることを知るのは、大学へ入り学生運動にかかわるなかで、「先輩」たちから問わず語りに聞かされたからだった。

六〇年安保後の〝運動のなぎ状態〟からベトナム反戦と学園闘争がおき、私もその渦中にあったが、やがて運動の減衰と孤立化、そしてまさかの内ゲバで深い敗北と挫折を味わうことになった。だが、私たちの間で、元祖「挫折の鎮魂歌」である「アカシアの雨がやむとき」がリバイバル・カバーされることはなかった。

自らへの自嘲をこめた鎮魂の歌としてうたわれたのは、

♪どうせおいらの行く先は、その名も網走番外地（高倉健「網走番外地」一九六五年）

であり、

♪過去はどんなに暗くとも、夢は夜ひらく（藤圭子「圭子の夢は夜ひらく」一九七〇年）

であった。それは、

♪アカシアの雨にうたれて、このまま死んでしまいたい

よりも、当時の私たちの〝時代の気分〟にはるかにあっていた。

いったい、この落差はなんだろう。

そもそも私たちからすると、「アカシアの雨がやむとき」は洗練されていて、あまりにも〝詩的世界〟すぎる。いっぽうポスト六〇年安保世代にとっては、鎮魂歌として先に上げた「網走番外地」にしろ「圭子の夢は夜ひらく」にしろ、あまりにも〝散文的〟すぎる。思うに、六〇年安保からわずか五年から一〇年で、街頭でゲバ棒が振るわれ火炎瓶が飛び交うようになり、「運動のありかた」が大きく変容したことで、「挫折の質」もまた大きく変容、それが両世代の鎮魂歌の落差となって映し出されたのではないか。

その背景には、運動の担い手である学生のありかたの大きな変容があったことも見逃せない。すなわち、六〇年安保までの学生は、将来日本社会の中枢につくことを半ば約束された「エリート」であった。それに対して、全共闘運動～七〇年安保時代の学生たちの多くは、急激な高度経済成長で必要とされることになった「中間管理労働の担い手」を期待されたにすぎない。

それは、六〇年安保時には一三・七パーセントだった四年制大学男子進学率が、一〇年後の七〇年安保時には二七・三パーセントと倍増していることからも明らかである。したがって、全員がそうであったとはいえないにせよ、六〇年安保までの学生たちには、大学に行きたくても行けなかった同世代に代わって、また苦労して最高学府まで行かせてくれた親をふくむ上の世代に報いるために、社会に何らかの恩義を返す責任を負っているという、ある種の「ノーブレスオブリージュ意識」があった。とりわけ学生運動のリーダーたちにはその意識が強く、それが時に彼らを「エリートたる自分たちが率先してやらずして誰がやる」と、より過激な行動へと駆り立てたのではないだろうか。

そう考えると、六〇年安保闘争を牽引した若き学生リーダーたちの時代を先駆ける果敢な〝立ち居ふるまい〟も、「アカシアの雨がやむとき」を自身の鎮魂の愛唱歌にしたことも理解できそうな気がする。

当時学生たちを〝跳ね上がり〟と眉をひそめた〝進歩的文化人〟が多いなかで、現場にかけつけた哲学者の久野収（当時四九歳）は、そんな学生たちの「先駆性意識」と「アカシアの雨がやむとき」の関係を見事に言い当てている。

「それまでの左翼運動家は、どこか泥臭かったが、ブントの連中というのは書記長の島成郎にしても、青木昌彦にしても、とてもハイカラだった。西田佐知子の、演歌でもフォークでもない新しい歌い方が彼らに受けたんじゃないかな」（毎日新聞、一九九四年一月六日夕刊「うたものがたり／アカシアの雨がやむとき 三」）

ちなみに、「ブント」とは、戦後ある時期まで左翼運動を領導してきた日本共産党の議会主義的限界を内部から批判して除名された学生党員を中心に結成された政治組織「共産主義者同盟」の略称である。「同盟」のドイツ語読みに由来する。島成郎も青木昌彦も（また冒頭で紹介した篠原浩一郎も唐牛健太郎も）その主要メンバーだった。島は安保闘争後は精神科医として地域医療に挺身して二〇〇〇年に沖縄で死去。青木は渡米してマルクス主義経済学から近代経済学へ転じノーベル経済学賞にもっとも近い日本人学者といわれていたが、二〇一五年に病を得て他界。いずれも運動を引いた後も〝絵になる人生〟を送った。

もう一人、〝絵になる男〟がいる。六〇年安保で東大教養学部委員長から全学連中央執行委員に抜擢されて運動を指導するが、その後は保守の論壇の寵児となり、二〇一八年に自死したとされる西部邁である。

樺美智子が死亡した六・一五国会突入闘争後に逮捕され、運動から身を引こうと決意した心境を、

「ポロボロに疲れていましたね。闘争のたびに自分の中の米びつが目減りしていき、一粒もなくなった感じ。一種のニヒリズムかな」

としたうえで、東京拘置所から出所したときに町に流れていた「アカシアの雨がやむとき」についてこう語っている。

「でも歌いたくないな。オレのセンチメントはこの程度のものかと奇妙に気恥ずかしくなるんですよ」（毎日新聞、一九九四年一月五日夕刊「うたものがたり／アカシアの雨がやむとき 二」）

これは、「アカシアの雨がやむとき」を六〇年安保闘争のレクイエムと認めた、西部一流のレトリックであろう。

いっぽうポスト六〇年安保世代の学生たちは、どうだったか？

これだけは同時代者として自信をもって断言できるが、私たちには「ノーブレスオブリージュ意識」もなければ、学生

が時代を牽引するという「先駆性の意識」もなかった。そして散文的世界をやみくもに走り抜けた先に待ち受けていたのは、「敗北と挫折」というより「自滅と自壊」であった。

この決定的な違いが鎮魂の歌にも表われたのではないか。

「アカシアの雨がやむとき」は「敗北と挫折」の鎮魂には似つかわしいが、「自滅と自壊」を癒してくれそうにはない。それには「網走番外地」と「圭子の夢は夜ひらく」が適役だったのである。

■「アカシアの雨がやむとき」は〝みんなの鎮魂歌〟ではなかった!?

さて、西田佐知子の代表歌「アカシアの雨がやむとき」に検証を加えることで、六〇年安保世代と全共闘〜七〇年安保世代との違いの〝よってきたるところ〟がなんとなく見えてきた。だがいっぽうで、調査と取材をすすめるうちに、前提をご破算にしなければならない根本的な疑念がわいてきた。

冒頭で、こう記した。

「伝説的闘士の一人であった篠原（浩一郎）、当初は一般学生であった三上（治）の証言からも、これまで業界で語り継がれてきた「『アカシアの雨がやむとき』は六〇年安保のレクイエム」説は今なお健在であるらしい」

これは、国会を十重二十重に囲んだ万余の学生・市民もまた、往時の篠原や三上とおなじように「敗北と挫折」をかみしめながら「アカシアの雨がやむとき」に共感した、つまり、この歌は〝みんなの鎮魂歌〟であったということを「暗黙の前提」としたものだった。

ところが、そうではないようなのだ。どうやら一部の闘士とそのシンパたちの鎮魂歌だったらしい。そうなると話が根本から違ってくる。改めて検証しなおすことにしよう。

まずは六〇年安保闘争のリーダーたちと「アカシアの雨がやむとき」の関係から、洗い直そう。少なくとも、指導者である以上は、運動の先頭にいたことで、真っ先にもっとも深く「敗北と挫折」を味わったはずと思いきや、必ずしもそうではなかった。正確を期すと、それは「一部のリーダーたち」と訂正しなければならない。

当時、学生たちに影響力を発揮したのは全学連だが、内部では主流と反主流の確執対立がつづいていた。主流派は、日本共産党の議会主義的限界を内部から批判して除名された学生党員を中心に結成された「共産主義者同盟（ブント）」系。反主流派は日本共産党の影響下にある民青（民主青年同盟）系であった。

反主流派は主流派を「極左暴力主義のはねあがり」と断じて整然とした請願行動を呼びかけたが、主流派はこれを「焼香デモ」と批判して国会突入を敢行。そして、安保条約の自然成立をもって潔く「敗北」と総括、多くは運動から召還する。

そんな主流派のリーダーたちの動きは、反主流派には、どのように見えたのか？　そこに「アカシアの雨がやむとき」はどう関わっていたのか？

反主流派のある活動家は、こう述懐している。

６０年安保闘争から６０年に開催された記念集会（憲政記念館、2020 年６月 10 日）

「あの頃全学連主流派は、過激な行動で幾度も警官隊と衝突をくり返し、安保闘争を革命運動に！と考えていても不思議ではないほど、一種切迫した空気に包まれていた。樺美智子さんの死がピークだった。そして安保条約成立、反対運動の衰退。やるせない空しい感性が『アカシアの雨がやむとき』に、ごく自然に入っていけたんだと思う。この曲は、いわば全学連主流派のレクイエムだ」（山田和秋『「青年歌集」と日本のうたごえ運動――六〇年安保から脱原発まで』明石書店、二〇一三年）

では、当の反主流派は安保闘争をどう「総括」したのか？　彼はこう続ける。

「反主流派のぼくたちにも挫折感がまったくないといえばウソになるが、むしろ『運動の局面を打開するにはこれからが大変だ』という気持ちのほうが強く、敗北感に打ちのめされるということはなかったような気がする」

なお、彼は「一方ぼくたちは、徹底した民主主義による市民革命しかないという反省から、全学連主流派や日共本部とは異なる道を選んだ」と記していることから、後に安保の総括をめぐって共産党から除名される構造改革グループと思われるが、いずれにせよ当時は全学連反主流派の一員であり、彼らにとっては、安保闘争は「革命運動」ではなく、次なる運動拡大のためのカンパニアであった。したがって、深い挫折をおぼえるような敗北感もなく、「アカシアの雨がやむとき」が彼らのレクイエムとして歌われることもなかったのである。

一般学生はどうだったのだろうか？

私は一九六五年に大学に進学。「東大駒場新聞会」に入って学生運動の洗礼をうけたが、その新聞会で五年先輩のKなら、ちょうど六〇年安保の入学なので往時を良く知っているはずだと思い、久闊を叙すのをかねて連絡を入れ、あれこれ訊ねてみた。

Kによると、入学したものの、教師たちもしばしば抗議デモへでかけて休講が相次いだため、ほとんど授業がなかった。当初ノンポリだったKは学生新聞の取材をかねて、毎日のようにデモに参加。樺美智子が南通用門で斃れたときも近くにいた。

だったら当然、新安保条約承認後は「アカシアの雨がやむとき」をうたって挫折を癒したものと勝手に想像して、勇んで訊ねた。すると、驚いたことに、

「そんな話、前田に聞かされて初めて知った」といわれた。

なんと、六〇年安保が終わった翌年、少なくともKの周辺では、そんな光景はなかったというのである。全学連主流派のリーダーたちは、駒場のキャンパスから姿を消して、一人ひそかに「アカシアの雨がやむとき」を歌って挫折をかみしめていたのだろうか。

Kは、安保敗北の翌年の一九六一年、伊豆七島の新島でもちあがった米軍射爆場反対運動に取材で参加。現地闘争本部に常駐していたのは、共産党の影響下にあった全学連反主流派の学生たちで（その多くは後に共産党から「修正主義者」として除名される）、そこにはかつての主流派の姿はなかった。新島闘争ではよく歌がうたわれたが、その中に「アカシアの雨がやむとき」はなかった。Kにとってもっとも印象深く今も口ずさむことができるのは、安保の前哨戦といわれた一九五七年の砂川闘争をモチーフに生まれた合唱組曲「砂川」（作詞・窪田亨、作曲・小林秀雄）だった。その後Kは、社会党の青年組織の最左派「社青同解放派」の結成に参加、労働運動と地域活動にかかわるが、「アカシアの雨がやむとき」が安保闘争の鎮魂歌としてうたわれることを目撃したことはついぞなかったという。

「アカシアの雨がやむとき」が六〇安保の鎮魂歌であることを検証するには、労働者からも〝ウラ〟をとらなければならない。一年以上にわたる安保条約反対の抗議行動には、全国六〇〇〇か所の集会やデモにのべ五六〇万人もが参加、国会での承認をめぐる最終局面の六月一九日には三三万人ものデモの輪が国会を取り囲んだが、その主力は官公労を中心とした総評傘下の労働者だった。なかでも主戦場の東京では、抗議の時限ストをうった国労と共に、東交（東京交通労働組合）の動員が目を引いた。その東交の活動家に知人のMがいたので、いまは晴耕雨読を楽しんでいる山梨の山奥に電話をかけてみた。

「六〇年安保に参加しましたか」と訊ねたところ、「もちろんデモにはよく行ったさ」というので、これはいけると思って、「アカシアの雨を、安保闘争が終わったあと仲間と歌いましたか?」と問うと、「それは、どんな歌だ?」と逆に聞かれた。電話口で口ずさむと、「ああ、それなら聞き覚えがある。で、そのアカシアがどうした?」

ちょっと話が違ってきた。その後しばらくやりとりをするうちに、私にとってはまことに残念かつ驚きの「当時の現実」がつきつけられた。

Mは昭和一〇年生まれ、当時は都電の運転手で二五歳。職場の青山営業所で青年部長をつとめていたが、実態は、組合上層部による「日当つきの動員指令」に従っただけだった。Mも同僚たちも職場の学習会で議論を深めて参加したわけでない。デモが終わったら支給される日当できょうはどこで何を飲もうかと仲間を誘いあったものだった。だから、安保が国会で承認されたことを知っても、Mの職場を敗北感や挫折感が襲ったこともなければ、ましてやそれを癒すために、職場の仲間たちと「アカシアの雨がやむとき」をうたったこともなかったという。

■全学連の最大の功績は「アカシアの雨」を歴史的ヒット曲にしたこと?

全学連反主流派の指導者や活動家、一般学生や労働者たちの証言からも、どうやら六〇年安保闘争の参加者の多数は、「敗北も挫折」もなく、「アカシアの雨がやむとき」をレクイエムとしてうたうこともなかったことは明らかである。ということは、この歌に共感し、場末のバーでヤケ酒をのんで有線放送にリクエストを繰り返し、「アカシアの雨がやむとき」を歴史的ヒットに押し上げる奇跡を起こしたのは、全学連主流派のごく一部のリーダーとシンパたちだったことになる。

この尻つぼみの結末をどう評すべきだろうか。

一部急進主義の必然的帰結だと突き放すべきだろうか。私は断じてそうは思わない。たとえ一部の〝特殊な人々〟の〝特殊な物語〟であったからといって、いやむしろ一部の〝特殊な人々〟の〝特殊な物語〟だったがゆえに、六〇年安保をめぐる構図を立体的に浮かびあがらせることができるからである。

六月一九日午前零時の新安保条約の自然成立をもって、六〇年安保は昭和の妖怪・岸信介との激闘に敗北しただけではない。反対運動に参加するなかでガス抜きされてしまった「大衆」と指導部との関係づくりにも敗北したのである。彼らの「挫折」とは、この二つの敗北がかけあわされたところから生み出されたものだった。全学連主流派自身による安保闘争の総括としてしばしば引用される「壮大なゼロ」とはその謂いなのだろう。

参加者したほぼ全員が、いや過半数でもいいから、安保闘争を敗北と認め、挫折を味わったのであれば、指導部としては納得もできる。ところが、のべで五六〇万人もの人々のほとんどが敗北も挫折も感じず、運動からきれいさっぱり引いて行った。現実の労働者や一般学生が「革命的でない」ことは、島成郎や青木昌彦や唐牛健太郎ら全学連主流派のリーダーたちもとっくに知っていたはずである。だからこそ、学生が先駆者となって「一般大衆」の意識を変えるという「先駆性理論」に賭けたのであろう。しかし、笛吹けどほとんどの学生・労働者は踊らなかった。それどころか、国会を囲んでアンポハンタイ！のシュプレヒコールを上げていた彼らは、翌年には、折からはやりはじめた、

♪チョイト一杯のつもりで飲んでいつの間にやらハシゴ酒（ハナ肇とクレジーキャッツ「スーダラ節」一九六一年八月）

を能天気に口ずさみながら、岸信介の後の首相の座を襲った池田勇人の所得倍増政策を下支えていくのである。

「大衆」のなんたる調子のよさ！　闘いに敗れた全学連主流派のリーダーたちの脳裏には、芥川龍之介の、「誰よりも民衆を愛した君は、誰よりも民衆を軽蔑した君だ」（『或阿呆の一生』）がよぎったかもしれない。

彼らの敗北と挫折感は、まさに「♪このまま死んでしまいたい」ほど深いものだったはずである。その中から生まれたのが「アカシアの雨がやむとき」への共感であり、逆にいうと「アカシアの雨がやむとき」は六〇年安保の本質をえぐり出す恰好の手がかりといえるのではないか。

■淋しき越山会の女王の〝異床同歌〟

ここで筆をおくつもりだったが、想定外の情報が入手できたので、今少し筆を加える。

六〇年安保闘争で全学連主流派とそのシンパが、同床同夢ならぬ〝同床同歌〟を夢見たものの、逆に〝同床異歌〟という現実をつきつけられ、深い挫折を覚えたことはすでに検証した。だったら、順列組み合わせ的には〝異床同歌〟があってもおかしくない。まったく別の場所で、「アカシアの雨がやむとき」を同じく鎮魂の歌とした人がいた可能性である。興味半分で資料を漁ってみたところ、なんとそれが見つかった。

しかも、その「異床」たるや、「異床」も「異床」、安保反対とは真反対の〝憎っくき敵〟の身中に、「アカシアの雨がやむとき」を安保反対の人々と同じく「挫折の鎮魂歌」として〝哀唱〟してやまない〝大物〟がいたのである。

それを知るきっかけを与えてくれたのは、これまた想定外なことに、安保闘争の宿敵、当時の首相・岸信介の孫にあたる安倍晋三である。毎日新聞、二〇〇五年五月二七日付け夕刊の「特集ＷＯＲＬＤ：視覚アングル／戦後六〇年／アカシアの雨がやむとき」の取材に、当時自民党幹事長代理だった安倍晋三は自民党本部でこう答えている。

「連日、祖父の家もデモ隊に囲まれて身動きできないものだから、ちょくちょく呼ばれました。五歳の私は馬になってくれた祖父にまたがって、アンポハンタイ！　ってはしゃいだりしましてね。すると父や母なんかは『賛成って言いなさい』。で、みんなで大笑いして。祖父は泰然自若としていましたね。いつか必ず評価されるんだ、と」

ここまでなら、これまでも多くの報道や政治評論によってすでに知られている。私を驚かせたのは、記者がそれをうけて問いかけた「アカシアの雨がやむとき」についての、安倍の次の返しだった。

「（「アカシアの雨がやむとき」は）六〇年安保（の自分の記憶）とは結びつきませんね。児玉隆也さんの『淋しき越山会の女王』に出ていたでしょ。佐藤昭子さんが口ずさんでいた愛唱歌のひとつとして。絶頂を極めていた彼女にある種の物悲しさを感じました」

佐藤昭子とは、田中角栄元首相の愛人にして金庫番といわれた女性である。生誕名は「昭《あき》」だが、その存在がマスコミに知られるようになって「昭子」に改名した。最強といわれた「田中軍団」を支える〝奥の院〟たる政治団体「越山会」を仕切って、日本の政界を裏から動かしたとされる。

また児玉隆也の「淋しき越山会の女王」は、第六四代日本国総理として日中国交を果たして絶頂期にあった一九七四年、「月刊文藝春秋」に、立花隆の「田中角栄の研究」とともに掲載され、金脈追及により田中を失脚させるきっかけとなった歴史的なルポルタージュである。当時、私も読んだが、「アカシアの雨がやむとき」への言及は記憶に残ってない。さっそく同書を取り寄せた。安倍の指摘したとおり、たしかにそれはあった。しかも最後の重要な結論部分にあるではないか。真実は細部に宿るというが、いま読み返してみると、なんとも意味深長である。

児玉は、「最後に、読みようによっては、サクセス・ストーリーとも読める、陰の権勢者のめったに見せない一面を書いておかねばなるまい」と前置きし、まずは戦前の文部省唱歌「月見草」（一九三五年、作詞・勝田香月、作曲・長谷川良夫とされる）が佐藤昭の愛唱歌で、その歌詞を故郷柏崎の女学校時代の数少ない旧友に電話で問い合わせるくだりを紹介してから、「彼女にはもう一つ好きな唄がある」と筆を転じて、

♪アカシアの雨にうたれて／このまま死んでしまいたい……

と歌詞を記し、児玉一流のレトリックにとんだ「解釈」が披瀝される。

一部を抜粋して以下に掲げる。

「（前掲の女学校時代の）旧友は、そういう一面を知っているだけに、何億という財産と阿諛追従《あゆついしょう》に囲まれた彼女を、決して幸せだとは思っていない。巨大な権力と、そこに群がる人種に利用されるだけ利用されて『昭ちゃんはかわいそうに』と思っている。反面、奥の院の居心地の良さがしみこんでしまって、疑似権力の衣裳を脱ぎ捨てるよりも、むしろ楽しんでいるようにみえる彼女に心を痛めている。だが、直言する友人はほとんど絶無で、彼女は不幸である。彼女の不幸は、田中角栄にも通じる。（中略）

彼女が、いつか必ずやってくる田中引退のあとで味わうにちがいない、イソップの童話を地で行く日を、予感しているかどうか、それは私の断定する所ではない。（中略）

このレポートは、多分にセンチメントすぎる、と私自身が感じているのだが、修辞的文脈に流されたのには理由がある。私の集め得た資料の、すべてを書ける情況にないこと、そして、その情況を認容せざるを得なかった私自身の〝内なる日本的感性〟である」

興味を惹かれる個所は多々あるが、本稿のテーマである「アカシアの雨がやむとき」に関わるのは次の二点である。

一つは、「(佐藤昭は) イソップの童話を地で行く日を予感しているか」である。

もう一つは、最後で児玉は「私自身の〝内なる日本的感性〟ともってまわった表現をしているが、要は「佐藤昭について不都合な真実を知り得たが、日本人の惻隠の情からそれを明かすわけにいかない」としていることである。

まずイソップの童話だが、ライオンの毛皮を被って権勢を誇っていたロバが、ある日風で毛皮がはがれて袋叩きにあうという話の援用であろう。たしかに児玉の予言どおり、このルポが「月刊文藝春秋」に掲載されて一月もしないうちに「金脈追及」で田中は首相辞任を余儀なくされ、さらに二年後にはロッキード事件で逮捕されるが、それでも「闇将軍」として君臨、歴代内閣のキングメーカーとして権力をふるいつづける。影響力を失うのは一〇年以上も後の一九八五年に脳梗塞で倒れたからであり、それまでは佐藤も田中角栄という毛皮をかぶって権勢をきわめつづけた。従って、少なくとも児玉のルポ掲載の時点では、安保全学連主流派のように政治的挫折によって、「アカシアの雨がやむとき」に共感する状況には、佐藤昭はなかった。

では、もう一点の、児玉が知りながら日本的惻隠の情で明かさなかった「佐藤昭についての不都合な真実」はどうか。当時児玉のルポを読んだ佐藤は、「キャバレー勤め」が暴露されたことに烈火のごとく怒ったということからしても、不都合な生い立ちを明らかにされることには、「♪このまま死んでしまいたい」と感じたかもしれない。

確かに彼女の生い立ちは「不幸の連続」である。「よろずや」を営む商家に生まれるが、両親と二男四女の大家族が次々と亡くなり、一六歳の女学校の時には母親と二人だけになり自宅を売って下宿屋へ移る。戦後に上京し新橋の小便のにおいがする安キャバレーのホステスをしていたところを田中角栄に見初められ、愛人兼秘書となり、奥の院である「越山会」を牛耳って政界の影の実力者になるも私生活では「不幸」がつづく。田中との間に女子をなすが認知されず、やがて娘は自殺未遂を起こす。児玉もその辺を匂わしているようだが、そうした「不幸の連続」を癒すために、「アカシアの雨がやむとき」が佐藤昭の愛唱歌になったということは十分に考えられる。だが、筆者からすると、それだけではあまりにも私小説風すぎて、納得がいかない。

そこで、妄想の翼をもう少し広げてみたい。

六〇年安保で国会周辺が三〇万を超えるデモ隊に十重二十重に囲まれていたとき、多くの与党自民党議員たちは秘書をふくめて逃げ出し、国会周辺はもぬけの殻になった。首相の岸も恐れをなして渋谷区松濤の私邸に籠城、防衛長官から拒絶されたが自衛隊の治安部隊の出動まで要請した。

そんななか、佐藤昭は田中の秘書として国会議事堂の向かいにある議員会館で執務に励んでいた。議員会館と国会議事堂を足しげく往復するときは、両者をまたぐ歩道橋を行かねばならない。そのたびに眼下には、万余のデモ隊がアンポハンタイ！の怒号をあげて押し寄せ、生きた心地もしなかっただろう。その後、議員会館と国会の間に地下道がつくられるが、一説によると、それを指示したのは田中角栄であったという。それには佐藤の助言が入れられたことは十分に考えられる。

その年の六月一九日に安保条約が国会で自然成立すると、連日国会を包囲していた恐怖をおぼえるほどの人の輪と怒号が嘘のように消え失せていた。その時佐藤昭は三二歳、田中との間にできた女児は二歳になっていた。翌年には田中は四三歳で自民党政調会長に就任、そろそろ総理総裁のゴールが見えてきた。そんなころ、巷では「アカシアの雨がやむとき」が流れだし、なぜか佐藤は共感を覚えるのである。

全学連の闘士たちと違って、佐藤は安保に「勝利した」側にいて、「♪このまま死んでしまいたい」ほどの挫折を味わったとはどうしても思えない。

これをどう解釈したらいいのだろうか？　こうは考えられないだろうか。田中角栄と二人三脚で歩んできた「表の政治の世界」が高みへ向えば向かうほど、悲惨をきわめる私生活との乖離がますます大きくなる。それが「アカシアの雨がやむとき」を佐藤により一層近づけたのかもしれない。

しかし、興味深いことに、今から振り返ると、佐藤の「アカシアの雨がやむとき」への共感は、実は「表の政治の世界」の行く末をしっかりと言い当てていた。たしかに一九六〇年の時点では、反安保の学生・労働者・市民が敗け、安保改定を目論んだ自民党政権が勝ったようにみえた。そして、六〇年安保を乗り切った自民党政権がめざしたのは、岸が夢見た改憲・軍事強化路線によるアメリカからの自立ではなく、それはいったん棚上げにして、「安保」はアメリカに〝ただ乗り〟しつつ「経済最優先」でアメリカからの自立をめざすという道だった。岸首相の後をうけた池田勇人の「所得倍増」から田中角栄の「列島改造」まではまさにそれである。しかし、田中がその総仕上げを狙ったところで、大いなる挫折を余儀なくされる。ロッキード事件もふくめその裏にアメリカの仕掛けがあったことは間違いない。したがって、六〇年安保闘争から六〇年たって明らかになったのは、〝真の勝利者〟はアメリカであって、早々と負けを認めた全学連主流派も、そのとき一端は勝者にみえた自民党政権もともに「敗者」だったのである。

まさか佐藤昭がそこまでの予知能力をもって、六〇年も前に、「アカシアの雨がやむとき」に共感したとは思えないが、田中角栄という不世出の政治家と一心同体であった女性が、安保全学連の闘士たちと〝異床同歌〟をうたったことはまごうかたない事実であり、なんとも不思議な巡りあわせを感じざるを得えない。

♪第八話
「檻の中」生まれの唄は、なぜまんまとシャバへ出ることに成功したのか
「夢は夜ひらく」歌・園まり（作詞：中村泰士／富田清吾、採譜・補曲　中村泰士、一九六六年）
「圭子の夢は夜ひらく」歌・藤圭子（作詞・石坂まさを、作曲・曽根幸明、一九七〇年）

■「夢は夜ひらく」の産みの親は誰か？

私たちベビーブーマーの思春期と重なる戦後日本の政治の季節に、私たちを大いに煽った「檻の中から生まれた歌」がある。

「夢は夜ひらく」である。

私が「夢は夜ひらく」に初めて出会ったのは、大学二年の一九六六（昭和四一）年九月、園まりの歌によってである。

♪雨がふるから逢えないの……濡れてみたいわ二人なら……

歌詞は明らかに〝艶歌調〟。歌い手に起用された園まりは、甘えるようなうたいぶりでも、また外見でも、伊東ゆかり、中尾ミエの三人娘の中では抜きんでて艶っぽく、当時の若者たちの〝オナペット〟だった。瞬く間にヒットチャートを駆け上った。

ところが、その四年後、藤圭子という市松人形のような少女が、メロディはそのままに、

♪十五、十六、十七と私の人生暗かった……

と、容姿とは似ても似つかないドスの効いた声でうたい放ったとたん、この歌は〝艶歌〟から〝怨歌〟へと一八〇度の変態を遂げ、まったくの別物となった。

園まりのうたう「夢」は「男女の愛の営み」だったが、藤圭子のそれは、眠れぬ夜に襲ってくる悲惨で非情な「悪夢」である。いや、所詮この世では「夢」など叶うはずがないという「反語」であった。

それは若者たちのルサンチマンを大いにくすぐり、またたく間に四年前の「園まり版」をはるかにしのぐミリオンセラーになった。一部マスコミで、この歌は「檻の中の生まれ」であると明かされたが、薄倖な新人歌手の人生をなぞったものだと勝手に解釈した若者たちは、むしろ「さもありなん」と納得した。

九年がたち、「圭子の夢は夜ひらく」で一躍スターダムにのし上がったわが藤圭子は「夢がひらく」途中で突然引退して渡米。それから一九年、宇多田ヒカルという愛娘をブレイクさせ、母の夢はニューヨークでひらいたかに見えたが、一五年後、突然、謎の自死を遂げた。

（上）園まり「夢は夜ひらく」（ユニバーサルミュージック合同会社）
（下）藤圭子「圭子の夢は夜ひらく」（RCA BEST COLLECTION、日本ビクター）

以来、「夢は夜ひらく」をめぐっては、私の胸中に多くの謎がずっとわだかまっている。

改めて調べはじめると、さらに謎が謎を呼び、私自身もその謎のなかで「ウソをマコト」と信じていたことが少なからずあることに気づかされた。今や関係者のほとんどが鬼籍に入り、物証や証言も失われ、さながら「迷宮入り事件」だが、その「再捜査」に挑戦してみたい。

まずは「夢は夜ひらく」の謎の中でも源流ともいうべき「出自にまつわる謎」を検証しよう。

作曲者とされるのは、この歌がきっかけとなって歌謡界で活躍し「大御所」となる曽根幸明（一九三三～二〇一七年）である。父親はNHK交響楽団の前身「東京放送交響楽団」のバイオリニスト、母親はピアニストという音楽一家に育つが、終戦直後の混乱期に両親と生き別れ、「反社会勢力」の一員となり、「進駐軍基地の爆破」「郵便局の金庫強盗」「真鍮製スクリュー強奪」などの悪事を重ね、練馬区の東京少年鑑別所送りに。そこで「夢は夜ひらく」を誕生させる経緯を、自伝で次のように語っている。

「夜九時になると、眠くなくても電気を消されてしまいますが、人間、寝ろと言われて眠れるほど単純ではありません。真っ暗闇の中で目だけギョロギョロさせながら、さまざまな妄想が膨らんでいきます。まず闇の中に浮かんでくるのはシャバの光景、次は好物ばかりのごちそうの数々です。毎夜、そんな妄想にふけってばかりいました。夜になるとひらかれる夢の数々。こんな気分を口をついて出た曲に乗せて歌ってみたら、これがなかなかの出来だったのです。

　いやな看守に　にらまれて
　朝も早よから　ふきそうじ
　作業終わって　夜がくりゃ
　夢は夜ひらく

昼休みにギターで弾き語りをして見せたら、皆に大受けです。面白がった同房の仲間たちは勝手に歌詞を追加していき、気がつけば題名もないこの歌は何十番もある、大作になっていました。」（『曽根幸明の昭和芸能放浪記　昭和の夢は夜ひらく』廣済堂出版、二〇〇七年）

同じ自伝によると、その後、曽根は「反社会勢力」から足を洗い、一九五九（昭和三四）年に「藤田功」として歌手デビューするも芽がでない。一九六六（昭和四一）年に「藤原伸」と改名して再起を期す。そのとき曽根にひらめいたのはネリカンで「つくった」曲だった。それに「娑婆向け」の歌詞をつけ替え、「ひとりぽっちの唄」としてリリース、これに賭けたのである。こんな出だしだった。

♪お前のかァさん　何処にいる
いいや　おいらは　ひとりぽっち
冷たい　雪の降る夜に
淋しく死んでった

しかし、数千枚しか売れず、再起の夢は断たれたかに見えた。と、思わぬところから、救いの手が差し伸べられた。折しも園まりを売り出して業界で「凄腕」と評判になっていた女性プロデューサーから、曽根の歌を園まりのために譲ってほしいと申し出をうけたのである。

東京練馬区にある東京少年鑑別所の正面入口

貧乏歌手生活にあえいでいた曽根に「否や」のあろうはずもなく、この申し出を快諾。すると、タイトルも「夢は夜ひらく」に、歌詞も男女間のムード歌謡に全面書き替えられ、園まりの甘ったるい歌声で、たちまち曽根の元歌「ひとりぽっちの唄」の何十倍何百倍ものヒット曲となる。

曽根は、前掲とは別の自伝『ケンカが好きな芸人たち　愉快な仲間の極道記』（ＫＫベストセラーズ、一九八五年）で、こう記している。

「ぼくの人生にとってみれば起死回生、土壇場の逆転サヨナラ満塁ホームラン。この曲のヒットがあと一年、いや半年遅れていたら、借金で首を吊っていたかもしれないし、現在の曽根幸明も存在しなかっただろう」

曽根にとって、「夢は夜ひらく」は、作曲家としてのデビュー作にして代表作となったことを考えると、確かに感懐ひとしおであろう。いっぽう、「夢は夜ひらく」という「檻の中」生まれの歌にとっても、女性敏腕プロデューサーから差し伸べられた救いの手は大きかった。

彼女は、曽根の自伝の中では「おケイさん」とのみ記されているが、本名は松村慶子。当時はポリドールのディレクターで、のちに小澤音楽事務所と組んで多くの新星のヒットソングメーカーを歌謡界に送りだす。六〇年代には園まり、加藤登紀子を、七〇年代には浅川マキ、リリィ、桑名正博を、八〇年代には小室哲哉とＴＭネットワークをデビューさせ、小澤音楽事務所を渡辺プロやホリプロと並ぶ音楽プロダクション業界の雄に急成長させた伝説のプロデューサーである。もし彼女の興味を引かなかったら、「夢は夜ひらく」は「檻の中」にとどまったままだったろう。まさに僥倖《ぎょうこう》というほかなかった。

■少年院の音楽コンクールが揺籃か？

これを皮切りに、「夢は夜ひらく」には不思議な僥倖が何度も起きるのだが、そこへ筆を進める前に、ここでいったん立ち止まって、この歌の原点というべき〝出生証明〟、すなわち「産みの親＝曽根幸明」説を洗い直しておきたい。

そもそも、前掲の曽根による「誕生秘話」をそのまま信じていいものなのだろうか？　曽根による脚色があるのではないか？　そんな疑念がわいたのは、学生時代からの畏友で雑学の大家のＩに「夢は夜ひらく」を調べていると話したところ、思いもかけない「体験談」を披露されたからである。

一九六九年晩秋、Ｉは全共闘運動に参加するなかで逮捕され、留置場で同房だった「少年院上がり」のやくざから、往時はやっていた園まりの「夢は夜ひらく」について、こんなエピソードを聞かされたという。

時代は不明だが、かつて全国各地の少年院（もしくは少年刑務所）では、更生プログラムの一環として、全国対抗の演奏・合唱コンクールがあって大いに盛り上がったらしい。優勝常連の少年院・刑務所の中には、熱心さのあまり、歌や演奏の上手な入院・入所者がいると、勝手な理由をつけてコンクールが終わるまで出所を遅らせた指導教官もいたという。それが音楽による更生プログラムの一環だったかどうかは不明だが、そんな指導教官の一人が作曲したのが、「夢は夜ひらく」の「原曲」だった。そして、それに入院・入所者たちが次々と歌詞を付け加え、うたい継がれていったというのである。

つまり、曽根以外にも「作曲者」がいたらしいのだ。

実際に、「少年院上がり」のやくざは、留置所の房内で、何曲かをうたってみせたという。Ｉは、その歌が忘れられず、当時市販されていた「夢は夜ひらく」や「練鑑ブルース」など少年院生まれの「俗曲」を集めたカセットテープを買い求めて確かめてみた。

するとどうだろう、聞き覚えのある次の一節があった。

♪まっさら、まっさらバカにされ
　朝は便所に床掃除
　三度のメシは麦《ばく》シャリで
　夜は涙で頬濡らす

「まっさら」というのは新入りの意味で、「まっさら」「さら」「さら長」と格が上がっていくのだと「少年院上がり」から房内で説明されて興味をおぼえたこともあって、この一節は強く印象に残っており、おかげで今も暗誦できるという。

これを聞いて、私は、曽根が自伝の中で、眠れない夜にふと口をついて生まれたと記している一節とどこか似かよっていると思った。最後の一行を「♪夢は夜ひらく」に変えれば、ほぼ重なりあうと。

それをIに告げると、Iからは、これも同房の「少年院上がり」からの情報として、こんなコメントが返ってきた。

「夢は夜ひらく」は全国各地の鑑別所や少年院・少年刑務所で名物教官の曲として知られていて、それに勝手に自らの思いを加えていって多くの歌詞が生まれていた。曽根が「作詞作曲した」とされる一節も、そんな「詠み人知らず」からの聞き覚えではないか。一部の少年たちは「出所」すると、紅灯の巷へでかけ、思いおもいの歌詞と共に「流し」に曲をひかせてうたい、やがてそれが「夜の蝶」たちの共感を呼び、「夢」も「夜」も意味を変えて転変していったのだと。

Iが留置所で出会った「少年院上がり」のやくざは、当時二〇代後半から三〇代だったという。ということは、曽根が敏腕女性プロデューサー経由で、「夢は夜ひらく」の使用権を園まりに譲った一九六六年よりもはるか以前に、夜の巷では「詠み人知らず」として密かにうたわれていたことになる。

以上から、曽根を「産みの親」とするのは、大いに疑わしいと言わざるをえないだろう。せいぜい「採譜、聞き取り」である。実際のところ、曽根は「産みの親」ではなく、「里親」、それもたくさんいる「少年院上がり」の「里親」の一人ではなかったか。

さらに、「曽根幸明＝産みの親説」への疑念をあげると、自伝ではネリカンこと練馬の東京少年鑑別所に九か月入所している間に作曲したとしているが、ネリカンは「非行」をおかした少年たちを「無罪放免」するか、更生のため「少年院」（場合によっては「少年刑務所」）へ送致するかを「鑑別」する施設で、「在留期間」は四週間ていどである。そのネリカンに九か月もいたとはどういうことか。

また、曽根は一九七〇年（昭和四五年）の『週刊平凡』八月一三日号のインタビューに対しては、「前橋刑務所でつくった」としてこう答えている。

「とにかく、やりきれない毎日だったんですね。昼間の作業（おもに畑作業）でくたくたに疲れてしまって、夜はポケッとしてるだけ。でも、いくらか開放感はあります。それはいろいろ空想できる楽しみがあることでした。そのなかで、ふっとぼくの頭にひらめいたのが『夢は夜ひらく』のメロディだったんですよ」

これらの傍証からも、曽根が「夢は夜ひらく」の誕生経緯について、なんらかの脚色をしていることは明らかであろう。曽根がエピソードを脚色したとすると、その背景には、おそらく、「産みの親」ではないことを認めてしまうと作曲料が入ってこないという経済的理由もあったのかもしれない。

しかしながら、以上の「再捜査」の結果をもって、曽根を「履歴詐称」と批判するつもりは毛頭ない。むしろ曽根の功績を高く評価をしたい。経緯はともかくも、そもそも曽根がいなければ、「夢は夜ひらく」は「檻の外」へ出られなかったからだ。

仮に採譜しただけであっても、この歌をシャバへ持ち出したことは〝勲一等〟に値する。それがなかったら、藤圭子と宇多田ヒカルという、母子二代の伝説の歌姫は生まれなかったかもしれないのだから。

たしかに、先のⅠの体験的情報にあるように、曽根以前に、多くの「少年院上がり」たちがシャバへ戻り、夜の街でひろめていった。でも、それは「裏の世界」でのひそやかな営みにすぎない。

いっぽう曽根は「表の世界」にお披露目し、〝堅気の一般大衆〟の愛唱歌にしたのである。それは、音楽家を両親にもつ曽根ならではの音楽の素養と才能があったからこそなしえたことであった。

おそらく曽根自身にも「産みの親」ではないという自覚はあったのではないか。もし本当に彼の「オリジナル」だったら、いくら食うに困っていたからといって、あっさり他人に「権利譲渡」するだろうか。逆に「オリジナル」でなかったから、人手にわたり、その結果、「表の世界」で大ブレイクしたのではないだろうか。

これで「夢は夜ひらく」の出生をめぐる履歴はほぼ明らかになった。

それでは、この歌が「檻の中」から表の世界に出てからの謎を解きあかすための本格捜査を先に進めるとしよう。

■たった五万円で売り渡された著作権

次なるテーマは、「夢は夜ひらく」はなぜ〝艶歌〟から〝怨歌〟へと大変態を遂げたのか、である。

曽根幸明が敏腕女性プロデューサー経由で、「夢は夜ひらく」の原曲の使用権を園まりに譲ったところ、大ヒット曲となった経緯はすでに述べたが、なぜか園まり版に曽根のクレジットは見あたらない。作詞は中村泰士と富田清吾の共作、採譜・補曲は中村泰士と記されている。詞は全面的に書き換えられたのでやむを得ないにしても、そもそも曲の〝出所〟は曽根なのだから、せめて「採譜・曽根幸明」と記されるべきではないのか。

当時の中村は、曽根と同じく「売れない歌手上がり」の「駆け出し作曲家」で、後にこれまた曽根と同じく作曲界の大御所となるが、この時点で二人に面識はなかった。

いったい何があったのか？　それを読み解く手がかりが、往時からなんと半世紀もたった二〇一六年、大阪で開かれた中村の喜寿を祝う記念イベントにあった。喜寿にちなんで、中村が手がけた七七曲を七時間七分をかけて披露するという企画で、そのトップは「夢は夜ひらく」。そこで、ゲスト出演した佐川満男が中村に問い掛けた。

「これは、俺にかいてくれた歌のはずだったが」

すると、中村は「当時金に困ってて、五万円で（園まりに）売った」と告白したのである。

中村は一九五七（昭和三二）年、「美川鯛二」の芸名で歌手デビュー。さっぱり芽がでず、誰も曲を提供してくれない。だったら自分でやるしかないと作詞・作曲を始めた。そんななか、伸び悩んでいた友人の歌手、佐川満男のためにかいたのが「夢は夜ひらく」だったという。

しかし、レコード会社に売り込んだが断られ、歌の世界から縁を切ろうと大阪へ帰郷、兄の歯科医院で技工士見習いをしていたある日、ラジオから園まりの歌が流れてきた。「俺が書いた詞や!」と上京、詞の権利を五万円で譲渡すると、マンションの頭金と中古ピアノに充て曲作りを再開。佐川のために「今は幸せかい」(一九六八年、作詞・作曲)を提供して大ヒットを飛ばすや、その後、ちあきなおみの「喝采」(七二年、作曲)と細川たかしの「北酒場」(八二年、同)で二度、日本レコード大賞を受賞、一躍売れっ子作詞家の仲間入りを遂げるのである。(日刊スポーツ二〇一六年三月一六日/日経二〇一七年八月三〇日/サンスポ　二〇一七年一二月一一日、一二日「関西レジェンド」参照)

「夢は夜ひらく」で音楽家人生が〝ひらかれた〟という点で、中村と曽根は実に似かよっているが、奇妙なことに、中村自身の半世紀ぶりの「告白」には、「原作者」である曽根の名も、曽根の「原作」を園まりにつないだ敏腕プロデューサー「おケイさん」も登場しない。園まり版の著作権クレジットには「作詞/採譜・補曲、中村泰士」と明記されており、中村が何らかの形で「原作」を参考にしなかったはずはないのに、である。

さらに奇妙なのは、中村の「告白」には、もうひとり重要な人物の名前がないことだ。

藤圭子の歌声で「夢は夜ひらく」を〝艶歌〟から〝怨歌〟へと大変態させた作詞家・音楽プロデューサーの石坂まさを(一九四一～二〇一七年)である。

いっぽう石坂は自伝的エッセイ『きずな　藤圭子と私』(文藝春秋、一九九九年)で、中村との関係を次のようにはっきりと記している。

「作詞をした中村泰士は、かつての美川鯛二である。『東芝レコード』にいたとき、美川は『澤ノ井千江児』(石坂まさをの本名は澤ノ井龍二。母の名「千江」に児をつけて最初のペンネームとした)という売れない作詞家によって、歌手生命を断たれていた。そのときの借りを返そうと強引にプロデュースしたものだった」

同書によると、石坂の作詞家として事実上のデビュー作「野良犬のブルース」は、美川鯛二こと中村泰士の歌手デビュー曲でもあった。石坂は中村のためにその後も二作を提供するが、いずれもヒットせず、中村に歌手を断念させたという因縁の関係にあった。

そして、奇妙な謎のとどめは、そもそもこの「檻の中生まれの歌」をシャバへ持ち出した〝勲一等〟の曽根が、前述したように、自伝的著作の中で、敏腕女性プロデューサーの名をあげているだけで、中村泰士にも、石坂まさをにも、一字たりとも言及していないのである。

いやはや驚きである。これでは、さながら芥川龍之介の『藪の中』ではないか。「夢は夜ひらく」のブレイクに関わる最重要人物三人の「証言」が、それぞれ都合のいいところだけ記されていて、肝心要のところでほとんどクロスしていない。戦後歌謡曲史を変えたといってもいい歴史的事件に、こんなことがあっていいものだろうか。

さらに、奇妙なことは、園まり版から藤圭子版へ大変態をとげる過程でも起きている。

藤圭子版の著作権クレジットは「作詞・石坂まさを、作曲・曽根幸明」である。もし、中村泰士の歌手生命を断った「借り」を返すというのなら、「作曲」は中村とすべきだったのではないか。さらに、奇妙なことは続く。石坂の前掲書では、園まり版について、「作詞は中村泰士、富田清吾、作曲、曽根幸明、園まりが歌ってヒットしていた」と記されている。正しくは、「採譜／補曲・中村泰士」である。単なる「誤記」とはとても思えない。

どうやら「夢は夜ひらく」がシャバに出る裏には「不都合な真実」があって、関係者たちは何か肝心なことを隠しているのではないか。おそらくそれはカネにからむ「不都合な真実」であろう。

■恐るべし！　プロデューサーの粘着力

次なる検証テーマは、なぜ園まりの〝艶歌〟が藤圭子の〝怨歌〟へと大変態し、戦後音楽業界の一大伝説となったのか、である。

それについては、これまで多くの音楽関係者から様々な理由が挙げられているが、私見を加えて絞り込むと、説得力のあるものは、以下の三つになるだろう。すなわち――

一　プロデューサーである石坂まさをの粘着力
二　藤圭子の自己演出力
三　時代との親和力

まずは石坂の粘着力だが、それは何とも桁外れでなりふり構わぬものだった。すでに園まりが大ヒットを飛ばしているなか、わずか四年たらずで、同工異曲の楽曲をリリースするというのは、そもそも業界の常識破りである。それができたのは、石坂の過剰なまでの思い込みによる。前掲の自叙伝によれば、石坂は「自分がプロデュースした手ごたえから、藤圭子が歌えばかならずヒットに結びつくと、確信をもっていた」。

少女時代から住み込みで歌手をめざして特訓をうけ、最も身近で石坂を知る藤圭子は、石坂の思い込みの源をこう証言している。

「園まりさんの〈夢は夜ひらく〉が作られたときに、沢ノ井さん（石坂の本名）も少し噛んでたのかな。それで、出来上がったのを聞いて、こんなもんじゃない、これは本当の〈夢は夜ひらく〉じゃない、いつか自分が本当の〈夢は夜ひらく〉を作ってやるんだって、そう思いつづけてきたんだって」（沢木耕太郎『流星ひとつ』新潮社、二〇一三年）

元々作詞家だった石坂は園まり版の歌詞を自ら書き替えると、タイトルの「夢は夜ひらく」の頭に「圭子の」を加えて、レコード会社に持ち込んだ。半年前に「新宿の女」でデビューしたばかりで、当然ながらレコード会社は発売をしぶった。

だが、そこで諦める石坂ではない。

最初のアルバム「新宿の女／演歌の星　藤圭子のすべて」のB面の一曲目に、抜け目なく入れ込んだ。すると思わぬところからエールがもたらされた。たまたまそれを聞いた五木寛之が、毎日新聞の日曜版のエッセイ「ゴキブリの歌」の中で、「ここにあるのは、〈演歌〉でも〈艶歌〉でもない。これは正真正銘の〈怨歌〉である」と書いてくれたのである（『ゴキブリの歌』（毎日新聞社、一九七一年。のち新潮文庫、講談社文庫、集英社文庫）

「これだけでも一億円の宣伝効果がある、シングルを出すのは今しかない」と石坂はレコード会社の尻を押すが、首を縦に振らない。それでも石坂は諦めずに粘った。「これは『演歌』でも『艶歌』でもなく、間違いなく『怨歌』だ」

「売り上げの一部を目の不自由な人のために寄付しましょう」

藤圭子が盲目の浪曲師の母と共に「流し」をしてきた「人情秘話」をキャンペーンのネタにしようという提案であった。これでレコード会社は重い腰をあげ、一九七〇（昭和四〇）年四月、LPからシングルカットされ、急遽発売されることになった。石坂の粘り勝ちであった。

「光のプレゼント　このレコードの収益は恵まれない人々の施設へ贈られます」とジャケットに銘うたれたシングル盤は、いきなりオリコンのヒットチャートの一位に躍り出る。これにひっぱられてデビュー曲の「新宿の女」も二位に急浮上。以来、この「ワンツーコンビ独占」はなんと四〇週も続き、日本歌謡界史上の伝説的事件となった。

すでにこの石坂の粘着力は、デビュー曲「新宿の女」の時以来、なりふり構わぬ「営業」で発揮されていた。レコード店はもちろん美容院、喫茶店、バーと圭子を連れまわしてうたわせる。話題づくりに圭子を銭湯の男湯へ飛び込ませる。違法を承知でポスターを町中にはりまくる。石坂は石坂で、芸能雑誌社に押しかけると、癲癇《てんかん》を装って口から泡をふき、記事にしないとここで死ぬと半ば脅迫する。ついには「きちがい龍二（石坂の本名は澤ノ井龍二）」の異名まで頂戴する。さながら「巨人の星」をめざす星一徹と飛雄馬親子の芸能版である。

そのかいあって、「圭子の夢は夜ひらく」はミリオンセラーとなり、ついに念願の紅白出場をはたすのだが、実は、この歌の一番「赤く咲くのは芥子の花／白く咲くのは百合の花」は、「なんとしても赤い花と白い花を咲かすんだ」――つまり〝紅白狙い〟を念じたものだったことを前掲の石坂の自叙伝で初めて知った。いやはや、そこまでやるか！　石坂の粘着力や恐るべし、である。

■ネアカの少女が〝薄倖〟を自己演出

しかしながら、戦後音楽史の伝説を生むには、いかに桁外れであっても、一人の熱血マネージャー兼プロデューサーの粘着力だけでは十分ではない。石坂の過剰な粘着力に応えた藤圭子の自己演出力もまた桁外れであった。

前掲の『きずな　藤圭子と私』には、歌手「藤圭子」ではなく本人「阿部純子」の「実像」が紹介されている。それによると、私淑する石坂家では、プロ歌手になるための特訓をうけながら、石坂の母親の麻雀相手をつとめるのが純子の「日課」で、大きな手で上がると「ロン！やった！」と大はしゃぎ。また、当時隆盛をきわめたGS（グループサウンズ）の追っかけに血道を上げるなど、明るくて外向的すぎる十代の少女だった。

そんな彼女を「藤圭子」として売り出すにあたって、石坂はレコード会社の担当と策を練るなかで、「暗い人生」を背負った内向的で「薄倖な少女」を演じさせることにしたのである。浪曲師を両親にもち、北海道で幼少時からドサ回り。

一五歳で両親と共に上京、錦糸町の場末で盲目の母とともに「流し」をしながら、歌手を夢見る……という「生い立ち」は「薄倖な少女」の物語背景としては申し分なかった。

そんな「ネクラな物語」を〝実際はネアカな〟一九歳の少女は、歌手デビューできるならと受け入れた。そのための自己演出を、前掲の沢木耕太郎との対話集『流星ひとつ』で、実にあっけらかんと語っている。


「これ、自分のことを歌っているとは思わなかった？」

「思わなかった。ただの歌の、ただの歌詞だと思ってた」

「でも、聞く人は、その歌詞をあなたそのものに投影して、感動してたわけだよ」

「人がどう思おうと関係ないよ」

「それでは、そう思われることに対する抵抗感は？」

「ぜんぜん、なかった。思うのはその人の勝手だから」

「十五、十六、十七と、あなたの人生暗くはなかった？」

「暗くないよ。とりあえず、いまの人生が幸せなんだから」


当時は、私もそうだったが、この歌は薄倖の美少女歌手の「人生の履歴書」そのものと受け止められて共感をよんだ。ところが、実際は、ネアカな阿部純子がネクラな藤圭子を巧みに演じていたのである。わずか一九歳のこの自己演出力は尋常ではない。

しかし、戦後音楽史の伝説を生むには、プロデューサーの粘着力と歌手の自己演出力だけでは、まだまだ十分とはいえない。そこで、多くの関係者が挙げるのが、「時代との親和力」である。

おそらくその中で、もっとも流布しているのが、「全共闘～ベトナム反戦～七〇年安保に参加した〝怒れる若者たち〟の挫折感を反映したもの」説である。西田佐知子の「アカシアの雨がやむとき」が六〇年安保闘争の挫折の〝象徴歌〟であるならば、その七〇年安保闘争版が「圭子の夢は夜ひらく」であり、同時期の北原ミレイの「ざんげの値打ちもない」

のヒットも同根であると。

実は私も「元全共闘」として、これまでこの説を信奉し吹聴してきた一人である。しかし、改めて検証するなかで、それでは時代の捉え方が一面的すぎ、浅すぎると思いなおした。

そこで、着目したのが阿久悠のコメントである。阿久は、朝日新聞の夕刊連載「阿久悠の愛すべき名歌たち〈五九〉（一九九八年六月一六日夕刊）で、「圭子の夢は夜ひらく」をとりあげ、それがリリースされた一九七〇年という「時代」をこうとらえ返す。

「この年ほど、暗く騒然としていた年を他に知らない。アンポの年であった。ベトナム戦争反対の動きも高まった。公害問題も深刻化する。それらを内蔵して行動は激化し、ついには、日本初のハイジャック事件も起こり、ゲリラ、ハイジャック、リンチなどという言葉が日常語になってしまう。人々は、日本人のすべてが革命家になったのではないかと怯えたのである」

その一方で、こう指摘する。

「大阪万博が開催されて、経済大国のデモンストレーションは成功する。それはそれでまた反省もあって、『モーレツからビューティフルへ』とか、『ディスカバー・ジャパン』とかが唱えられるようになり、時代は三つの顔を持ってしまう」

そして、「圭子の夢は夜ひらく」を、「三つの顔」をもった一九七〇年という「時代」に、こう位置付ける。

「怨みと大国とビューティフルの混乱の年のシンボルであった」つまり、「怨み」（反体制）と「大国」（経済成長謳歌）と「ビューティフル」（反成長・成熟志向）が入り混じる寄る辺なき「時代状況」の象徴であったのだと。

当時の運動に参加し「挫折」したのは、七〇〇万人といわれる団塊世代を中心にした若者のごく一部、一割もいたかいないかである。一割としても、その数はせいぜい七〇万人。片や、藤圭子の「怨歌」はミリオンセラーとなり、ラジオやテレビなどを通じて共感した人は少なくとも数百万人はいたであろう。日本国民の半数をはるかに超える六四〇〇万人余りを万博会場へ連れ出した〝万博の笛吹男〟三波春夫の「♪こんにちは」の連呼に反応する一方、「十五、十六、十七と私の人生暗かった」を口ずさんだ人々がけっこういたはずである。

底抜けに明るい「援歌」とも共存できる「怨歌」、それが「圭子の夢は夜ひらく」だった。それはどこか、ネアカの阿部純子とネクラの藤圭子の「共存」にも通じるものがある。

これぞこの歌の「時代との親和力」であり、それによって戦後音楽史の伝説となったのではなかろうか。

石坂もどこかでそのことに気づいていたらしく、前掲書でこう記している。

「この年（一九六九年）の六月、新宿の西口広場では七千人の若者がギターをかき鳴らし歌っていた。反戦フォーク集会。出動した機動隊に連行される若者たちもいた。だが、純子（藤圭子の本名）は、同じ年頃の若者たちが抱く体制にたいする反発や怒りとも無縁の場所にいた。ただ、藤圭子という歌手には、そんな時代を裏側から切り裂いてみせるなにかがあると信じていた」

■藤圭子の引退と自死の謎――〝演歌の星〟の宿命に殉じた!?

いよいよ最後の詰めへと「再捜査」の駒を進めよう。歌手・藤圭子の引退と自死をめぐる謎の解明である。

「夢は夜ひらく」で日本歌謡史の伝説の歌姫となってからおよそ一〇年、藤圭子は突然引退を表明、渡米する。その唐突さと、「演歌歌手のアメリカ行」というミスマッチに世間は大いに驚かされたが、一九八一年に帰国、歌手として復帰するも、もはや〝過去の人〟だった。しかし、一九九八年、初アルバム「ファーストラブ」がいきなり七六〇万枚を売り上げるという衝撃のデビューを飾った宇多田ヒカルの母親があの「怨歌の女王」だと知れるや再び脚光を浴びる。それからまた十数年がすぎた二〇一三年、新宿の高層マンションから飛び降り自殺を遂げ、またまた世間に衝撃を与える。

センセーショナルな事件ゆえに、家族との軋轢と確執、二十数年来の精神疾患、ギャンブル依存など様々な揣摩《しま》臆測が飛び交ったが、本稿のテーマにかかわる、彼女を伝説の歌姫にした「檻の中生まれの歌」がそれにどう関係していたかについては、確たる「証拠」と「証言」はない。

あるのは「傍証」だけである。そのなかで、手がかりとなりそうなのは、以前から「アメリカに住んでロックを歌いたい」とデビュー当時のマネージャーにもらしていたこと（大下英治『悲しき歌姫　藤圭子と宇多田ヒカルの宿痾』イースト・プレス、二〇一三年）と、最初の夫である歌手の前川清の次の証言である。

「歌謡曲をそこまで好きじゃなかったのかもしれませんね、彼女は。やっぱり、もっとポップス的なもの、もっと明るい歌とか、違うものがあったような気がします。だから彼女はアメリカへ行かれたんじゃないか」（ニッポン放送「小堺一機と渡辺美里のスーパー・オフショット」二〇一六年一二年一九日　https://news.1242.com/article/108840）

ここからは、彼女を歌姫に仕立てた「夢は夜ひらく」と彼女との関わりのジレンマがほの見えてくる。すなわち、「怨歌」のために「虚の自己」を演出しなければならない「呪縛」から逃れるために渡米、大好きだったロックやポップスの歌手として再出発したかったが、それは果たせず、その夢を娘ヒカルに託し、それは見事に成功した。しかし、娘を成功させても、「元怨歌歌手」でありつづけなければならない「呪縛」からは逃れることはできなかったのではないか。

前掲の石坂の『きずな　藤圭子と私』の最後は、意味深長な予言的な文章でこう結ばれている。

「私と〝演歌の星を背負った宿命の少女〟は、あの時代をともに闘った〝戦友〟だった。その戦友が母となり、今度はわが子に新しい時代と闘わせようとしている。でも、それは誰のために、そして、何のために」

かつて〝戦友〟同士だった石坂がこれを書いたとき、藤圭子はまだ生きていた。そして、彼女が謎の自死を遂げたのは、くしくも石坂が死去した五か月後のことであった。つまり、彼女は石坂の死を知ってから自死したのである。

晩年の彼女は、〝怨歌の女王・藤圭子〟ではなく、娘を世界的歌姫に育て上げた宇多田純子として、あるいはかつて歌手を夢見た盲目の浪曲師の娘・阿部純子に戻って生きたかったのかもしれない。しかしそれは許されなかった。そして、〝怨歌の女王・藤圭子〟から逃れようともがきつづけ、ついにそれから永遠に自由になろうとしたのではないか。だとしたら、それは「自死」ではなく「殉死」、少女時代から背負わされた〝演歌の星〟という宿命に殉じたことになりはしないだろうか。

♪第九話
ヤクザ映画は〝参加すること〟に意義がある!?
「唐獅子牡丹」　歌・高倉健（作詞・水城一狼／矢野亮、作曲・水城一狼、一九六六年）

■オールナイト興行は観客参加型の演劇装置

良き「はやり歌」には、優れた記憶喚起力がある。それに加えて、その歌にまつわる世代的な共通体験と、さらにその上に個人的なエピソードが重なれば、その「はやり歌」の記憶喚起力は間違いなくいや増す。

「唐獅子牡丹」は、私と私の同世代にとっては、まさにその白眉といえるかもしれない。

この歌を聞くと、世代的な共通体験と個人的な体験とがあいまって、脳裏に、半世紀以上も昔の出会いが、今もたちどころに立ち上ってくるからだ。

まず世代的な共通体験から記すと、時は一九六八（昭和四三）年某月の週末の夜半。街頭ではベトナム反戦のデモが繰り広げられ、キャンパスではバリケードが築かれはじめたころで、当時大学二年の私もその渦中にいた。デモか集会がひけたあと、そこで一緒だった友人たちから、池袋の映画館「人生坐」か「文芸坐」のオールナイト興行に誘われた。

それはヤクザ映画の四本か五本立てで、そのうち何本かは高倉健主演の「昭和残侠伝」シリーズだった。第一作が二、三年前に封切られて話題になっていることは知ってはいたが、家父長的価値観に基づく〝時代遅れの遺物〟という予断から敬して遠ざけていた。

その友人たちは、いずれもあの時代の学生運動の周辺にはよくいたトレンド・ウォッチャーで、理系の私に、西銀座の「アートシアター」でヌーベルバーグの魅力を開眼させてくれたのも、渋谷の「ブルーノート」でモダンジャズは眉根をよせて足でリズムをきざみながら一人で聴くのが作法だと伝授してくれたのも、新宿の「風月堂」でフーテン族を相手に実存主義や不条理劇の芸術論をたたかわせる知的格闘技の技を仕込んでくれたのも彼らだった。

誘われるままについていったものの、トリュフォーやゴダール、コルトレーンやマイルス（デイヴィス）、サルトルやイヨネスコとマルクスは同居できるが、はたしてそこに旧体制の規範に属するヤクザ映画が入り込む「余地」はあるのだろうかと戸惑いをおぼえた。しかし、その「余地」は十分すぎるほどにあったのである。

異様な雰囲気に違和感をおぼえたのは最初だけだった。義理と人情の板挟みの中で忍従する高倉健演じる花田秀次郎を、金子信雄演じる外道《げどう》の親分が数を頼んでいびろうとすると会場から「ナンセーンス！」の声。やがて忍従もこれまでと単身殴り込みを決意した高倉健を、池部良演じる風間重吉が途上で待ち受け、「秀次郎さん、ずいぶん待ちましたよ」といって唐傘をさしかけて大団円の決闘の場へ。そこへ高倉健がうたう「♪浅草《えんこ》生れの浅草育ち……」の主題歌が流れると、どうやって持ち込んだのかヘルメットをかぶり直した〝学友諸君〟から「異議なーし！」の大合唱。

当初は違和感をおぼえた雰囲気に、私はあっという間に巻きこまれて、おもわず背後から切りかかる敵方に「健さん、後ろが危ない！」と周囲と一緒に声を上げている自分に気づいて驚かされたものだった。

山平重樹著『全証言 伝説のヒーローとその時代　任侠映画が青春だった』（徳間書店）

これで、私は、たちまちヤクザ映画にハマってしまった。いや、正確にいうと、ヤクザ映画を映画館で観ることにハマってしまった、いやいや、さらに正確を期すと、ヤクザ映画のオールナイト上映に〝参加すること〟にハマってしまったのである。

銀幕に映し出される斬った張ったの活劇は鑑賞の対象ではなく、そこへ観客が観客であることを越えて登場人物の一員として即興出演するためのプロットでしかない。ヤクザ映画のオールナイト興行がそんな演劇的装置として機能していたとは、それまでは思ってもみなかった。私はそのことを体験的に気づかされて、やみつきになったのだった。

以来、池袋の「人生坐」か「文芸坐」や新宿の「昭和館」で、「昭和残俠伝」シリーズだけでなく「網走番外地」や「緋牡丹博徒」のシリーズのオールナイト上映にも「参加」。その数は優に二、三〇回は超えたはずである。だが、トリュフォーやゴダールの作品なら、「勝手にしやがれ」であれ「東風」であれ、その展開に今も記憶があるのに、上記の三シリーズのいずれも筋はろくにおぼえていない。それらが同工異曲なこともあるが、私にとっては、オリンピックではないが、〝参加することに意義があった〟からなのだろう。

その上で、今更ながら驚きを禁じ得ないのは、このような観客参加型の上映がよくぞ成り立ったことである。現在だったら、上映中に「異議なし」だの「ナンセンス」だのと叫んだだけで、顰蹙を買って排除されるだろう。ましてやヘルメットを被って入場しようものなら威力業務妨害で逮捕されかねない。私自身は目撃したことも実行したこともないが、ゲバ棒まで持ち込む文字通りの〝ゲバ学生〟もいたという。

にもかかわらず、それもご愛敬というか、迷惑や妨害とはとらず、さながら歌舞伎で大向うからの掛け声を許容する雰囲気が往時のヤクザ映画の上映館にはあったのである。いや、それどころか〝ゲバ学生〟以外にも飛び入り参加するものさえいた。その証拠に、「ナンセンス！」「異議なし！」の学生運動用語に同調するように、「いいぞ、健さん」「よし、いけ」といった普通の声援がまじるのを、私は幾度となく聞いている。

私の体験的印象からは、オールナイト興行では、私たち〝怒れる若者たち〟は必ずしも絶対的多数派ではなく、多種多様な観客がいた。終電に乗り遅れた背広姿のサラリーマンもいたし、フーテン族も、そして本物の渡世人もいたはずである。私の印象では、年齢不詳・職業不明の人々が多数であった。

そんな正体不明の観客たちもまた、率先して即興出演する〝ゲバ学生〟たちに呼応していた。そして、飛び入り共演まではしないものの、観客全員が拍手や笑いや歓声や怒号などで間違いなく「参加」をしていたのである。なぜこのようなことが起き得たのか。それは、ヤクザ映画のオールナイト興行が、「表の世界」にまつろわぬ者たちをはからずも引き寄せてしまったからではないか。その結果、「表の世界」から疎外された者たちが束の間逃避できる「アジール」を出現させてしまったのであろう。すなわち、疎外者たちが映画と一体化して、ルサンチマンを昇華させることでつくりあげられた「かりそめの祝祭空間」、それがヤクザ映画のオールナイト興行だったのである。

■エンタープライズ佐世保闘争と束の間のアジール

こうして私はヤクザ映画のオールナイト興行で〝疎外者たちのアジール〟を体感してハマってしまったのだが、それは、私に、つい数か月前の佐世保での「至福の体験」を思い出させた。

一九六八年一月、米原子力空母エンタープライズが佐世保に寄港することになった。これは、泥沼化するベトナム戦争に日本が加担することになるとの危機意識を私たちに抱かせた。前年の一〇月八日には、同じ理由から佐藤首相のベトナム訪問に抗議した羽田闘争で京大生が犠牲になったばかりであり、全国から多くの学生たちを佐世保へと向かわせ、私も羽田闘争に引き続いてそれに加わった。当初は、現地では〝招かれざる客〟となることを覚悟していたが、驚いたことに真逆の扱いを受けたのだった。

博多の九州大学の学生会館から急行「西海」で現地へ向かう途次の停車駅では、おにぎりが大量に差し入れられた。新聞報道を知って「学生さんはえらい」と感動した農家の主婦からだと聞かされた。終着の佐世保駅前でさっそくカンパをはじめると、ヘルメットへ札が次から次へと投げ込まれ、「学生、がんばれ」と励まされた。

自警団に追いかけられ羽田から蒲田の路地裏を必死で逃げ回った、四か月ほど前の第二次羽田闘争のみじめな状態とは大違いだった。翌日からは数日間にわたって、エンタープライズが停泊する米軍基地をめざして、平瀬橋上で全国から動員された機動隊と激突がくりかえされた。催涙ガスは経験済なので対処できたが、初体験の強烈な催涙液はこたえた。すぐに服を脱がないと皮膚がただれてしまう。そのままほうっておいた仲間の中には現地に留まって一月ほどの加療を要したものもいた。救援対策班からの指示で逐次水を浴びるのだが、それを近くでみていた普通のおばさんが手伝ってくれたのである。

〝陰ながらの応援と激励〟は現地の佐世保だけではなかった。

私と同じ東大駒場新聞会のメンバーだった島泰三も佐世保闘争に参加、自著の『安田講堂 一九六八―一九六九』（中公新書、二〇〇五年）で、佐世保から〝根城〟の九大学館へ戻る途次の車中で、分割民営化される以前の国鉄の車掌から

「ご苦労様です」と声をかけられ、右翼学生からは「礼を言いたい。本心を言えば我々も反対だ」と敬意を表されたと記している。

こうして〝ゲバ学生〟として世間から排斥の憂き目にあいつづけてきた私たちは、佐世保では思いもかけない「至福のアジール」を味わったのだった。だが、それはわずか数日で終わってしまい、しょせんは〝蜻蛉《かげろう》の命〟と思っていたところ、東京のヤクザ映画のオールナイト興行で、そのうたかたの「至福のアジール」が再現されたのである。

もちろん日大をはじめ折しもキャンパスに築かれつつあったバリケードの中にも、また三里塚のような地域闘争の中にも「アジール」は生まれた。しかしそこでは、構成員は学生たちだけ、あるいは農民と支援学生だけの〝内輪〟に限られていた。

その点、ヤクザ映画のオールナイト興行では、多種多様な疎外者を引き寄せ、「表の世界」にまつろわぬ者たちの「連帯の祝祭空間」が生み出された。そここそが「アジールの総本山」といっても過言ではなかった。

調べ直してみて、思いもかけない人物――てっきり「表の世界」の住人と思われていた大立者がその中にいたことを知って驚かされた。敏腕プロデューサーであり、作詞家、小説家としても知られた久世光彦（一九三五―二〇〇六年）である。当時、森繁久彌を主人公にしたテレビドラマ「七人の孫」（一九六五年）の脚本に向田邦子を起用して空前の高視聴率を稼ぎ出し、一躍テレビ界の寵児となっていた。その後も向田邦子とのコンビで「時間ですよ」（一九七〇年）、「寺内貫太郎一家」（一九七四年）の大ヒットでホームドラマの大御所になるが、それは私たち〝ゲバ学生〟たちからすると体制の補完物でしかなかった。

そんな久世が私たちとオールナイト興行でアジールを共にしていたのである。そして、そこで体感した「至福の時」を久世は次のように告白している。

「たとえ画面に白い雨が降っていようと、非常口の扉の隙間から下水の臭いが洩れてこようと、あるいはスピーカーの調子が悪くて、健さんの台詞や歌が割れて聞こえようと――『唐獅子牡丹』だけは《小屋》で観たいのである。（略）いざ殴り込みというシーンになると、前の席で思わずヘルメットをかぶり直すシルエットが、いくつも見えた。顔面蒼白の、痩せ細ったヒロイズムが、小屋いっぱいに身悶えていた。――そんな時代だった」（『マイ・ラスト・ソング――あなたは

最後に何を聴きたいか』(文藝春秋、一九九五年)

久世はホームドラマという「表の世界」には充足できず、「裏の世界」に何か生きる糧と着想を求めてやってきたのであろう。この多種多様な来訪者こそがヤクザ映画のオールナイト興行を「アジールの総本山」にしたのであり、〝ゲバ学生〟だけの〝内輪の祝祭空間〟だったらそうはならなかっただろう。

オールナイト興行が「アジールの総本山」になるためには、ヤクザ映画だけでは十分ではなかった。一般には映画本体が圧倒的主役で主題歌は脇役どころか、多くの場合は端役である。ところが「昭和残侠伝」の大団円では、高倉健がうたう「唐獅子牡丹」がにわかに主役となる。そこでは万有ならぬ〝万友引力〟が働いて、「表の世界」にまつろわぬ多種多様な者たちをぐいぐいと引き寄せるのである。いったいその〝万友引力〟の源泉は奈辺にあるのか? 実は、それは映画館でしか聞くことができない「禁断の歌詞」にあった。

「昭和残侠伝」が好評を博すなかで主題歌がレコード化され、ラジオなどでも流されるようになったが、それは映画の中で高倉健がうたうのとはまるで違っていた。

その違いの一部を紹介すると、以下のとおりである。

〈映画バージョンの一番〉
♪浅草《えんこ》生れの浅草育ち
極道風情といわれていても
ドスが怖くて渡世はできぬ
賭場が命の男伊達
背中《せな》で呼んでる唐獅子牡丹
〈映画バージョンの二番〉
♪親にもらった大事な肌を
墨で汚して白刃の下で

〈レコードバージョンの一番〉
♪義理と人情を秤にかけりゃ
義理が重たい男の世界
幼なじみの観音様にゃ
俺の心はお見通し(……)
背中《せな》で吠えてる唐獅子牡丹
〈レコードバージョンの二番〉
♪親の意見を承知ですねて
曲がりくねった六区の風よ

積もり重ねた不孝の数を
なんと詫びよかオフクロに
背中で泣いてる唐獅子牡丹

〈映画バージョンの三番〉
♪白を黒だと言わせることも
どうせ畳じゃ死ねないことも
百も承知でやくざな稼業
なんで今更悔いがあろ
ろくでなしよと夜風が笑う

〈映画バージョンの四番〉
♪流れ流れの旅寝の空で
義理に絡んだ白刃の喧嘩《でいり》
ばかなやつだと嘲《わら》ってみても
胸に刻んだ面影を
忘れられよか唐獅子牡丹

〈映画バージョンの五番〉
♪おぼろ月でも隅田の水に
昔ながらの濁らぬ光
やがて夜明けの来るそれまでは
意地でささえる夢一つ
背中で呼んでる唐獅子牡丹

積もり重ねた不孝の数を
なんと詫びよかオフクロに
背中で泣いてる唐獅子牡丹

＊レコードバージョンに対応する歌詞はなし

＊レコードバージョンに対応する歌詞はなし

＊レコードバージョンの三番と同じ

一読して明らかだが、映画バージョンは「反社会勢力」の礼賛ともとられかねない。そこでレコード会社はマイルド化をはかった。映画の主題歌は付け足しでしかない「映倫」では〝お目こぼし〟にあずかったが、歌が主役の「レコ倫」ではそうはいかなかったのだろう。

しかし、皮肉にも「レコ倫」による自主規制が、むしろオールナイト興行のいっそうの〝アジール化〟には幸いした。〝娑婆〟では聞くことができない「禁断の歌詞」を健さんと共にうたえる——これが〝万友引力〟となってますます多種多様なまつろわぬ人々を週末の深夜の映画館に引き寄せたのである。

久世はオールナイト興行の《小屋》に通って「禁断の歌詞」を暗がりの中でメモしたと前掲書に記している。そこでは映画バージョンの一番の「賭場《トバ》が命の男伊達」が「ショバが命の男伊達」と誤記されているが、日本テレビ界の超大物プロデューサーをそこまで執着させたことは、いかに「唐獅子牡丹」映画バージョンの歌詞の〝万友引力〟が強かったかの証といえよう。

「唐獅子牡丹」の作詞・作曲者（補作は矢野亮）は水城《みずき》一狼《いちろう》という東映の「斬られ役者」であることを、久世の前掲書で初めて知った。その水城一狼について久世はこう記している。

「あなたがたった一つ書いた歌を、いったいどれくらいの人たちが忘れられないでいるだろう。いまでも恋しているだろう。あなたがいなくても、七〇年安保はあっただろうが、もしあなたが書いた歌がなかったら、あの奇妙な安保前夜はなかっただろう」

異議なし！である。

「唐獅子牡丹」の産みの親が、「昭和残侠伝」シリーズで、毎回のように高倉健の殴り込みで最初に殺される「しがない斬られ役」だったとは、「奇妙な安保前夜」のオールナイト興行のたびに出現したアジールの歌にいかにもふさわしいではないか。そこは、言いかえれば、まつろわぬ疎外者たちが「表の世界」に対抗してひそかに打ち立てた「幻の共和国」だった。ルサンチマンを晴らし、いつの日か「世直し」のためにそこから撃って出るために密かに準備された「根拠地」であった。そして、そこで奏でられ全員が一体になれる歌が「唐獅子牡丹」であり、それはいってみれば「幻の共和国」

の「国歌」であったのかもしれない。

しかし、この「奇妙な安保前夜」は長くは続かなかった。突然暗転し疎外者たちのアジールもあえなく瓦解する。次々とキャンパスでバリケードが解除され、街頭でデモが鎮圧されたこともあったろうが、今から思い返すと、それを決定づけた最大の要因は、あさま山荘事件と内ゲバであった。

駆け出しの新聞記者として「奇妙な安保前夜」に同伴し、オールナイト興行にも付き合いつづけた川本三郎は、突然襲ってきた暗転を、「わが事」としてこう記している。

「六〇年代の若者にとっては、文化とは与えられたものではなく自分たちが発見していくものだった。六〇年代にはまだ個人の力が信じられたのである。だから学生たちは大学闘争やベトナム反戦のデモに参加し、シュプレヒコールを繰返した。東映やくざ映画の魅力のひとつも、そこにはまだ個人の力が発揮出来る場があったからである。

そして七三年一月一日、テレビの『緋牡丹博徒。お竜参上』の放映中に流れた、連合赤軍の森恒夫獄中で自殺という追い打ちをかけるような衝撃的なテロップによって、私たちはとどめを刺された。六〇年代は反抗の気概にあふれた素晴しい時代だったとは、もはや決していえなくなったのはこれ以降である」（『Marco Polo』文藝春秋、一九九三年七月号）

川本の指摘どおり、この時をもって、「唐獅子牡丹」は「表の世界」にまつろわぬ者たちを時に慰撫し時に励ましてくれる「幻の共和国」の「国歌」から、その突然の瓦解を悼む「挽歌」へと暗転したのだった。

■東大駒場祭のポスターで吠えた「唐獅子牡丹」

当時、オールナイト興行以外にも、全共闘運動が燃えさかったキャンパスで〝まつろわぬ者たちのアジール〟が生まれ、そこでも「唐獅子牡丹」が大きな役割を演じていた。

その象徴的出来事が、一九六八年一一月に東大教養学部で開催された駒場祭のポスターである。作者は、当時東大二年の橋本治（一九四八―二〇一九年）。東大のシンボル記章である銀杏《いちょう》の入れ墨をほった若者の背中が描かれ、そこに「とめてくれるなおっかさん、背中のいちょうが泣いている　男東大、どこへ行く」のコピーが添えられていた。高倉健主演の「昭和残侠伝」の主題歌「唐獅子牡丹」を下敷きにしていることは明らかである。

「表の世界」の頂点に君臨する東大と、「裏の闇世界」のヤクザが掛け合わされるという、〝平時〟ならおよそ考えられない組み合わせだが、翌一九六九年一月の安田講堂攻防戦に向け東大構内の多くの学部で次々とストライキ決議が上がり、バリケードが築かれるという〝戦時下〟にあったからだろう、当時のマスコミはこの思いがけないネタにこぞって飛びついた。

ちなみに朝日新聞、一九六八年一一月二二日夕刊では「背中で泣いてる校章　駒場祭のポスター　タッチはヤクザ映画風」の見出しを掲げて、次のように報じられた。

「二十二日から始まった東京大学教養学部の駒場祭で、ヤクザ映画の宣伝めいたポスターが、話題になっている。他大学の構内や駅にもはられたこのポスターをみて『ゆずってほしい』という要望が主催者のもとに殺到し、残部が一枚二百円でもうあらかた売切れてしまった」

しかし、このポスターはヤクザ映画を下敷きにした単なるパロディではない。当時のキャンパスの状況をふまえた橋本なりのひねりがきかされていた。当の映画の主題歌では、映画バージョンでもレコードバージョンでも、

♪積もり重ねた不孝の数を／なんと詫びよかおふくろに

橋本治の「とめてくれるなおっかさん」（「東大駒場祭」のポスター）

とある。つまり健さん演じる花田秀次郎から母親への「事後の詫び状」である。これに対して、橋本のポスターでは、母親が止めるのを振り切る「事前の決意表明」にシチュエーションが変えられている。

これは、往時の「キャラメルママ」――〝ゲバ学生〟になってしまった息子たちに、「そんなつもりで天下の最高学府に入れたわけではない、改心なさい！」と本郷の赤門前で白い割烹着姿でキャラメルを配る母親たちの動きへの揶揄であった。

さらに、コピーの中の「男東大、どこへ行く」のくだりについては、当時はジェンダー論が未熟だったからよかったが、現

在なら「男尊主義」と指弾されただろうという指摘もある。だが、当の橋本は、そんなことはとっくに御見通しで、「東大は男の世界」であることを暗に皮肉ったのではないだろうか。（ちなみに駒場の一学年の定員三四〇〇人にうち女子はいまだ一〇〇人を少し超えたにすぎなかった）

なお、当時駒場の活動家のあいだでは、この「男東大、どこへ行く」をさらにパロって、「女革マル、どこへ行く」と彼らの東大闘争における「日和見」を揶揄したが、むしろこちらのほうが女性を「軟弱」の象徴と規定しているわけで、当時の左翼運動の「男尊主義」をはからずも露呈したようなものだった。

実は橋本治のポスターは日の目をみない可能性があった。

駒場祭では毎年、ポスターは在学生約六〇〇〇人から公募され、その採否は「駒場祭実行委員会」によって裁定されることになっていた。それは当時フロントという穏健な構造改革派グループが執行部を握る文化系・運動系サークルの連合組織「学友会」を母体に選出されていたが、その中に一人だけ〝鬼っ子〟の委員がいた。新左翼系党派の拠点でもあり筆者も所属していた「東大駒場新聞会」のメンバーで私の後輩のＩである。

応募作品の選考会でのことである。

会議に遅れてやってきたＩに、他の委員が口々に「これが面白いと思うのだが、どうでしょうか」と、会議室の壁に貼られた最終選考に残った一〇枚ほどの作品の一枚をしきりに推奨する。それが橋本治のポスターだった。

駒場祭実行委員会ではフロント系は圧倒的多数派ではあるが、「全会一致」が原則なので、駒場の運動を主導する年上のＩの反応が気にかかったのであろう。（Ｉは後に東大駒場のストライキ実行委員会の委員長になる）

「闘争のさなかに、こんなふざけたのはだめだ。それにヤクザ映画は右翼チックだし」

と却下されるのではないかと内心恐れていたらしい。

しかし、「いいんじゃないの、これ」とＩが即座に答えたので、他のメンバーは安堵、これで橋本治の作品は「歴史の証言者」として残ることになったのだった。

いっぽうＩはＩで、穏健良識派のフロントがよくぞこんな「常識外れ」を選んだものだと内心で驚いたが、今から振り返ると、東大闘争が高揚・深化していくなかで、穏健良識派のフロントも若手を中心に戦闘化、そうした彼らの意識と行動の変容が、「型破りのポスター」を選ばせたのではないかと思われる。

　しかし、Iによると、当時の駒場の東大生のどれぐらいが橋本治のポスターの下敷きとなったヤクザ映画を体験的に理解していたかは疑問であるという。むしろこのポスターで、その存在を知って見に行って病みつきになった東大生もかなりいたのではないだろうか。その証拠に、ばりばりの活動家であるI自身も、本来なら「せな」と読むべき「背中」を「せなか」と呼んでいたからだ。

　いっぽうで、この橋本治のポスターは、東大闘争の一面でもあった「文化革命」「文化的反乱」の先行的な表れであったのかもしれない。というのも、翌年の一月に安田講堂が〝落城〟して四か月たって闘争が終焉へと向かうなか駒場で開催された「三島由紀夫との対論」にもつながったともみてとれからである。

「東大焚祭《ふんさい》」と銘うたれたその集会で、三島は、彼一流の「文化防衛論」を学生たちと闘わせるなかで、「もしきみたち東大全共闘が天皇制を認めたら共に決起してもいい」と千人超の学生たちに檄を飛ばし、それから半年後、市ヶ谷の防衛庁本部へ突入、自衛隊員に決起をうながすも容れられず自決する。「覚悟の死地」へと赴く道すがら、最後まで行動をともにした親衛隊である楯の会隊員たちとうたったのは「唐獅子牡丹」だったと伝えられている。

「唐獅子牡丹」は、東大全共闘と三島由紀夫の「最期」を見届けた〝同伴者〟でもあったのである。

■「唐獅子牡丹」のモデルは畏友の祖父

最後に、個人的体験を記して、泉下の畏友への謝辞としたい。

私にとって「唐獅子牡丹」が忘れえぬ歌なのは、前述した世代的共通体験にくわえて、〝現物〟の唐獅子牡丹の彫り物が、歌を聞くたびに、私の脳裏に色あざやかに立ち上がってくるからである。

それは奥多摩に寓居を構えていたさる人物の背中の彫り物が私の脳裏に焼き付いて消えないためである。

その人物とは飛田勝造。高倉健が主役を演じた「昭和残侠伝」の第二作「唐獅子牡丹」のモデルとされている。

私はその飛田勝造の孫の飛田春樹と六年制の中高一貫校で同級だった。彼と生涯の友となるのは、毎年あるクラス替えで初めて一緒になった高校一年のときからである。飛田が午前中にくることはまずない。よくて二時限、しばしば午後に顔を出す。その言い訳がふるっていて、「青梅の山奥から二時間かけてきている」。私たちの学校は港区の芝公園にあった。どれほどの山奥なのか興味を覚えて、あるとき帰宅に同行した。

今のように直通の青梅特快はなく、立川で青梅線に乗り換えて、飛田のいうとおり優に二時間はかかってようやく辿り着いたのが、これが都内の国鉄の駅かという貧相な東青梅駅。そこからさらに一〇分ほど歩いて、こんもりした丘に突き当たると、大きな看板が見えた。

「日本人だぞ　東山園」

と墨文字で大書してある。見上げて首をかしげる私に、飛田は、「東山《とうざん》」は祖父の号で、井上某とも昵懇だと説明した。だが、理科系志願の私は歴史が不得意科目で、井上某が戦前、「一人一殺」で恐れられた右翼テロリスト組織「血盟団」の頭目の井上日召だと知るのはずいぶん後のことだった。

二万坪はある広大な敷地には、さまざまな庭木が植えられていた。公園向けの造園が家業で、祖父・東山翁《おう》の戦前からの右翼人脈によるものだというのも後で知った。

農園の中腹の平坦な場所に平屋の純和風母屋があって、木造平屋の別棟が翼をひろげており、その中に飛田の一人部屋があった。猫の額の庭しかない社宅に親子四人暮らし、妹と相部屋だった私にはなんともうらやましかった。それだけではない、広大な敷地で空気銃を打ち合ってゲリラごっこをしたり、隣接する青梅ゴルフ場に入り込んでプレイの真似事をしたりと、とても都心ではできない体験に味をしめて、週末になると、親には勉強をすると称してしばしば飛田家へ泊りがけで出かけるようになった。（そのうち、高校生の小遣いでは手が届かない創刊したての『ガロ』を飛田が定期購読、白土三平の「カムイ伝」を読めることで東青梅行がますます病みつきになった）

東山翁の「過去」については、時折、孫の飛田から断片的に聞かされるだけで謎のままだったが、翁が何者であるかをはっきりと認識させられる時がやってきた。

夏だったと思うが、風呂上りの翁が、母屋の縁側で、もろ肌を和服姿の夫人に団扇であおいでもらいながら涼んでいるところを、たまたま母屋に立ち寄った折りにみかけたのだった。背中はもちろん、二の腕と両の腿にまで描かれた彫り物は、さながら浮世絵の傑作をみるようで、私は思わず息を飲んだ。

そのとき、以前、飛田から聞かされた東山翁の武勇伝が私の脳裏によみがえった。

戦前の芝浦で、来日したドイツのサーカス団をめぐってトラブルが起きた。沖仲士たちが猛獣の扱いを理由に荷揚げを拒否。日独の外交問題に発展しかねなかったところ、猛獣何するものぞと東山翁率いる飛田組が引き受け、大いに名をあげたという。おそらく猛獣の中には百獣の王もいたはずで、翁の背中の唐獅子牡丹がそれと重なって、私にとってはそのときの情景をいっそう忘れえぬものにした。

東山翁とは顔を合わせるだけでなく、食事もなんどか一緒にさせてもらったが、こちらが「おじゃましています」と挨拶をすると、「おう」と声をかけて頷くだけ、たまに「ゆっくりしていけ」が加わるだけだった。それでも印象に残る会話らしきものを交わしたことが二度あった。

一度は高校時代、例によって同級生数人と飛田家に泊まり、取り置きの酒を飲みほしてそのまま寝てしまった。いつもなら老書生のSさんが気をまわして早朝に片づけてくれるのだが、あいにくこの日は病気かなにかで、私たちの「宴の跡」がそのまま残されて、それを東山翁に見とがめられてしまった。

「以後出入禁止」を覚悟したが、「自分の始末は自分でつけろ」と言い残して去っていった。

二度目は私が現役で大学に入り、学生運動に参加したことを浪人中の飛田が夕食の話題にしたときだった。それを聞いていた東山翁がめずらしく言葉を発した。

「最高学府にまで行って、お上にたてつくとは見上げたもんだ。とことんやれ」といってから、「ただ徒党を組むのはいただけない。やるやら一人でやれ」

そのとき私は「やれ」を「実行しろ」の意味だととったが、後でかつて飛田から聞かされた「一人一殺」の血盟団と翁の関わりを思い出して、「殺れ」の意味ではなかったかとギクリとさせられた。

飛田は浪人中も私が活動する東大駒場のキャンパスに出入り、デモや学習会にも参加しながら翌年、中央大学法学部に入学した。東山翁はそれをさほど喜ぶ風情はなかったが、さっそく飛田が学生運動にかかわるやみるみる頭角を現わし、昼間部全学自治会の副委員長となったのを知ったときは大いに喜んだらしい。自分の血を引いていると思ったのだろうか。

■「唐獅子牡丹」モデル「裏世界のドン」に高倉健が私淑!?

さて、東山翁の彫り物と侠客ぶりへの言及はこれぐらいにして、肝心の映画の主題歌の唐獅子牡丹について記そう。

私の記憶では、東山翁が「昭和残侠伝」の第二作で高倉健演じる主役のモデルになったという話は、当の東山翁からも孫の飛田春樹からも聞いていない。飛田から聞かされたのは、芥川賞作家の富澤有為男《ういお》による『侠骨一代』という東山翁の伝記物があって、これが東映で映画化され、実家でロケがあるというものだった。

調べてみると、「侠骨一代」は、東山翁がモデルとされる「昭和残侠伝　唐獅子牡丹」（一九六七年一月公開）の一〇か月後の同年一一月に公開された。高倉健と藤純子の二枚看板という豪華キャストにもかかわらず、「昭和残侠伝」ほどには話題にならなかったが、ストーリーは原作の翁の武勇伝を下敷きにしている。いっぽうの「昭和残侠伝」の粗筋は東山翁の人生とは別物である。

ずいぶん後になってからだが、東山翁が「昭和残侠伝」のモデルというだけでなく、高倉健が翁の生き様に感銘をうけ飛田家を何度となく訪れたという話が私の耳に届いた。私はにわかには信じられなかった。高倉健が東山翁に「私淑」したというのが真実であれば、「昭和残侠伝」の制作中だから一九六五年か六六年。私は大学一年か二年で、飛田の実家に頻繁に出入りしていた。そんな「大事件」を知っていたら、ミーハーな私はデモの一つや二つはさぼって飛田家に出かけて健さんからサインをもらい、周囲に自慢していたはずである。そして、冒頭で紹介したように友人に誘われるまでもなく、とっくにヤクザ映画にハマっていただろう。

おそらく「モデル問題」は、同年代に公開された「侠骨一代」と「昭和残侠伝」とが混同されたことによるものではないか。それよりも私の関心を惹いたのは、どちらの映画でも主役を演じた高倉健が東山翁に「私淑」したという伝聞である。ありうるとすれば、東山翁の許に高倉健がお忍びで通ってくることを高倉健のことを慮って外には生涯洩らさず、それゆえ私ごとき「周辺分子」には伝わらなかったのかもしれない。

銀幕の大スターが挨拶にきただけで、普通なら周囲に吹聴するものだが、映画以上に任侠の世界を生きている東山翁はあえて秘したのであろうか。

今回改めて伝記など資料をあたってみたら、孫である飛田春樹から聞かされていた東山翁の人生はほんの一部でしかなかった。

十代までは小学校中退の手におえないほどのワルだったが、腕と度胸で人入れ稼業（労務者派遣）で頭角を現わし、戦中は土木、建築、荷役、造船などにかかわる中小の労務者をたばねて「全日本労務者報国会」を組織、また「前科者」を使役して東京の水がめの小河内ダム建設にあたった。戦後は、「戦争協力者」としてGHQから「労働追放」をくらって東青梅に蟄居、農耕生活をするかたわら五千万円の「浄財」をあつめて川合玉堂美術館を設立、晩年には建設官僚の推挙でなんと勲二等に相当する天皇賜杯を受けている。これほどの「裏の世界の大立者」だったとは知らなかった。そんな素振りを周囲には露ほどもみせないところこそが、真の「俠客」なのだと認識を新たにした。私が生きてきた「左翼リベラル世界」では、徒党を組み、時にデモや集会の数を誇張して自らを大きく見せるのが習いであったが、これとは真逆の作風である。

高倉健が「私淑」したとの〝尾ひれ話〟が流布したのも、そんな東山翁の「俠気」に健さんが感銘を覚えたからなのかもしれない。

■「俠」を失った「義」は暴走する

最後の最後に、東山翁の孫のわが畏友、飛田春樹について記しておかなければならない。飛田もまた祖父ゆずりの「俠気の人」だった。

前述したように彼は浪人中は私の属している政治グループの集会に参加していたが、中央大学へ入ってからは私とは別のグループに加わった。お互い組織的には時には敵対する関係にあったにもかかわらず、私が困ったときには、しばしば手を差し伸べてくれた。たとえば、「出来ちゃった結婚」で下宿を引き払う羽目になったがカネの算段がつかない、それに窮した私はダメもとで飛田に相談したところ、彼の運動仲間に声をかけて引っ越しを手伝ってくれた。

飛田の「俠気」は私の友人にまで発揮された。

ペルーの在留邦人がゲリラによって同地の日本大使館に四か月近く軟禁される事件がおきた。その一人に私の友人がいて、九死に一生をえて帰国した。頸動脈に黒く一筋、弾丸がかすった跡があったと話すと、「そいつはたいへんだった」と新宿の副都心で「帰国慰労会」を開いてくれたのも飛田だった。

同じく私の友人から、デスクワークに行き詰まったので庭師に転職したいと相談されたとき、その友人を祖父の跡を引き継いだ造園業の「見習い」として引き受けるといってくれたのも飛田だった。

飛田の「俠気」からうけた恩義はまだまだあるが、それらのほんの一部でも返すことは叶わなかった。病いを得て妻と子供を残してさっさと逝ってしまったからだ。見舞って祖父の東山翁の思い出話をする暇もなかった。「じゃあ、お先にな」といわんばかりの、いかにも「俠気の人」らしいあまりにも潔すぎる永訣だった。

東青梅の自宅で行なわれた葬儀に参列したが、焼香までに一時間はかかった盛大なものだった。飛田と私をつなぐ〝元運動系〟の会葬者はごくごくわずかで、祖父と孫の「俠気」の恩義にあずかった人々がこんなにもいたのかと、祖父と孫の「俠気の世界」を垣間見た気がした。あいつは一時は「こっち」にきていたが、もともと「あっちの世界」の住人だったのだと思い知らされた。しかし、右と左の違いはあったが、ともにお上にはまつろわぬアジールの住人であったことが私と飛田春樹との間に「生涯の契り」を結ばせたのだろう。

古来、「義」と「俠」は対の関係にある。「俠」を失った「義」は暴走する。思えば、飛田春樹と私が共に青春をかけた一九六〇年代の運動の結末もその典型であった。

♪第一〇話

万博の〝笛吹男〟は収容所《ラーゲリ》帰りの〝赤色浪曲師〟だった

「世界の国からこんにちは」歌・三波春夫ほか（作詞・島田陽子、作曲・中村八大、一九六七年）

■国民総動員歌のサブリミナル効果

戦後から三〇年、私たちベビーブーマーも思春期を過ぎた。疾風怒濤の政治の季節もそろそろ終わるのではないかとの予感があった。そんな気配のなか、「♪こんにちは、こんにちは」を連呼する歌が、ラジオやテレビ、パチンコ屋をはじめ巷でさかんに流れるようになった。

正式名称は「世界の国からこんにちは」、俗称「万博音頭」である。

能天気なまでの明るさに当時の私はとてもついていけなかったが、タコになった耳から記憶中枢に侵入、覚えたくもないのに、パチンコの玉をはじきながらついつい口ずさんでいる自分を許せなく思ったおぼえがある。なぜ許せないのか、往時は一九六〇年代後半のベトナム反戦と大学紛争の残り火がまだくすぶっており、全共闘の残党としてその末尾に加わっていた私にとっては、万博は「フンサイ！」の対象だったからだ。そんな万博反対の私が口ずさんでしまうのだから、自分を許せないと感じると同時に、「この歌はあなどれない、用心、用心」

三波春夫「世界の国からこんにちは」（テイチクエンタテインメント）

と内心おそれたものだった。

今から考えると、それは「こんにちは」を繰り返すサブリミナル効果だったのだろうか。六年前に万博と同じく国家の威信をかけた東京五輪のテーマソング「東京五輪音頭」（作詞・宮田隆、作曲・古賀政男、一九六三年）と比べてみると、サブリミナル度の違いは瞭然である。

「東京五輪音頭」は、「♪あの日ローマでながめた月が／きょうは都の空照らす／四年たったらまた会いましょと……」と、ストーリーがあり歌謡曲の体裁になっている。

ところが、「世界の国から～」は、「♪こんにちは　こんにちは　西のくにから／こんにちは　こんにちは　東のくにから／こんにちは　こんにちは　世界のひとが／こんにちは　こんにちは　さくらの国で……」と「こんにちは」が連呼され、歌詞を三番まで平がなで読み下した文字数にしめる「こんにちは」の比率は二九七文字対一六五文字でなんと五五・六パーセント。これでは歌謡曲というより、社名のジングルを連発するCMソングである。国家的イベントに国民を総動員するための「ハメルンの笛」には、あきらかに「世界の国から～」が向いているのはいうまでもない。

では、いったいどれくらいの日本人が「万博の〝こんにちは〟笛」に惹かれて大阪は千里丘陵へと連れて行かれたのか。調べてみたら、これがすごい。

一九七〇（昭和四五）年三月一五日～九月一三日のべ一八三日間の総入場者数は六四二一万八七七〇人。なんと国民の半数以上が参加するという万博史上最多を記録。この数字は、七〇三〇万人を動員した二〇一〇年の上海万博まで破られなかった。当初、主催者側は三〇〇〇万人を目標値として想定。ところが、事前にアメリカのスタンフォード・インスティチュートに対し、破格の費用を払って予測調査を依頼したところ、「一八〇〇万人」。この数字がマスコミにとりあげられ、主催者側は窮地に追い込まれた。しかし、結果は、予測値の三・五倍を超す入場者を記録したばかりか、その内訳（地域別、年齢・職業別など）も予測とは全くかけ離れたものだった。

大阪万博が閉幕した翌々日、スタンフォードインスティチュートから一通の電報が届き、そこにはこう書かれてあった。

「今回予測調査に当たった六人の研究者全員を即日解雇し、調査の失敗を深謝する」

予測の先進国のプロフェッショナルたちを読み誤らせたこのエピソードは、いかに当時の日本人がお祭り気分に酔いしれてご機嫌だったかを物語っている。

もちろんこれには相当数のリピーターが含まれていたのではないかというのが私の「予測」である。当時東京にいた私の感触では、関西はともかくも、箱根の山から東では高い新幹線代を払ってまで大阪へ出かける人はそれほど多くはなかったように思えたからだ。そこで、私以外は普通のおっさんとおばさんが常連の行きつけのカラオケスナックで半世紀後のリサーチを試みた。「あなたは一九七〇年大阪万博に行きましたか？」。結果は、「行った」は一二人中三人。それもすべて一回のみ。さらに電話で大阪在住の友人たちにご機嫌うかがいを兼ねて同じ質問をした。結果は「行った」は一〇人中なんと八人。そのうち一回のみは二人。二回三人、三回二人、中には五回もいったものもいた。往時は学校の修学旅行や社会見学にビルトインされていたらしい。行かなかった一人の元全共闘仲間は、「ほんとはめっちゃ行きたかった。でもわしらハンパク（反万博のこと）やろ。思想つらぬくの、つらかったで」と半世紀後の告解をされた。

というわけで、私の推定では一人平均二、三回は行っているのではなかろうか。すると正味の入場者は二〇〇〇～三〇〇〇万人。スタンフォード・インスティチュートはさほど間違っていなかったのかもしれない。そもそも彼らは、大阪人は横断歩道の青信号が待ちきれないほどの「いらち」で、人気パビリオンの長蛇の列に並んで待つぐらいなら、また電車に三〇分乗ってくればいいという大阪ならではの特殊事情があることを知らなかったのではなかろうか。それにしても正味二〇〇〇万人でもすごい数だ。

そのうえで私の予測では「仮想動員数」はさらにふえて正味七〇〇〇～八〇〇〇万人を優に超えたのではないかとみている。その根拠は、七〇年安保のデモ帰りに寄った居酒屋で耳にした会話である。テレビでは「月の石」を展示したアメリカ館をはじめ人気パビリオンには行列が延々とできているなどと、連日のように万博のニュースが流されていたが、必ずといっていいほどバックに「♪こんにちは、こんにちは」が流れ、太陽の塔が映し出される。これを見てあるおっさんが、「♪こんにちは、こんにちは」とろれつの回らない節回しでうたいながら、こういったのだ。

「これだけ聞かされりゃ、行かなくても行った気になっちゃうよな」

そう、行かなかった人も行った!!のである。孫子の兵法を援用すれば、動員・集客せずしてある事業に参加させることに成功したのだから、これぞナショナル・キャンペーンとしては最上の策であった。いうまでもなく、これを可能にした勲一等は、私が思わず口ずさんでしまったあの「♪こんにちは〜」の歌である。

■八社競作でダントツの三波春夫盤

しかし、はたしてこの「大阪万博の歌」がもつ動員力の源泉は歌詞のサブリミナル力によるものだけだろうか。いや、歌詞よりも伝え手（歌手）の力が大きいのではないか。万博を知っている世代なら、「東京五輪音頭」をうたっていた印象もあって、「大阪万博の歌」も三波春夫だとてんから思った、いや今も思っているのではないか。「大阪万博」といったとたん、三波のあのハリのある声が「こんにちは、こんにちは」と脳の奥底から響いていてくるのではないだろうか。かくいう私も今回調べるまではそうだった。しかし、この歌は三波春夫の持ち歌と思われているようだが、実は「東京五輪音頭」にならってレコード会社各社の競作だった。

万博に先立つ二年前に毎日新聞によってテーマソングが一般公募され、大阪の詩人・島田陽子の「世界の国からこんにちは」が選ばれ、これに中村八大が曲をつけた。そして、テイチクの三波春夫をはじめ、坂本九（東芝）、吉永小百合（日本ビクター）、山本リンダ（ミノルフォン）、叶修二（日本グラモフォン）、弘田三枝子（日本コロムビア）、西郷輝彦・倍賞美津子（日本クラウン）、ボニー・ジャックス（キングレコード）の競作盤がリリースされたのである。総計で三〇〇万枚を売り上げ、その中でもっとも売れたのが一四〇万枚の三波春夫盤で、かなり水をあけられての二位が坂本九盤だった。

三波のヒットの原因は一般にはこうみられているようだ。万博というモダンなイベントに和服でうたうというサプライズ演出にくわえて、例の「三波春夫でございます」「お客様は神様です」のつかみのパフォーマンスが効を奏し、以来、三波は和服で歌謡曲をうたう歌手のはしりとなったのだと。だが、私はその「定説」を採らない。

なぜ三波がもっとも売れたのか。より正確にいうと、なぜ三波は〝万博の笛吹男〟になれたのか。私の見立ては、「三波の出自が〝共産主義浪曲師〟だったから」である。冗談でもなんでもない。それは本人自身が伝記で述べている実話である。私自身も七〇年万博開催当初は知らず、後に平岡正明の『三波春夫という永久革命』（作品社、一九九六年）を手掛かりに知ったのだが、三波は実家が落魄《らくはく》したため新潟の寒村から上京、米屋で丁稚奉公をしながら浪曲師になるも終戦間際に応召、満州でソ連軍の捕虜となってシベリアのラーゲリ（強制収容所）に収容され、そこで〝赤色教育〟をうけ「筋金入りの共産主義者」となって帰国する。洗脳から脱するが、浪曲師としてウケるために、ラーゲリ仕込みの文化宣伝手法をどう駆使したかについて、三波は実にあっけらかんと語っている。

「私の場合は、都々逸や民謡が多かったのですが、これが思い切って朝鮮の民謡を歌うようになってから、格段と受けがよくなりました。一種の新しさを、お客様に感じていただけたのでしょう。浪曲のお定まりの黒紋付きから華やかな色物の紋付袴に着替えて、三味線もにぎやかに太鼓を加え、高座の演台もとりのけて、ガラッと雰囲気を変えました。そこで、ワァッと拍手がきたところで、シベリア仕込みのアリランやトラジを歌う。足をポーンと蹴りあげる朝鮮舞踊の振り付けで花道へ出て行きますと、もう舞台と客席とが一体となるのでした」（『三波春夫でございます』講談社、一九九三年）

やがて三波はもはや浪曲に未来はないと、これまたシベリア仕込みの論理で判断、歌手へと転向して成功するが、なぜか彼の名声と地位を高らしめた「大阪万博の歌」については語っていない。嫌や嫌やうたったのか。そんなことはあるまい。ひょっとして、またぞろ「主義者」が内面で鎌首をもたげたのに気づいてあえて秘したのか。そう勘ぐって、「世界の国からこんにちは」を聞きなおしてみると、この歌は共産主義がもっとも得意とするプロパガンダソングではないか。底抜けの明るさといい、限りない未来信仰といい、そしてサブリミナル効果といい、さながら某半島の某独裁国で流される歌と同工異曲である。

であればこそ、それは元共産主義者の三波にはお手のものであり、とても吉永小百合以下のやわな芸能人歌手などは三波の足元に及ぼうはずもない。名だたる有名歌手と競合して三波がぶっちぎりで圧倒したのは当然といえば当然だったのである。和服が受けたからというのも、前述の浪曲へのアリラン活用と同じで「共産主義」に学んだ方法論から生まれた手練手管の一つにすぎない。

■異形のモニュメント、岡本太郎の「太陽の塔」

国民の大半を駆り立てた強力な原動力は、三波による「万博の笛吹唄」以外にもう一つあった。それは岡本太郎の「太陽の塔」だ。これを見た人は吹聴したくなり、それがまた人を呼ぶ。私も本稿のためにはじめて現物をみて圧倒された。

写真に撮るだけでなく売店でフィギュアまで購入してしまった。そして前述した半世紀前の居酒屋のシーンの続編を思い出した。おっさんの飲み仲間がテレビに映った「太陽の塔」を指さしてこう呼応したのである。「三波春夫の歌もだけど、このとんでもない代物をさんざ見せられてるとさ、もう行ったのとおなじ気分になっちゃうよな」

三波の歌と岡本の塔、まさしくこれが国民総動員の二大ツールであったことは間違いない。逆を考えてみればすぐにわかる。大人気の「月の石」があっても、もし万博の「笛吹唄」と「異形の塔」がなかったら、国民の半分を動員し、国民の大半を「行かなくても行った気分」にさせられただろうか。もちろん答えは「否」である。

と、ここまでの筋立ては、われながら理路整然としてマルクスレーニン主義教育をうけた三波春夫にも、実に論理的だと同意してもらえるだろう。しかし、はて困った。ある矛盾に立ち至ったのである。二大動員ツールである「歌」と「塔」の親和性への疑念である。すなわち、両者は少なくとも足し算、さらには掛け算になったのか。もっとわかりやすくいうと、三波春夫と岡本太郎は互いを評価しあっていたのか。一般には、二つの広報宣伝ツールがあった場合、両者に親和性があれば大いなる相乗効果を発揮する。逆に二つのツールがいかに有力であっても互いに打ち消しあう関係だと、全体としてはマイナスに働く。では三波と岡本の間はどうだったのか。

私は、「♪こんにちは、こんにちは」と三波の歌を口ずさみながら、いま一度、太陽の塔を見上げて、つくづく思った。どうみても両者はあいそうもない。

そこで岡本が三波の歌をどう感じていたのかを調べてみたが、当人の直接の証言をみつけることはできなかった。しかし、戦前戦後歌謡界を代表する藤山一郎の交遊録のなかに、面白い「証言」を発見した。岡本と藤山が慶応幼稚舎（小学校）と普通部（中学校）で同級生、それも後にゴルフをするほどの生涯の親友であったことは、不明にして今回はじめて知ったが、こんなコメントである。

「（岡本太郎は）たしかに絵はうまかった。ところが、絵よりももっとうまいのはピアノであった。普通部の何年生のときだったか、講堂からベートーベンの『ムーンライト・ソナタ』のピアノが流れてくる。その調べは正確無比で非のうちどころがない。『だれだろう？』と思ってのぞいたら、タロウ君だった。カレはその方面でも、十分やっていける才能があった」

「もし、ジャズが大正一ケタの早いころから日本に入っていたら、カレはジャズピアニストになっていたような気がする。ジャズは、テンポ、リズム、ハーモニー、フィーリング、フレージングといったものに敏感でなければ演奏できない芸術だが、タロウ君はそのどれもすばらしい才能を持っていたからだ」（藤山一郎「わが友・岡本太郎君」、夕刊フジ「人間グリーン」一九七六年一二月一二日、一四日）

この証言からも、クラッシックとジャズ好みの岡本が、三波の浪曲調のプロパガンダソングを評価するとは考えづらい。

いっぽう三波は太陽の塔と岡本をどう見ていたのか。「傍証」となりそうなこんなコメントがある。

「山田耕筰が彼（三波春夫）を高く評価していたことは有名であり、又、民族音楽の研究家、故・小泉文夫氏も彼と対談した後、『彼のような芸術家とあうことはまことに胸躍る体験であった』と書いている。〝芸術家〟とは、三波春夫にはいかにも不似合に思えるが、三波自身、自らをはっきりと『芸術家』として認じており、自著のなかでもそう称することをはばからない。もっとも彼の言う『芸術家』とは大衆（具体的に言えば、彼のファンである〝観客〟）に対して明確な戦略をもって自分の芸（歌）を位置付けている、といった意味ではないかと思う。要するに、彼はマルクス・レーニン主義的に自分の芸を位置付けているのだ。つまり最もオーソドックスな意味で大衆芸術家である。このように明瞭に、かつ大胆な自己認識は『芸術は生命力の爆発である』の岡本太郎にも似ているようで、その臆面のない『芸術家ぶり』は、いっそうさわやかな印象を人々に——とりわけ複雑に屈折した心理をもつ（たとえば小泉氏のような）インテリに与えるのではないか」（南原四郎『歌謡界銘々伝』パロル舎、一九九四年）

■丹下健三が万博に込めた「大東亜共栄圏」

この三波評価は間違っていないと私は思う。となると、「芸術家同士はむしろあわない。とりわけ両者が自らを芸術家と自認している場合はなおさらである」の原則が当てはまる。

さて、弱った。両者に親和性がないとなれば、相乗効果は期待できない。それどころか、効果は減殺されマイナスに働く。なのに、なぜあれほどの動員力を発揮しえたのか。いや、よくよく考えると、むしろここにこそ大成功の秘密がある。

上記の「親和性による相乗効果の法則」はそこそこのイベントに当てはまるにすぎない。その法則を超えているところに、七〇年大阪万博というイベントが大化けして「歴史的」となった理由があるのではないか。さらに重要なのは、実はそこにこそ万博が内包する根源的な問題点があったのだが、それについては最後で詳しく述べる。

国民は「万博の歌」と「太陽の塔」がマッチしていなくても、そんなことはどうでもよかった。通常のお祭りなら両者の矛盾は人々をしらけさせるが、この時の日本国民のほとんどはとにかくお祭りに参加したくてうずうずして、前のめりになっていた。「笛吹唄」にのせられて連れて行かれたのではなく、いい音色が聞こえきたので喜んでついて行ったのだ。行った先の「異形の塔」が「笛吹唄」とどうもしっくりこなくても、何かに驚きたいと思っていたのでそれを満足させてあまりあるものを目前にして喜んで飛びついたのである。

こんなイベントは空前絶後であった。そう、過去にあったとすれば、それは七千万日本国民が戦争にうって一丸となって参加した戦時の国家総動員であろうか。

さらに岡本太郎の太陽の塔は、万博の根源にかかわるところで矛盾をはらんでいた。その矛盾について、岡本太郎の生涯にわたる秘書兼同伴者であった岡本敏子が、太郎の死後に太郎の「本意」をこう代弁している。

「岡本太郎はそのテーマに楔を打ち込むつもりで、あの《太陽の塔》を作ったのね。進歩主義一辺倒になってしまいそうな万博に、わざと、どかんと正反対のものをぶつけた。進歩などという概念を超えて、大地からむくむくとのび、生えあがったような、生命力に満ちた人間像。無邪気でおおらかで、宇宙全体と響きあう原始神のようでもあり、根源的な人間の姿のようでもあるでしょう」（『岡本太郎　岡本敏子が語るはじめての太郎伝記』株式会社アートン、二〇〇六年）

つまり岡本太郎が太陽の塔にこめたのは、「人類の進歩と調和」という大阪万博のテーマへのアンチテーゼだというのである。では、それをぶつけた相手は誰か？　いうまでもない総合プロデューサーである〝世界の丹下健三〟だ。これは私だけの推論ではない、往時から現在まで多くの識者が指摘しているところだ。それは、万博のテーマを体現するシンボルとして丹下自らが設計した中心施設「お祭り広場」に仕掛けられた。リフトアップ工法で持ち上げられた「大屋根」を太陽の塔が下から突き破って聳え立つという趣向がそれである。

世間的には「丹下健三と岡本太郎との見事なるコラボレーション」と評されたが、素直に見れば、丹下への謀反であり異議申立てである。太陽の塔の裏側にまわってみると、それが直感できる。表とは真逆の黒く怒った表情は「なにが進歩だ、なにが調和だ」といっているではないか。しかし、当初この仕掛けに気づいたのはごく少数派でしかなかった。多くの国民は「三波の歌」と「岡本の塔」との「相性の悪さ」が気にならなかったのと同様、「世界の丹下」と「世界の岡本」の「進歩と調和」と「反進歩と反調和」のぶつかりあいもさっぱり気にならなかったのである。

　万博の総合プロデューサー〝世界の丹下〟をめぐる根源的な疑義はまだある。

　それは、丹下が万博にこめたコンセプトが「大東亜共栄圏」であるというものだ。その証拠とされるのは、一九四二（昭和一七）年、大東亜建設記念営造計画コンペで一席に輝き、丹下の名を世間に知らしめた作品である。

　後に建築史家の藤森照信が丹下との共著で明らかにしているが、丹下は二〇代半ばまでマルクス主義に強く影響を受けており、一九三〇年代後半に激越さをきわめる「赤狩り」のなかで、「誰にも気づかれずに」ひっそりと「転向」し、その証がこの作品だったともいわれている。机上の亡霊が戦争を超え三〇余年をへて蘇ったというのが、当時のハンパク主義者の主張だった。だが、超少数派の言説ゆえにほとんど相手にされなかった。ましてや大多数の国民には「関心の大外」で、まったく問題にされなかった。

　ここで重要なのは、大阪万博は皮を一枚二枚と剥いでいくと、「人類の進歩と調和」というグランドコンセプトをめぐって、丹下健三、三波春夫、岡本太郎の三人の主役は三者三様で、まったく「調和」に欠けていたということである。丹下によるテーマの忠実な具現化に対して、三波による底抜けに明るいプロパガンダソング、岡本による反近代の異形の塔。この三者のなんたる不調和。いつ空中分解してもおかしくない。なんとも危ういかぎりであった。しかもこの危うさに国民のほとんどは気づかずに浮かれていたのだから、いっそう危うかった。今から思うと、大阪万博ほど奇怪な国家イベントはなかったのである。

■そして万博は歴史から消された

大阪万博の奇怪さにとどめを刺すのは、その「終わり方」である。

　年末恒例の第二一回紅白歌合戦は、紅組のトリで美空ひばりが「人生将棋」、白組のトリで森進一が「銀座の女」を絶唱、例年通り高視聴率を上げた。万博の年だったのだからと、トリは三波春夫にテーマソングを歌わせようという案もあったらしいが却下され、三波は「織田信長」をうたった。万博は「終わったイベント」という判断だったのだろう。かくして万博というお祭りにうかれた一九七〇年は、万博などあたかもなかったかのように、安穏裏に暮れていった。来年は、もっともっと楽しい明日がやってくると国民は信じて疑っていないかのように。

岡本太郎の「太陽の塔」表と裏側

国民はあれほど熱狂していたのに、なぜ余韻を楽しもうともせず、あたかもなかったかのように忘れようとしたのか。テーマの体現者であった丹下設計の大屋根は、万博終了後あっさりと取り壊される。万博というまじないにかかった国民がそれから覚めないうちに証拠物件を消してしまおうとでもいうかのように。その後、日本に何が起きるか、決して万博がテーマに掲げた「進歩と調和」など訪れないことを予感していたのだろうか。

いっぽう三波の「プロパガンダソング」と岡本の「異議申立ての塔」だけはどっこい生き残った。日本国民を総動員し狂乱させた同じ二大広報宣伝ツールが、今度はそれを忘れてなるものかと「待った」をかけたのである。歴史の見えざる反作用の手が働いたのかもしれない。

「お祭り広場」を越えてさらに奥へ行くと池がある。その畔のベンチに、私と同じ年恰好の老境の夫婦が肩をならべて腰掛けて、池ごしに太陽の塔の裏の黒い怒りの表情を見上げていた。半世紀前をしのんでいるようでもあり、「進歩と調和」が幻でしかなかったことをしみじみ実感しているようにも見えた。半世紀前はおそらく彼らも青春の真っ只中にあり、彼らが支えた日本もまた明るい明日を信じて青春を謳歌していた。

と、老夫婦が後ろを振り返った。彼らの視線の先にあったのは国立民族博物館である。たしか万博の跡地活用として一九七四（昭和四九）年に三〇億円をかけてつくられたものだ。岡本敏子の前掲書のあるくだりが思いだされた。

それまでは反体制の芸術家と評価されてきた岡本太郎としては、体制の軍門に下ったのかといわれるのがいやで、シンボル作品の制作は本当は引き受けたくなかった。それでも受けたのは、かねてから関心の高かった縄文にはじまる本格的民族博物館をつくるといわれたからだった、と。

そうか、と得心がいった。この万博跡地は「民博」の前庭であり、ここで半世紀前にくりひろげられたイベントは「日本近代化遺産」として、ここの収蔵品の一部になっているのではないか。

「♪こんにちは、こんにちは〜」と三波の歌を口ずさんでみた。ますます目の前の太陽の黒い顔との違和感が湧き上がってくる。ああ、これだ、これだ！　この違和感こそが万博の根源的な矛盾であり、戦後日本が謳歌してきた青春の大いなる蹉跌の証しといっていいのではないか。

半世紀前の三人の主役を泉下から呼び出したら、「今」をどう評するだろうか。三波春夫は「万博はわが日本の神様でした」、岡本太郎は「ほらみたことか、おれは直感でわかっていた、だから反万博を仕込んでやったのだ」、そして丹下健三は「まあ大衆も国家もこんなものだろうと。すんでしまったことはもういい、過去よりも未来をみつめるべきだ」とでもいうのだろうか。

引き返そうとすると、「タイムカプセルの木」が目にとまった。タイムカプセル？　ああ、あれか。思い出した。松下電器と毎日新聞の共同企画で、万博当時の日本を後世につたえようと生活関連物件をカプセルに格納し、一〇〇年毎に開封するというものだ（最後は五〇〇〇年後）。保存状態を確認するために開け、ためしに中のモミの種をまいたところこのように立派に育ったという。

と、三波の声がした。「おい、おい、一番売れた俺の歌も入っているのか」

その場で「万博×タイムカプセル」をスマホで検索してみると、タイムカプセル自体は大阪城公園に埋設されているが、レコードは吉永小百合盤のようだ。

万博のプロパガンダソングはなんといっても三波春夫である。サユリストには申し訳ないが、果して吉永小百合の歌では万博の歴史的意味が正しく伝わるだろうか、私は心配でならない。

♪第一一話
「ディスカバージャパン」……失われてしまった時代への「挽歌」
「遠くへ行きたい」歌・ジェリー藤尾（作詞・永六輔、作曲・中村八大、一九六二年）
「いい日旅立ち」歌・山口百恵（作詞／作曲・谷村新司、一九七八年）

■史上最大・最長のキャンペーン「ディスカバージャパン」
大阪万博は、元赤色浪曲師という伝説の笛吹男に導かれ、戦後最大の祝祭を演出して成功裡に終了。戦後日本は、その申し子である私たちベビーブーマーと共に、思春期から壮年期へと入った。自らも、そして日本も大きく変わるかもしれないといううっすらとした予感がよぎったが、その時、それは七〇年安保、七二年の沖縄「返還」などの政治的節目が転轍機《てんてつき》になるだろうと思いこんでいた。まさか苦しまぎれの一旅行キャンペーンが大きなうねりとなって時代と人々を遠くへと押し流してしまうとは、思ってもみなかった。

そのキャンペーンとは、一九七〇（昭和四五）年九月に終了した大阪万博の一月後に旧国鉄によってはじめられ「ディスカバージャパン」。途中で何度かバージョンアップがはかられながら、国鉄が分割民営化される一九八七年まで一七年にもわたってつづけられた。

その史上最大にして最長のプロモーションには、二曲のキャンペーンソングがそこへ人々を大動員する〝ハメルンの笛吹唄〟として深く関わっていた。

「遠くへ行きたい」と、「いい日旅立ち」である。

美空ひばりにはじまりユーミンや中島みゆきまでの「戦後昭和歌謡」の保守本流とくらべると、所詮キャンペーンソングなどは商売がらみゆえに一時の泡沫にすぎないと思われがちだが、ときに世につれるどころか、世の中のあり方を変えてしまうことすらある。まさに、ディスカバージャパンの「遠くへ行きたい」と「いい日旅立ち」は、その典型事例であった。

この二曲が、いかにして時代の転轍機となったのかを、歴史的文脈から読み解こうと思う。

そもそもディスカバージャパンは、一九七〇年の大阪万博の終了による「乗客減」に対処すると同時に、国鉄の長年来の累積赤字の解消をも狙った〝一石二鳥作戦〟であったが、前評判は必ずしも芳しくなかった。

ちなみに読売新聞は、それがスタートした直後の一一月一三日付けの朝刊で、「国鉄のケチケチ運動」「お客忘れた赤字対策」「サービス抜き旅宣伝」の見出しを掲げ、ほぼ全頁をついやして、国鉄の歴史始まって以来のキャンペーンの〝動機〟がいかに〝不純〟であるかを指摘している。

まずディスカバージャパンの動機には、「膨大な赤字を抱えて四苦八苦の、ニガ虫をかみつぶした国鉄の顔がのぞいている」と評し、その証拠として、これに先立ってつぎつぎ打ち出された〝苦肉の策〟——たとえば駅舎の蛍光灯の間引き、トイレットペーパーの一日一巻に限定などの「ケチケチ運動」から、手小荷物取り扱い時間を午前九時から午後五時へ大幅短縮するいっぽうで、より高いコイン・ロッカーへ客を誘導するなどの「利用者不在のサービス・ダウン」を列挙。その上で、ディスカバージャパンにたいする〝世間の声〟を次のように紹介している。

「東北再発見とかいうポスター、意味ないね。その分を他の広告でも扱った方が赤字の穴埋めになる」

ジェリー藤尾「遠くへきたい」（東芝 EMI）
山口百恵「いい日旅立ち」（CBS ソニー）

「肝心なこと知らせず、ただ旅へ出ろ、出ろという宣伝、仮にも国鉄のやることではない」

さらに、評論家の浦松佐三太郎による「(国鉄は) 企業として考えてくれというが、企業であればとっくの昔に社長(総裁) 以下全員がクビになっている。なにをやるにも国民へのサービスが忘れられるようなことが絶対あってはならない」のコメントを掲げて記事はこう結ばれている。

「『キャンペーンの良否はともかく、一方でサービス・ダウンを押し付けている時だけに、もう少し国民感情を考える必要がある』というのが、また国民の本音でもあるようだ」

当初はこれほどまでに世間からは冷たい目で見られていたディスカバージャパンだったのだが、営業的には成果を上げていく。それは、目玉商品であるミニ周遊券と、その販促ツールとして開発されたスタンプの効果によるものであった。

全国一四〇〇余りの観光地に用意されたスタンプを三〇以上押印して集めると記念品がもらえるという企画で、今や「スタンプラリー」として定着している観光プロモーションの定番アイテムの草分けである。

スタート半年後の読売新聞、一九七一年三月三一日朝刊によると、「これが意外にも中年サラリーマンに人気を呼び、開始から半年たらずで四〇万冊がはけた」という。

しかし、一年たっても世間の冷たい評価はたいして改善されず、むしろキャンペーンに内包されていた本質的な問題点が浮きぼりにされることになった。

朝日新聞（一九七一年一一月四日朝刊）は、社会面の半分ほどを使って「ディスカバージャパン満一年」の特集を組み、その問題点を縷々指摘している。

ひとつは「観光地からの反発」で、岩手在住の農村問題研究家・大牟羅良《おおむらりょう》にこうコメントさせている。

「岩手でもディスカバージャパンのポスターはどんな田舎の駅にもはってある。びっくりしますよ。『ブルースカイ東北』ということで東北を盛んに宣伝してるけど、地上の東北農民の方はことしはうまくないですよ。減反や冷害で米の作柄は悪いし、ドル・ショックで出かせぎの先行きはどうなるんだろうと、青いのは人間の顔色の方だ。現実の空気とはまったくあわないような気がします」

二つめは、「国鉄労働者からの反発」で、国鉄労組からはこんな指摘が寄せられている。

「金もうけのディスカバージャパンと、洗脳、合理化のマル生は、始った時期も一緒のように表裏一体。末端では団体客募集になり、職員はキリキリ舞を演じている」

なお、「マル生」とは、一九六〇年代末期、国鉄当局が日本生産性本部と連携して始めた「生産性向上運動」で、関係書類に生産性の「生」の字を丸で囲んだ判が押されたためそう略称された。それは労働強化と国労・動労からの脱退工作を伴ったため、組合員の反発を招き、「マル生粉砕！」と大書された「アジ（テーション）電車」が運行されるなど抗議活動の渦中にあった。

最後の問題点は「愛国心ＰＲへの反発」である。ディスカバージャパン・キャンペーンには川端康成揮毫の「美しい日本と私」の副題がつけられていたからだ。

これについては、歴史学者で当時東京教育大助教授の大江志乃夫がこんな危惧を語っている。

「ディスカバージャパンは、旅へのいざないと同時に、現実からの逃亡へのいざないという危険な役目を果している。日本発見どころか、『美しい日本と私』という言葉で、日本の現実にモヤをかけてしまっている。私はこれを、原日本への回帰をめざす大がかりな政治的唯美主義のムード作りの一つと見る。ムード的な愛国心の土台作りをやり、頂点だけがスーッとファッショになるのが、危機的な状況でいつもとられてきた手です」

■元〝怒れる若者たち〟と革新的旅番組の元祖「遠くへ行きたい」

しかし、ここまでディスカバージャパンに問題点があったとは、当時二〇代半ばだった私も私の周囲も、うかつにも気づかなかった。

都会風の若い女性が農作業にいそしむ純朴そうな老人と交歓するキャンペーンポスターには、たしかに「わざとらしさ」を感じた。また、時期をほぼ同じくして創刊された「アンアン」「ノンノ」を片手にした若い女性たちが突然中山道の古色蒼然たる妻籠宿におしかけてそこを東京の原宿に変えてしまったことには驚きを覚えた。しかし、だからといって、〝アンノン族〟に対して軽佻浮薄でけしからんなどと目くじらを立てたりはしなかった。ましてやディスカバージャパンに乗せられて彼女たちがファッショ化することを心配したりもしなかった。これで「地方」がうるおい、ついでに若い女性たちもいくらかなりとも「地方」の良さを知ることになれば、それはそれでいいことではないかと傍観者をきめこんでいた。

　また、国鉄労働者を襲った「マル生」への抗議運動には、心情的な共感者が私の周辺にも少なからずいた。しかし、それは数年で不当労働行為として労働側の全面勝利に終わったこともあって、ディスカバージャパンを「マル生」と結びつけて、国鉄当局の労務政策と表裏一体の巧妙なキャンペーンだとも思わなかった。

　さらに、大江志乃夫など進歩的文化人たちが危惧する「ディスカバージャパンはファッショへの道」を真に受けて、ミニ周遊券の不買運動を起こすこともなかった。

　こうして、いつしか朝日新聞の特集記事が指摘した問題点は、ほとんどの国民のあいだから消え去り、傍観者だった元〝怒れる若者たち〟も、〝アンノン族〟の驥尾《きび》に付してディスカバージャパンにためらいがちに巻き込まれていったのである。

　実際、私もこの時期に結婚して家庭をもったが、新婚旅行には、ミニ周遊券をつかって能登半島の先端から飛騨の山奥へと「日本の辺境」を経巡ったものだった。

　それにしても、元〝怒れる若者たち〟が〝アンノン族〟の驥尾に付して全国の「辺境」をめざすという、まことに奇妙な組み合わせの風俗現象は、なぜおきたのだろうか？

　今になって、その重要な契機として思いあたるのは、ディスカバージャパンのスタートと同時にはじまった国鉄提供のテレビ番組「遠くへ行きたい」（日本テレビ系列）と同名のテーマソングではなかったか。

　最初の半年はテーマソングの作詞者でもある永六輔が一人で「地方」を旅する体験型ドキュメンタリーだった。それまでの兼高かおるの「世界旅」あるいはＮＨＫの「新日本紀行」などのつくりこまれた「観光案内番組」とは別世界が展開され、現在の旅番組の原型となったという意味でも画期的であった。（なお、あれから五〇年を超えても「元祖旅番組」として今も君臨、通算二五〇〇回超は「徹子の部屋」と並ぶテレビ業界の〝生ける伝説〟である）

　当時の私たち元〝怒れる若者たち〟がこの番組に引きつけられた要素のひとつは、革新的な構成・内容に加えて、自分たちの仲間が自分たちにむけてつくっているのではないかとの「錯覚」を生んだことだろう。

　プロデューサーは「話の特集」編集長の矢崎泰久、永六輔の後の「旅人」役を引き継いだのは五木寛之や伊丹十三らどこか反体制の匂いがする個性派文化人、そして制作はベトナム戦争報道と成田闘争への加担をめぐるＴＢＳ争議を契機に「お前はただの現在にすぎない、テレビになにが可能か」の問題提起をもって独立した萩本晴彦、村木良彦、今野勉らの「テレビマンユニオン」であったからだ。

さらに元〝怒れる若者たち〟の注目と関心にダメを押したのは、番組の内容や制作陣や配役もさることながら、同名のテーマソングが、当時の私たち元〝怒れる若者たち〟の〈政治につかれた〉気分にシンクロしていたからではなかろうか。

当時多くの若者たちは街頭ではベトナム反戦デモに、キャンパスではバリケードストライキに参加、政治に青春を燃やしたが、一九七〇年を境に「内ゲバ」と「運動の過激化」で、大多数が「政治の季節」に別れを告げつつあった。

♪夢はるか一人旅　愛する人とめぐり逢いたい　どこか遠くへ行きたい……

この歌の表向きのテーマである「失恋」を「政治の挫折」と読み変え、愛読書でもあった白土三平の『忍者武芸帖』の影丸の最後のセリフ「われらは遠くから来た そして遠くまで行くのだ」を連想してそれに重ねあわせたのは、私だけではなかったはずである。実際、すでに早々と「内ゲバ」の気配を察知して、その名も「遠くまでいくんだ」というグループが結成されて全共闘運動に一定程度の影響を与えていた。

ちょうど時期を同じくしてはじまったディスカバージャパン・キャンペーンが、「政治の季節」に別れを告げた若者たちに「自分探し」の旅を促したのは、ある意味、必然であったのかもしれない。そして秘境ブームが起き、知床がそのシンボルとなり、それに時期をあわせたかのように加藤登紀子が森繁久彌の「知床旅情」をカバーして百万枚を超えるヒット曲となったのも、その流れに乗ったものであったといえよう。

大阪万博では、「世界の国からこんにちは」の「笛吹唄」に踊らされずその場に踏みとどまったのに、「遠くへ行きたい」には反応してしまったのである。

「アンアン」と「ノンノ」が毎号のように競い合って「日本の小京都」を特集して都会の若い女性たちをディスカバージャパンに誘いこんだとすれば（そのきわめつけが「無名の寺での宿泊キャンペーン」であった）、元〝怒れる若者たち〟

にとってその役割を果たしたのが、旅番組「遠くへ行きたい」と同名のテーマソングであったといえるのかもしれない。それは、政治に失望した若者たちを「自分探しの旅」へといざなう〝ハメルンの笛〟であったのである。

■永六輔の「六〇年安保挫折組曲」

そもそも「遠くへ行きたい」は、永六輔にとって、自身が作詞した「黒い花びら」（歌・水原弘、作曲・中村八大、一九五九年）をうけた「六〇年安保挫折の唄」であった。

永自身もこう回顧している。

「『黒い花びら』というのは六〇年安保闘争真っ盛りのときです。樺美智子さんが亡くなったときです。あの警察の機動隊、そしてそれに群がるたくさんの暴力集団、そのなかで僕は現場にいました。テレビの仕事をもうすでに始めていまして、『夢であいましょう』の前だったのですが、当時日本テレビで放送されていた『光子の窓』の台本が、書けなくてというよりは、デモに参加してて、そのために『光子の窓』をやめることになります。そのときに僕は挫折していました。それが「遠くへ行きたい」につながっていく。どこかへ行っちゃいたい。遠くへ行っちゃいたい。同じように、涙がこぼれないように（「上を向いて歩こう」）、あるいは見上げてごらん夜の星を、もういい、ささやかな幸せがあればいい（「見上げてごらん夜の星を」）という思いがありました。」（永六輔『上を向いて歩こう　年をとると面白い』さくら舎、二〇一二年）

これに補足説明を加えると、当時永六輔は三〇歳前、三木鶏郎の薫陶を受けて目下売出し中の放送作家だった。戦後テレビ草創期を担った日本テレビの伝説的プロデューサー井原高忠から、資生堂提供による本邦初の本格バラエティ番組「光子の窓」の構成作家に大抜擢されて異才を発揮。そのかたわら、大江健三郎、谷川俊太郎、寺山修司らの〝リベラル派〟だけでなく石原慎太郎、浅利慶太の〝右派〟とも語らって「若い日本の会」を結成、反安保の運動に積極的に関わる。度重なるデモ参加で番組に穴をあけそうになったため、井原から、「安保と番組とどっちが大事なんだ」と問われ、「安保です」と即答して、せっかくの仕事を棒にふるはめになった。

なお、その後、永は「光子の窓」で培ったノウハウをひっさげて、ＮＨＫ初の音楽バラエティ番組「夢であいましょう」の立ち上げにかかわり、戦後放送史に新時代を画すことになる。

いっぽうで永は、中村八大といずみたくという気鋭の作曲家と組んで作詞家としても活躍、次々とヒット曲を世に送り出していた。作詞家としての本格デビューとなる「黒い花びら」は、発売の一九五九（昭和三四）年に創設された日本レコード大賞を受賞、同年末の紅白歌合戦にも出場するという大ヒットを飛ばし、それにつづく「見上げてごらん夜の星を」「遠くへ行きたい」「上を向いて歩こう」もベストセラー、永六輔は大作詞家の地位を不動のものにしたかに見えた。

しかし、前掲の永自身の回顧譚によれば、そこには、約束された前途を棒にふっても構わない強い思いが託されていたのである。

すなわち、それぞれの曲の歌詞を援用すれば、安保条約の自然成立によって、その闘いはさながら「♪黒い花びら（となって）静かに散って」、深い挫折の中で「♪どこか遠くへ行きたい」のを、「♪涙がこぼれないよう」になんとかこらえて「♪上を向いて歩こう」と思いなおし、そしてこう言い聞かせて自らを励ます。「♪見上げてごらん小さな星を」、ほら「♪ささやかな幸せをうたっている」ではないか、と。

そういわれてみれば、永六輔作詞のこの四曲は、さながら「六〇年安保挫折組曲」のごとく見事にコンセプトがつながっている。ところが、ここにこめられたコンセプトと想いは世間には伝わらなかった。永の述懐はこう続く。

「そんな思いでつくった歌だったのに、これがテレビを通じてヒットソングになっていきます。どんどん歌がはやります。はやると僕もちょっとずつ有名になってきます。有名になるだけでなくて収入も増えてきます。そうすると居心地が悪いんですね。違う、僕はそんなふうにあの歌をつくったんじゃなかったのに、どうしてそういうとらえられ方をするんだろう、ということがとても気になりはじめました。そこで、（中村八大といずみたくの）二人に『もう作詞するのはやめたい』ということを申し出ました」（前掲書）

実際、永六輔は、安保闘争敗北後ＮＨＫの「夢で逢いましょう」で、毎週、中村八大、坂本九と「六八九トリオ」を組んで、多くの歌をつくりつづけるが、数年で作詞はやめてしまう。

永六輔が「政治への挫折」をテーマに仕込んだ「遠くへ行きたい」が、一〇年をへて、若者を政治の季節から遠ざけるための「笛吹唄」となって、ふたたび出番がまわってきた。こうして、元〝怒れる若者たち〟が〝アンノン族〟の驥尾《きび》に付して全国の「辺境」をめざすという、まことに奇妙な組み合わせの風俗現象が生まれたのだった。

ディスカバージャパンは、「遠くへ行きたい」という「笛吹唄」に誘われた元〝怒れる若者たち〟と、「アンアン」と「ノンノ」の旅行特集に惹かれた〝アンノン族〟が、共に都会から地方をめざすという奇妙な風俗現象を生み出したが、それは四年ほどで陰りをみせる。

■ディスカバージャパンのパートII「いい日旅立ち」

その引金を引いたのは、一九七四（昭和四九）年に勃発したオイルショックである。原油産出国が先進国に対抗して減産の申し合わせをしたことで石油価格が急騰、これによって世界経済は歴史的混乱におちいる。石油のほとんどを海外からの輸入にたよる日本への打撃はとりわけ大きかった。

一九七八年一〇月、ディスカバージャパンは「パートII」として息を吹き返す。「いい日旅立ち」キャンペーンである。ただし、「前評判」はパートIの時と同じく芳しくなかった。ましてや、山口百恵の同名のキャンペーンソングのおかげで起死再生の成果を上げ、パートIを超える歴史的事件となることを事前に予想したマスコミは皆無だった。

たとえば、毎日新聞、一九七八年一〇月一三日夕刊の扱いは、四段組の囲み記事と小さく、

「いい日旅立ち」「国鉄が新キャッチフレーズ」

の見出しが掲げられただけで、そこに山口百恵の文字がないことに、当初の注目度が示されていた。

記事も、「前回二回が旅客誘致のムードキャンペーンだったのに対し、今回はサービス、宣伝、割引運賃などの新商品の販売――など旅客全体の総合施策を展開して増収に直結させるのがねらい」だとして、「Qきっぷ」など個別商品の紹介があり、ようやく中段で、「話題作りとしては、来年、二十歳を迎える人気歌手、山口百恵とタイアップ、彼女が来月二十一日に発売する記念曲の題を『いい日旅立ち』にしてもらった」との補足があるだけである。

そもそも「成功譚」とは、「当て物は向こうから外れる」の譬えのとおり、「ダメモト」が結果として当たって「瓢箪から駒」となるケースが多いとされるが、「いい日旅立ち」も外形的にはその典型事例ではなかったかと思われる。

この歴史的キャンペーンの企画立案兼仕掛け人は、ディスカバージャパンのパートIと同じく電通の伝説的イベント・

プロデューサーの藤岡和賀夫であった。かたや今回のパートIIでその藤岡とコンビを組んだのは、CBSソニーで山口百恵や郷ひろみを育てた酒井政利で、これまた後に音楽業界の伝説となるプロデューサーである。

藤岡によると、一九七八年夏の終わりというから、キャンペーン開始のわずか二、三か月前に、「いい日旅立ち」と書いた紙を酒井に渡して、こう頼んだという。

「百恵も来年は成人式でしょう。どうですか、ここらで新しい路線に挑戦してみる気はありませんか。私が応援しますよ。題はこれを使ってくれると有難いんですが」（森彰英著『ディカバー・ジャパンの時代』交通新聞社、二〇〇七年）

怪訝な表情の酒井に藤岡は続けた。

「国鉄のCMソングというふうにはしたくない。百恵の新曲ということで売り出してくれればいいんです。でも、私が必ず追い掛けます。つまり、共通のテーマでの連携プレーと言うわけですよ」

一方の酒井とCBSソニーには、桜田淳子・森昌子との「中三トリオ」から一人抜け出した山口百恵を美空ひばりに次ぐ「国民的歌手」に育てたいという〝野望〟があり、藤岡の提案には強く魅かれたが、最大のハードルは、膨大な赤字を抱える国鉄にはレコード化の制作分担経費もなければテレビCMを大量に流す予算もないことだった。藤岡のいう「国鉄のCMソングにしたくない」の裏の意味は、ありていにいえば、「他人のふんどしで（国鉄が）相撲をとる」という国鉄にとって虫のいい提案だったのである。

■タイトルに織り込まれたタイアップ企業名

そこで持ち上がった窮余の一策が、「国鉄のためにふんどしを用意してくれるタニマチ探し」だったが、それについては、こんな興味深いエピソードが語り継がれている。

僥倖にも奇特な協賛企業があらわれた。それは、国鉄の車両を製造する「日立」と、人事的にも協力関係にある旅行代理店の「日本旅行」——略称「日旅」の二社である。これで予算面はクリアされ、ディスカバージャパン・パートIIは始動。その「恩義」に報いるべく、キャンペーンソングのタイトルには両タニマチの社名が巧みに織り込まれ、「いい日旅立ち」と命名された。そして、酒井から、そのタイトルのもとにディスカバージャパンをイメージする作詞・作曲がアリスから独立したばかりの谷村新司に依頼され、山口百恵がうたうことになったというのである。

だとすると、藤岡が「いい日旅立ち」と書かれた紙を酒井に渡したときには、すでに両社による「国鉄へのふんどし提供」は成約していたことになる。しかし、酒井はこれまでの多くの取材でこれに言及しているが、藤岡自身はこの「ふんどし工作」の存在と関与は認めていないので、これは「知る人ぞ知る」業界の楽屋ネタのたぐいかもしれない。

実は、私はこのエピソードを今回関連資料を調べるなかで初めて知ったのだが、おそらく当時の世間一般もそうだったはずである。もしそれが世間に知られていたら、ファンたちは「世間の冷たい荒波に悲愴に立ち向かうあの百恵が、世間におもねったのか」とがっかりし、「いい日旅立ち」がミリオンセラーにはなることはなく、国鉄の起死回生の「いい日旅立ち」キャンペーンも不首尾に終わっていたであろう。

しかし、そうはならなかった。それどころか大成功したのはなぜか。もちろん理由は「ふんどし工作」が世間に知られなかったからではない。それは、この歌の内容にあったと思われる。あまりにも「古風」で、当時の山口百恵がかもしだしていた、少女性をもちながらの危ういエロティシズム、あるいは「現代の菩薩」のたたずまいを、丸ごと損ないかねないからだ。「いい日旅立ち」が巷間に流れはじめたとき、ファンのあいだはもちろんのこと、私の周囲でも山口百恵がひた走る「路線」とはあまりにも違うと危ぶむ声があった。

阿久悠も、こう記している。

「その年、『キャリア・ウーマン』『翔んでる女』『結婚しない女』が、時代の言葉として光り輝き、明らかに情と情念とかで支えられている歌が、絶対でなくなる予感がした。さて、そんな年、ぼくはかなり企画性の強いピンク・レディーや沢田研二を手がけながら、同じように強烈な企画で勝負してくる酒井政利プロデュースの、山口百恵の存在を気にしていた。まさに山口百恵向きの風が吹き始めたということで、当然『新しい女』を代表する楽曲でくると思っていたのだが、それは見事にはずされた。新しさを嘲笑するかのように、かつての日本の良き風景を思い出させる、唱歌のように美しい歌であったからである」（「阿久悠の愛すべき名歌たち」九一回、朝日新聞、一九九九年二月二三日夕刊）

「新しい女」のフロントランナーと期待されていた山口百恵が「古めかしい女の象徴である母」をうたう逆説が「新しい」と受け止められたのだろう。ファンの離反や反発はほとんどなく、むしろ新しいファンを獲得、一一月下旬にリリースされるやいきなり二五万枚、三か月後には八〇万枚を売り上げる空前のヒットとなった。

さらにその先に、世間のみならず、仕掛け人にとっても、「想定外」が待ち受けていてヒットをさらに後押しした。山口百恵が「いい日旅立ち」を世に送り出してから、一年三か月後に、当人が結婚して芸能界から「旅立ち」をしてしまったのである。

阿久悠も前掲のコラムで驚きを表明している。

「山口百恵は時代とともにある新しい菩薩だと思っていたから、まさか、それから間もなく、母でイメージする生き方の方向へ旅立つとは、思っていなかったのである。」

■こうして〝現代の菩薩〟は「世間」から旅立った！

実をいうと、この山口百恵の「旅立ち」には、私も驚きはしたが、いっぽうで「やっぱりな」と得心もした。

当時、私の中学高校時代の友人が、山口百恵をアイドル歌手から時代のスターに押し上げたテレビドラマ「赤いシーリズ」（制作・大映テレビ、ＴＢＳ系列で放映）のプロデューサー補をしていて、こんな「楽屋話」を聞かされていたからである。

山口百恵演じる薄倖の娘の父親（三国連太郎）は満州からの引揚者で、世間との折り合いが悪く、脚本段階では、刑務所から出所後に自棄になり酒を飲むシーンがあったのだが、現場で撮影に立ち会っていた大手代理店の担当者から、「酒のイメージをそこなう」と待ったがかかった。某大手洋酒メーカーが番組提供社だったからだ。撮影現場の調整役のわが友人は、だったら自棄になってクスリでもやることにするかと「代案」をだすと、六分の一のスポンサーが大手薬品会社なので「それもまかりならん」。こまった友人は、父親は自棄になっていきなり暴発することでその場を処理したらしいが、いずれもうるさ型の監督、学生運動闘士上がりの脚本家、父親役の三国連太郎たちを説得するのに苦労させられたという。

他にも毎回のように似たような「調整事」があり、私はその愚痴のはけ口を引き受けるかわりに新宿の安酒場でおごってもらっていたのだが、友人は、山口百恵については、そんな大人たちの醜悪な世界に身をおきながら健気にふるまっているとほめていた。そんな〝素の百恵〟の極私的情報もあって、当時の私は、山口百恵の引退にどこか得心したのだった。

ここからは私の妄想だが、ひょっとして彼女は前述の「いい日旅立ち」にスポンサー名を入れこんだ大人たちの「策謀」の道具にされたことも知っていたのではないか。そして、一〇代の多感な少女は、歌のタイトルにひらめきをうけ、彼女を〝現代の菩薩〟にしたてて商品化しようとする大人たちの世界から旅立つ「潮時」だと決断したのではないか。

彼女の完全引退は所属していたホリプロ二〇周年式典であり、そのとき歌手として最後にうたったのは「いい日旅立ち」だった。それは「世間」にたいする彼女なりの永訣のメッセージだったのかもしれない。

理由はどうあれ、山口百恵の「いい日旅立ち」から生まれた二つの「想定外」――歌の内容が彼女に期待されたイメージと真逆であること、そして歌のタイトルのままに当人が「旅立ち」をしたという――ダブル効果によって、「いい日旅立ち」はミリオンセラーとなり、同名のディスカバージャパン・キャンペーンを大成功に導いたことは間違いないであろう。

前述したように、第一次キャンペーンの時は、国鉄労働組合からは、当局による合理化攻勢「マル生」と表裏一体だとの指弾をうけたが、今回は中央委員会で協力が決定された（毎日新聞、一九七八年一〇月一三日夕刊）。また、同じく「ファッショ化につながる」と批判的だった進歩的文化人からも、今回は危惧の声は聞かれなかった。それもこれも山口百恵の「いい日旅立ち」効果であった。

他のレコードとちがって、リリース後も数年にわたって毎月五万枚は着実に売れつづけたといわれており、これもキャンペーンを一過性ではなく、持続可能にした証拠と思われる。

ディスカバージャパン・パートⅠの〝裏の立役者〟が「遠くへ行きたい」であったとすると、パートⅡでは、「いい日旅立ち」が〝表の立役者〟であり、それがパートⅠをはるかに超える大成功をもたらしたといっても過言ではないだろう。

■国鉄分割民営化で日本は後戻りできない遠くへと旅立った！

しかし、これで「めでたし、めでたし」ではなかった。九年後にさらなる「どんでん返し」が控えていたからである。

「いい日旅立ち」は、キャンペーンとして六年にわたって順調に進められたが、一九八四年、ディスカバージャパンのパートⅢへとバージョンアップがはかられる。タイトルは「エキゾチック・ジャパン」、そして、それを詞のなかにうたいこんだ「二億四千万の瞳」（作詞／売野雅勇、作曲／編曲・井上大輔）がキャンペーンソングとして郷ひろみによってうたわれた。

同曲は、年間ヒットチャート七七位、オリコン売上で二一・三万枚と、流行歌としてはまずまずのヒットをみせたが、どちらもミリオンセラーとなったパートⅠの「遠くへ行きたい」とパートⅡの「いい日旅立ち」と比べると足元にもおよばず、それがディスカバージャパン・パートⅢの勢いを象徴していた。そして、三年後に「運命の日」を迎える。

国鉄分割民営化――これによって「国民の足」はバラバラに解体されてしまったのである。

一九七〇年にはじまり足掛け一七年にわたったディスカバージャパンだが、そもそもの目的は累積赤字とサービスダウンで国民からそっぽをむかれていた「国鉄を旅客増によって立て直す」ことにあって「国鉄をぶっこわす」ことでなかったはずだった。

ところが、当の国鉄当局が自らを解体する側にたって旗振りをはじめたのである。

その前哨戦がはじまったのは一九八六年夏、国会審議を前に、国鉄当局は「分割・民営化」の実現を訴える漫画仕立ての二四ページのパンフレット二〇万部を、累積赤字が問題視されるなかで二〇〇〇万円もの大金をかけて制作配布。これに対して、もっともショックをうけ即座に反応したのは、永六輔であった。ディスカバージャパンの応援番組「遠くへ行きたい」の常連出演者でもある野坂昭如と小室等とかたらって、「分割・民営化」に反対する「意見広告」を掲載。あわせてスポンサーである国鉄当局からの圧力をかわすために「遠くへ行きたい」からも降板したのである。

同年毎日新聞、七月六日朝刊には、国鉄資産不正処分監視委員会による「国鉄分割・民営に異議あり！」と題する全頁広告が掲載され、そこで永は次のように訴えた。

「どこだって、無責任な職員はいる。僕だって全員が良くなったとは思わない。経営面の責任のすり替えは誰にもわかることだが、毎日のように国鉄に乗っている僕がハッキリ言えるのは、このサービス面の向上まで分割民営のお陰のようにすり替えるのは卑怯な情報操作だということ。怒りましょうよ、職員諸君！　乗客には笑顔を、情報操作には怒りを」

こうなると、ディスカバージャパンは本当に成功したキャンペーンなのか、疑問に思えてくる。

「ディスカバージャパン」の応援番組「遠くへ行きたい」の常連出演者、永六輔・野坂昭如・小室等による「国鉄分割民営化反対」の意見広告（毎日新聞、1986年7月6日朝刊）

「遠くへ行きたい」をうけた「いい日旅立ち」で山口百恵を旅立たせて世間を驚かせたまではよかったかもしれないが、最終的には〝国民の足〟までをも旅立たせてしまったのである。なんたる皮肉というべきか。

仕掛け人の藤岡和賀夫たちは、いまも歴史的キャンペーンの伝説的プロデューサーとして高く評価されているようだが、本来の目的はクライアントである国鉄の立て直しであったのだから、一七年間の総合評価からすれば、〝利敵者〟といわなければならない。

今から振り返ると、ディスカバージャパンには、仕掛け人の思惑を超えて、一七年後に爆発をする時限爆弾がしかけられていたのではないかと思えてならない。

それは、うわべは「旅行・観光キャンペーン」に見えながら、最終目的地は「国鉄分割・民営化」にあった。それまでは保守政権下にあっても、強者が弱者を支える〝中福祉国〟を国家経営の「原理原則」としてきたが、国鉄分割・民営化をもって戦後日本の基本体制がぶっこわされ、それ以降は弱肉強食を是とする新自由主義の国になったのである。

妄想をたくましくすると、それほどの国家の根本に関わるビッグイベントに国民を動員するには、「遠くへ行きたい」だけでは役不足だった。そこで〝昭和の菩薩〟の「いい日旅立ち」にその役を担わせたのであり、国鉄はダシにつかわれただけで、真のクライアントは「戦後政治の総決算」を掲げた時の政権だったのかもしれない。

私たちは、能天気にも、「遠くへ行きたい」と「いい日旅立ち」という「笛吹唄」に誘われて、ある者は「自分探し」にでかけ、ある者は日本各地に「小京都」を発見し、気が付くと、日本はより強いものしか勝ち残れない国になっていて、もはやそこから後戻りはできず、衆生を救ってくれる菩薩もいない。
いまや「遠くへ行きたい」と「いい日旅立ち」は、失われてしまった時代への「挽歌」でしかないのである。

■赤瀬川原平の超芸術的警句

それを明快に予言していた人物がいた。当時気鋭の前衛芸術家であった赤瀬川原平が、一九七〇年の到来を前にして、こんな警句を発していたのである。

「七〇年という年は、まだ見ないうちからずいぶん有名な年になってしまった。（中略）しかし、あまりに有名なものは、やたら期待しすぎると会ったとたんにガッカリしかねない。七〇年というのは、ちょうどうまいことにアンポとエクスポというポのつくものによって東西を飾りたてられている。これは必ずしも偶然でなく、事と次第によっては両者を統一してインポへと導く道が、何者かによってしかけられているのだ」（「蒼ざめた野次馬を見よ」『オブジェを持った無産者』現代思潮社、一九七〇年）

アンポとエクスポでニッポンはインポになる!?

なんとも軽佻な惹句の連発による超芸術的予見だが、今から振り返ると、日本の深刻かつ重大な歴史的転換点を見事に言い当てていたのだった。

すなわち、七〇年アンポに挫折した若者たちをエキスポを契機に日本全国へ「自分探しの旅」に誘ってインポ（戦意喪失）にさせ、ニッポンに〝擬制の安逸〟をもたらしたともいえるからである。

赤瀬川翁の超芸術的感性にくらべて、私たちの超散文的感性のなんと貧弱なことか。想像力の欠如を恥じるばかりである。

Ⅲ　祈念と失意の章

新生日本にとっても、それと同時期に生まれ育った私たち〝戦争を知らない子どもたち〟にとっても、平和と共生への希求は、不変の課題のはずだった。そこからは多くのチアアップソングが生まれたが、その歌声は時代と共にパワーを失い、やがて失意の挽歌へと変容をとげていったのだった。

♪第一二話 〝昭和の歌姫〟がうたい遺した鎮魂の反戦歌

「一本の鉛筆」歌・美空ひばり（作詞・松山善三、作曲・佐藤勝、一九七四年）

戦後日本の拠って立つべきところは何か？　戦争が終わって直後に生まれた、われら〝戦争を知らない子どもたち〟にとっては、それは一にも二にも「反戦平和」であった。

昭和を代表する演歌の女王が広島でうたった「一本の鉛筆」という「反戦平和の歌」がある、といっても、おそらく彼女のファンのほとんどからは「お嬢がそんな歌をうたっていたのか」といわれるに違いない。

この歌が美空ひばりによってはじめてうたわれたのは、原爆投下から二九年が経過した一九七四（昭和四九）年、広島で開かれた「第一回広島平和音楽祭」だったが、私がそれを初めて耳にしたのは、それからさらに一五年後、くしくも昭和が終わった年に逝去した昭和の歌姫・美空ひばりを追悼するテレビの特集番組であった。

「♪あなたに聞いてもらいたい」ではじまり、最後に以下のシンプルな〝決めのフレーズ〟が、ひばりにしては抑制をきかせた声音で、深く静かに私の心に染み入った。

♪一枚のザラ紙が　あれば
あなたをかえしてと　私は書く
♪一本の鉛筆が　あれば
八月六日の　朝と書く

「ザラ紙」はもはや死語かもしれない。「わら半紙」ともいい、表面がざらついた最下級の紙で、私たちベビーブーマーにはなんとも郷愁をそそられる。学校の教材やテストも先生が手書きのガリ版でこれに刷ったものだった。長じて大学で学生運動にのめりこみガリ版刷りで配ったビラもこれだった。鉛筆はというと、貴重品だったので、（切り出しナイフの）肥後守で握れなくなるまで芯をけずり、さらにキャップをかぶせてつかいたおしたものだった。ザラ紙も鉛筆もわが幼少年期の生活の一部だった。あれが周囲から消えてしまったのはいつからだろう。パソコンとコピー機が普及するようになってからだろうか。そんななつかしさを覚えたこともあって、以来、私にとって、この「一本の鉛筆」は、ひばりの歌のなかでは、「♪笛にうかれて逆立ちすれば山が見えます故郷《ふるさとの》」の「越後獅子」につぐ愛唱歌になった。

それまでは、少なくとも私の周辺では、「あのひばりが反戦歌をうたっている」ことが話題になることはなかった。そして、その後も、この歌は、〝一部音楽業界ネタ〟ではあったようだが、〝運動圏〟でも〝知る人ぞ知る〟であり、ひばりファンの間でも〝異端の歌〟でありつづけているように思われる。そこからは、なにやら謎めいたものが匂いたってくる。

本稿では、その謎の匂いのありかに迫ってみたい。

「第一回広島平和音楽祭」でうたわれた美空ひばりの「一本の鉛筆」（コロムビアレコード）

■生誕の地・広島ではなぜか〝知る人ぞ知る〟

そもそもこの美空ひばりの「一本の鉛筆」は、〝歌枕〟にされた当の広島では、どのていど知られ、またどう評価されているのだろうか？

残暑兼コロナ見舞いをかねて、被爆地にゆかりの友人たちにメールと電話でアンケートを試みた。

高校まで広島で育ち大学からは首都圏で暮らすAによると、東京に出てからも原爆忌の時期にはほぼ毎年帰省していたが、一九七四（昭和四九）年に広島で「一本の鉛筆」がお披露目されたことは記憶にない。第二子の誕生と転職が重なって西城八十の〝歌を忘れたカナリア〟状況にあったからだ。この歌の存在を知ったのは、一九八八（昭和六三）年の八月に帰省したおりに目にした新聞記事によってだった。たしかに、ひばりは、死の前年にあたるこの夏、第一五回広島平和音楽祭に二度目の出演をして、この歌をうたっているので、その報道に接したものと思われる。その上で、Aは広島在住の友人の何人かにもヒアリングをしてくれ、広島では最も知られているのは「原爆を許すまじ」（作詞・浅田石二、作曲・木下航二、一九五四年）で「カープの応援歌」並みだが、「一本の鉛筆」を誕生の経緯をふくめて知っているのは音楽関係者くらいで、一般市民にはほとんどなじみがないと報告してくれた。

また、呉出身のYは、「この世界の片隅に」のすずさんと同じく米軍の空襲で機銃掃射された体験をもつ母親から、八月六日の朝、庭で洗濯をしていたところ、突然、広島方向に巨大なきのこ雲が上がるのを見た時の恐怖をよく聞かされて育った。東京の大学を出た後は横浜で労働組合運動に関わり、ほぼ毎年お盆には帰省、必ず広島に寄って平和公園での慰霊式典に参加してきた。そんな環境にありながら、一九七四年に「一本の鉛筆」が広島で誕生したときの記憶はない。ある夏の平和公園での式典で、聞きなれないが妙に心にしみる歌をうたっているグループがいて、思わず訊ねると、それは美空ひばりの歌だと教えられて意表をつかれた。その後、テレビの番組などでも流れるようになり、いつしか「愛唱歌」になったという。

もうひとりは、ついこの間まで広島の私大で教員をしていたHである。「恥ずかしながら『一本の鉛筆』の存在は今の今まで知らなかった」と打ち明け、「教師の自分がそうなのだから教え子の学生たちにも知られていないだろう」と回答。その上で、「授業で原爆をテーマに取り上げたことが何度かあるが、いつも学生たちには話が終わるまで下を向かれた」という苦い経験が吐露された。

このように、どうやら地元広島では、「一本の鉛筆」はごく一部にしか知られていないようだ。となれば、私の耳に届くのに時間がかかったのも当然だったのかもしれない。だが、「あの演歌の女王が反戦歌をうたう」ということだけでも十分に話題性がある。しかも戦争や核兵器反対を声高に抗議せず、平易なことばで静かに語りかけているぶん一度聴いたら心にしみて忘れられない（ちなみに先に紹介した呉出身のYは、それまで美空ひばりにまったく興味も関心もなかったが、「一本の鉛筆」に魅かれたことから、仕事先の横浜にひばりの墓があると知るや、時々墓参りまでするようになったという）

にもかかわらず、なぜ「一本の鉛筆」は〝一部音楽関係者〟と〝運動圏〟の間での「知る人ぞ知る歌」のままなのか、の疑問が湧いてくる。

そこで「一本の鉛筆」誕生時に立ち戻って、改めて調べてみた。すると、そもそもこの歌は「祝福されて生まれたわけではない」らしいのだ。

当時の読売新聞の一九七四年八月一六日全国版夕刊には、「一本の鉛筆」がお披露目された「第一回広島平和音楽祭」の報告が掲載されている。地方の音楽祭が全国紙の写真入り五段という大きな扱いを受けるのは異例だが、その模様の一部が読売系の日本テレビ系列で全国配信されるので、そのパブリシティをかねてのことらしい。しかし、もっと異例なのは、この記事における美空ひばりと歌の扱いである。

記事は最後に、ひばりが「戦争否定をテーマにした『一本の鉛筆』を歌って大きな拍手を受けた」と記し、「こども心にも、戦後のあの食糧難がどんなに人間の心をゆがめたかが焼きついています。憎しみあうことはいやです」という彼女の言葉を紹介して、こう結ばれているのである。

「市内の別な所で、美空ひばりに抗議する人が約百人集まったが、その一方で、ひばりに拍手を送る被爆老人もいた。それが広島の現実なのだろう」

当時の日本全国の読者はこの結びの文章で「察し」がついたのだろうか。私にはまるで「判じ物」である。誰がなんのためにひばりに「抗議」したのか。「それが広島の現実」とはいったいいかなる「現実」なのか？　半世紀近く前の〝昭和の歌姫〟をめぐる記憶をたぐりよせてみたが、さっぱり答えがでない。

奇妙かつ意味不明なのは記事だけではない。参加した歌手の中では誰の目にも美空ひばりが「破格」なはずなのに、見出しに「ひばり」の「ひ」の字もなければ、掲げられている写真は、当時フォーク歌手として売り出し中の森山良子ではないか。

どうみても、この記事は何かに配慮しているか、詳しくは書けない事情があるとしか思えない。こういうときは、スポーツ新聞か週刊誌にかぎると、あれこれ漁っていると、「サンデー毎日」（一九七四年九月一日号）の「美空ひばり突如変身の舞台裏　あれ！　いつ反戦歌手に」のセンセーショナルな見出しを掲げた特集記事に行きあたった。そして、その中の次のくだりに、謎をとくヒントを見つけることができた。

「ところが出演者名が公表された時点で、クレームがついた。焦点の人は、やはり、あの美空ひばり。クレームをつけたのは、全電通被爆者協議会など、広島県の被爆者十四団体。（主催者の）広島テレビにさっそく抗議した。『抗議のポイントは二つある。一つは、例の実弟、かとう哲也など暴力団に関係ある美空ひばりを出演させるのは不謹慎だ。もう一つは八月九日は長崎に原爆が投下された日。犠牲者の追悼をすべき日に、平和と縁もゆかりもない流行歌手が来て、自分の持ち歌を歌うのは、おかしい。犠牲者を冒瀆するものだ——ということです』（地元記者）」

にわかに記憶がよみがえってきた。そうだ、そうだった。あの頃、ひばりの歌手人生は、挫折と失意が重なった〝最凶期〟にあった。

一九六四（昭和三九）年の「柔」、一九六六（昭和四一）年の「悲しい酒」、一九六七（昭和四二）年の「真っ赤な太陽」と続いたヒットナンバーが途絶えて久しかった。そこへ一九七三（昭和四八）年、つねに公演の前座歌手をつとめてきた弟のかとう哲也が、山口組傘下の暴力団の舎弟頭となって恐喝など暴力事件を繰り返して逮捕。往時の暴力団追放運動の高まりのなかで、これが契機となって、ひばりの公演は公共施設から締め出しをくらう。そして、とどめは、「国民歌手」として常連出演者だった年末恒例のＮＨＫ紅白歌合戦から降ろされたのである。そんなひばりにとって、第一回広島平和音楽祭実行委員長の古賀政男から呼びかけられた参加要請は、〝最凶期〟からのまたとない脱出と再生のチャンスだったが、いっぽう被爆者団体にとっては〝招かれざる客〟を「抗議」することになったのは、〝ひばり一家〟をめぐる当時の状況からは当然の成り行きであった。

前述の呉出身のＹに往時の事情を訊いてみると、そこにはさらにディープな背景があった。

ひばりと山口組との〝浅からぬ因縁〟は、前述の実弟の恐喝事件や、三代目組長の田岡一雄に小林旭との結婚をとりもってもらったことなどから、世間にはよく知られていた。いっぽう、広島では、一九六〇年代に勃発した中国地方の制覇を狙う山口組と呉を中心とした広島エリアの中小ヤクザ連合とのバトル——いわゆる「仁義なき戦い」がいまだ記憶に新しく、〝堅気〟の市民はもちろん、社会運動関係者の間にすら「反山口組」の気分があった。それが美空ひばりへの「来広反対」の深奥にあったのではないかというのである。

なるほど、そういうことだったのか！

となると、百名程度の「抗議」で収まったのは、「仁義なき戦い」が山口組に広島進出を断念させる形で〝手打ち〟を終えていたことと無縁ではなく、それがひばりと「一本の鉛筆」にとっては〝不幸中の幸い〟であったといえるのかもしれない。

■「あの日の広島のひとたちはもっと暑かった」

しかし、そんなつらい仕打ちを受けるくらいなら、「縁がなかった」とあっさり身を引く道もあったのではないか。〝普通の歌手〟なら、そして〝普通の歌〟ならば、おそらくそうなったことだろう。しかし、美空ひばりは〝普通の歌手〟ではなかった、そして「一本の鉛筆」は彼女にとって断じて〝普通の歌〟ではなかったのである。

第一回広島平和音楽祭で、ひばりは持ち歌である「ひとすじの道」をうたい終わった後に、五千人の聴衆に向かって次のように語りかけた。

「昭和一二年五月二九日生まれ、本名加藤和枝、私は横浜に生まれました。幼かった私にもあの戦争の恐ろしさを忘れる事は出来ません。皆様の中には尊い肉親を失い、愛する人を失い、悲しさを乗り越えて今日まで強く生きて来られた方々が沢山いらっしゃる事でしょう。今日の私の歌が皆様の心の少しでも慰めになりましたら幸せと思います。これから二度とあの様な恐ろしい戦争が起こらない様、皆様と一緒に祈りたいと思います。茨の道が続こうと、平和のために、われ歌う。この広島平和音楽祭を記念して、新しい歌が生まれました。これは、私にとりまして、これからも永久に残る大切な歌でございます」（月刊「わらび」一九八九年九号）

そして「一本の鉛筆」を静かに歌いはじめたのだった。

このひばりの口上は舞台の上からの「リップサービス」ではない、それが「本音」であったことは、以下の「舞台裏」でのエピソードによっても裏付けられるだろう。

公演当日の広島はいつもの夏にまして暑かった。ひばりのそばにいた関係者によると、会場の県立体育館には控え室などなく、選手たちのたまり場のようなところに氷柱が置かれてあるだけで、とても涼める状態ではなかった。リハーサルが終わって、主催者が近傍に用意した冷房の効いた部屋へ案内しようとすると、ひばりはこう応じた。

「ありがとう、でもあの日の広島のひとたちはもっと暑かったでしょう。私はここでいいです」

この言葉に、関係者たちは「ひばりの反戦の想いは本物だ」と感じて、彼女と共にしばしその場を動くことはできなかったという。

それから一五年後、「ひばりの反戦の想い」は〝一過性〟でなく、彼女のなかで止むことなく持続していたことが証明される。昭和最後の年の一九八八（昭和六三）年七月に開催された第一五回広島平和音楽祭に自ら望んで出演、「一本の鉛筆」を熱唱するのである。広島の原爆投下をモチーフにしたこの歌をゆかりの地でうたうのは二度目だったが、実はそれが最後になった。前年、重篤な肝臓病と大腿骨骨頭壊死で長期入院治療を余儀なくされた彼女は、おそらく「歌手生活の終わり」が近いことを覚悟して、人生の最後にどこで何をうたうべきかを内心で決めていたのかもしれない。

当日は、楽屋に簡易ベッドを運び入れ、出番以外の時は点滴を打っていたが、聴衆の前では終始笑顔をたやさず、舞台を降りたときは「来てよかった」と周囲に語ったという。

美空ひばりが〝普通の歌手〟ではなく、そして「一本の鉛筆」が彼女にとって〝普通の歌〟ではなかったことを物語るエピソードだが、これにはさらにフィナーレともいうべき続きがある。

昭和が終わって平成に代わった翌年、ひばりの病状は悪化し入退院が繰り返されるが、一時退院した三月二一日、ニッポン放送の一〇時間ラジオ「美空ひばり・感動の一曲」に自宅から電話出演、これが電波での露出の最後となった。そこで、ひばりは「わが歌手人生のベスト一〇」を自ら選び、「一本の鉛筆」をその六番目に挙げたのである。そして放送終了後、体調が急変、順天堂病院へ搬送され、それから三か月後の一九八九（平成元）年六月二四日午前零時二八分、間質性肺炎による呼吸不全によって還らぬ人となった。享年五二であった。

ところで美空ひばりの四〇年を超える歌手人生でうたった曲はなんと一五〇〇を超えるといわれるが、レコードの売上枚数順でいうと、以下のとおりである。

「川の流れのように」（昭和六四）二〇五万枚、「柔」（昭和三九）一九五万枚、「悲しい酒」（昭和四一）一五五万枚、「真っ赤な太陽」（昭和四二）一五〇万枚、「リンゴ追分」（昭和二七）一四〇万枚、「みだれ髪」（昭和六二）一二五万枚、「港町十三番地」（昭和三二）一二〇万枚、「東京キッド」（昭和二五）一二〇万枚、「悲しき口笛」（昭和二四）一一〇万枚、「波止場だよ、お父つぁん」（昭和三一）一一〇万枚――（産経新聞、二〇一九年六月一八日朝刊、「美空ひばり没後三〇年最も愛された曲　上位三〇曲」ほか）

やはり、「一本の鉛筆」は売上げ枚数では上位三〇にも入っておらず、おそらく下から数えたほうが早いのではないだろうか。にもかかわらず、美空ひばりは、自らの歌手人生を締めくくるにあたって、うたいつづけた一五〇〇曲の中から「一本の鉛筆」を六番目に挙げたのである。

よほどの思いがあってのことである。

これで合点がいった。「一本の鉛筆」が私の耳もとへ届いたのは、この歌へのひばりの〝持続する想い〟によるものだったのである。もし一九七四（昭和四九）年に被爆地・広島でお披露目したとき〝招かれざる客〟の仕打ちを受けたことでお蔵入りさせていたら、この歌は〝残念な名曲〟として埋もれたままであったろう。当の歌い手がこの歌に死ぬ直前までこだわりつづけたからこそ、追悼番組でも取り上げられ、私の耳にも、そして前掲の私の広島の友人たちの耳にも届き、愛唱歌になったのである。

それにしても、なぜ美空ひばりはこの歌にそこまでこだわったのだろうか？　謎はますます深まった。

■〝反戦〟の原点は父の出征と横浜大空襲

その手がかりの核心となるのは、すでに多くの関係者と評論家も指摘しているように、ひばり自身の生身の戦争体験にあることは間違いあるまい。改めて複数の史資料をつきあわせて検証してみると、ひばりの〝反戦〟の根っこにある原体験とは、概ね以下のとおりである。

一九四三（昭和一八）年六月、鮮魚商を営む父親・増吉のもとに「赤紙」が届いた。流行歌のレコードを聴くのが趣味の父の影響で〝のど自慢〟に育った六歳の娘は、父親の壮行会で軍国歌謡「九段の母」を歌い、集まった者たちを感涙にむせばせた。これが評判を呼び、以来、近所で壮行会が開かれるたびに「小さな慰問歌手」として声がかかるようになり、これが終戦直後の「天才少女歌手」誕生の原点となった。

もう一つひばりの〝反戦〟の核となったのは、父の出征から二年後の一九四五（昭和二〇）年五月二九日の朝、横浜市域をおそった空襲である。くしくもひばり八歳の誕生日であったことがさらに〝戦争嫌い〟をひばりの心層深くに刻印することになった。

米第21爆撃機集団所属のＢ29編隊五一七機がマリアナ基地から飛来。午前九時頃から午後一〇時三〇分頃にかけて投下された焼夷弾は三月一〇日の東京大空襲の一・五倍の約四四万発（約二六〇〇トン）、罹災家屋約八万戸、死傷者・行方不明者は確認された数字で約一万四〇〇〇名だが実数はその数倍ともいわれる。横浜の市街地は猛火により焦土と化し三一万人超が焼け出された。

ひばりも実家があった横浜市磯子区で空前の厄災に遭遇したが、父が出征したあと母親がつくった自家用防空壕に入って辛うじて難を逃れることができた。しかし、近所の家が焼夷弾を浴びて燃え上がり、Ｂ29が撃墜されて落下するのを目の当たりにした恐怖の体験を、「その光景は、今でもありありと思い出す」と書き記している。

美空ひばりの心層深くに刻まれた幼児期の〝反戦の想い〟は、長じても消えることはなかった。

敗戦から一〇年目の一九五五（昭和三〇）年、新生日本を象徴する新星のごとく現われた女性歌手によって初代「三人娘」が結成される。その一人は一九四九（昭和二四）年に一二歳でデビュー、「悲しき口笛」で大ヒットを飛ばしていきなりトップスターの座を手に入れた美空ひばり、残りの二人は、それぞれデビューが五二年「テネシーワルツ」の江利チエミ、五三年の「思いでのワルツ」の雪村いづみ。ともに一八歳の同い年であった。

結成発表をうけて、三人娘たちに「今何が一番欲しいか」の質問が投げられた。

江利チエミの答えは「話している相手が本当は何を考えているかということを見抜ける目玉が欲しい」

雪村いづみの答えは「天女の羽衣のようなものがあったら、それでこのきたない世の中からおさらばして一人でフワッと広い空を飛んでいきたいわ」

これに対して、ひばりの答えは「この世界から戦争がなくなって欲しい」。

江利チエミと雪村いずみの、芸能マスコミ受けする、いかにも十代の女の子らしい〝おちゃめ〟な応答に対して、ひばりのそれはなんとも生真面目かつ堅くるしく対照的だった。だが、逆にホンネが吐露されたとみていいだろう。その時のひばりの心中を読み解くと、こうだったのではないか。

幼児期からの〝反戦の想い〟を、歌に託して昇華する機会をずっと待っているのにそれがやってこない。ちょっとだけだが、かすったことはある。たとえば一九五〇（昭和二五）年にうたった「私は街の子」の「♪今は恋しい母親に／うしろ姿もそっくりな」、同じ年の「東京キッド」の「♪空を見たけりゃビルの屋根／もぐりたくなりゃマンホール」、そしてわが妄想を飛躍させれば一九五一（昭和二六）年の「越後獅子の唄」の「♪わたしゃ孤児《みなしご》街道ぐらし」には、戦後焼跡闇市の戦災孤児を彷彿させる残影がある。たしかにそれはひばりの〝反戦の想い〟とかすってはいる。だが、逆にかすったことで、ますますひばりの中にある〝反戦の想い〟を思いっきりうたって表現したいという希求がつよまったのではなかろうか。

しかし、その後、天才少女歌手は、「リンゴ追分」（昭和二七）の〝望郷物〟、「波止場だよ、お父つぁん」（昭和三一）「港町十三番地」（昭和三二）の〝マドロス物〟、「柔」（昭和三九）の〝芸道物〟、「悲しい酒」（昭和四一）の〝悲恋物〟へと「芸域」をひろげていくなかで、もはや〝反戦物〟にはかすりもしなくなっていくのである。

■ついに〝反戦の想い〟をうたえる時がやってきた！

そして待つこと二〇年、ようやくその時がやってきた。一九七四（昭和四九）年の「第一回広島平和音楽祭」に招待をうけ、「一本の鉛筆」を提供されたのである。

しかし、事は簡単には成らなかった。先に紹介したように被爆者団体から「待った」がかかったからだ。ふつうなら、ここでひばりの〝反戦の想い〟はまたしても潰えたであろうが、それを押しとどめてくれたのは、この広島平和音楽祭の総合演出責任者で「一本の鉛筆」の作詞者の、「なんとしてもこの歌をひばりに歌ってほしい」という熱情だった。その作詞者とは映画監督の松山善三、ひばりより一二歳年上で、木下恵介門下生としてろう者の夫婦をモデルにした「名もなく貧しく美しく」で監督デビューするやブルーリボン脚本賞を受賞、妻は銀幕の大スターの高峰秀子という映画界の大御所であった。

関連資料によれば、被爆者団体と松山との間にはこんな激しいやりとりがなされたという。

被爆者団体の「待った」の理由は二つ。一つは「暴力団がバックにいるひばりが平和をうたうのは許せない」、もう一つは、松山の作詞にたいして「被爆者の苦悩は一本の鉛筆で消えるような甘いもんじゃない」。

それに対して松山は、「一本の鉛筆だからこそ、一枚のザラ紙だからこそ、平和の心を伝えることが出来るのだ。一本の鉛筆は鉄砲玉よりも強いのだ」と猛然と反論した。

ちなみに「一枚のザラ紙」とは、「一本の鉛筆」のエンディング「♪一本の鉛筆があれば／八月六日の朝と書く……」の手前の次のくだりをさす。

♪一枚のザラ紙があれば／子供が欲しいと書く
一枚のザラ紙があれば／あなたをかえしてと私は書く

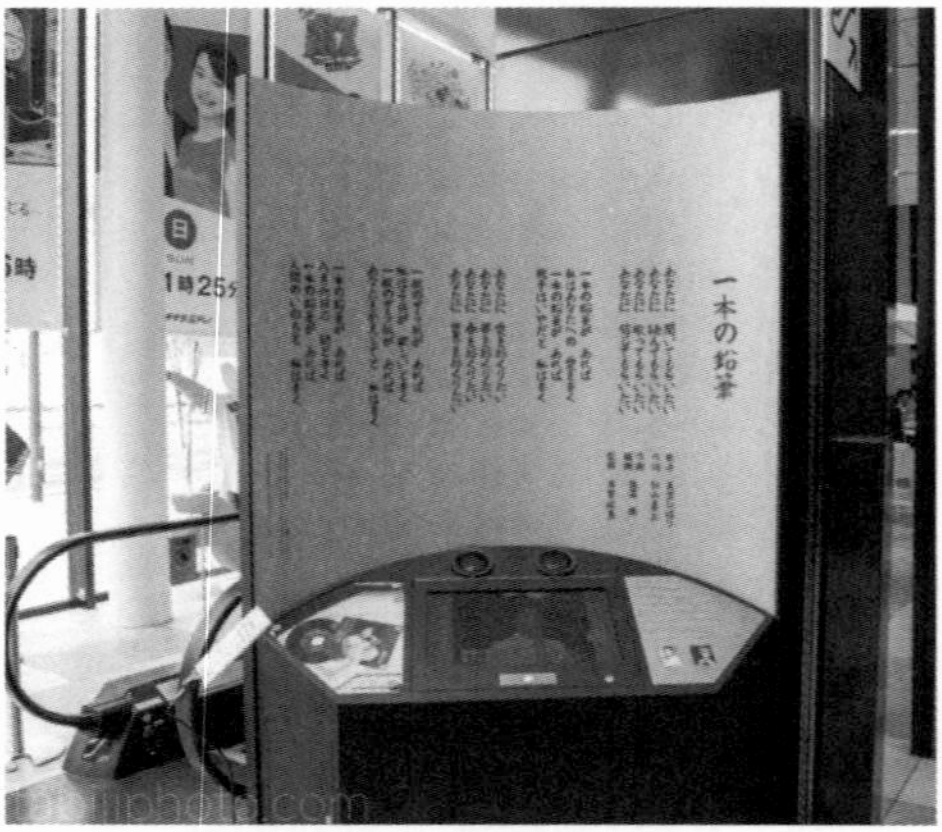

広島駅新幹線口の広島テレビの入るビルの１階にある「一本の鉛筆」の歌碑

松山には一九四四（昭和一九）年にニューギニアで戦死した兄がいた。旧制中学生のとき、母親が骨など一片も入っていない兄のものだという空の遺骨箱を受け取るなり地面に叩きつけたのを忘れることができず、後に、その出来事から松山の胸中にわだかまりつづけた〝反戦の想い〟をこうしたためた。

「兄の骨は遺骨収集団の手などによって掘り出して貰いたくはない。いつまでもいつまでも、そこで眠っていて欲しい。長い長い歳月を経た後、その骨が土から現われた時『昔、日本という国がバカな戦争をした。この遺骨はその犠牲者のものだ』と思い出して貰いたい。それこそが記念碑なのだ」（『碑』というタイトルで中学一年生の国語の教科書（東京書籍）に掲載）

これは、いってみれば、「一枚のザラ紙」に「一本の鉛筆」で書かれた松山の〝反戦の想いのたけ〟であり、これこそが「鉄砲の玉よりも強いのだ」と松山はいいたかったのである。

その松山の実家は横浜の磯子滝頭地区で、ひばりの実家とは指呼《しこ》の間にあった。それまで二人には面識はなかったが、松山は同じ地元ゆえに、ひばりが横浜大空襲の体験者であることを知っていたはずであり、だからこそ、自らが作詞した歌をひばりにうたってもらうことを前提に作詞をしたのであろう。

さらに大会実行委員長の古賀政男が松山の後を引き取ってこう援護射撃をした。

「ひばりを推薦したのは私だ。ひばりの平和への思いの強さを聞いてくれ。ひばりはノーギャラで歌うと言っているのだ」

おそらくひばり自身も、被爆者団体にたいする主催者側の、とりわけ松山の〝ひばり擁護〟を聞きおよんだはずである。そして、松山のシンプルだが奥の深い作詞に「戦争は嫌だという私の想いとぴったり重なる」と直感し共感したはずである。ここで両者の〝反戦の想い〟がスパークして、互いの想いをより高める相乗効果が働いたであろうことは想像にかたくない。

だからこそ、当日のステージで「一本の鉛筆」をうたう直前の口上の最後で、「私にとってこれからも永久に残る大切な歌」と語り、また死を前にして「自薦ベスト一〇」の第六位に挙げて「遺言」としたのであろう。

■〝原子マグロ〟はひばりの〝反戦意識〟を刺激した!?

その上で、ひばりがヒロシマと「一本の鉛筆」に死ぬまでこだわった理由が、もう一つ考えられる。確たる証言も証拠もないので、あくまでも筆者の妄想とお断りしておくが、それには父親の商売である鮮魚商に深く関係している。

一九五四（昭和二九）年、遠洋マグロ漁船第五福竜丸がビキニ環礁の水爆実験で被ばく、当時同じ海域で操業していた数多くの漁船がもちかえったマグロは〝原子マグロ〟と呼ばれて大量に埋められたり、海洋に投棄され、日本中がパニックに陥った。これによって、街の鮮魚商たちも大打撃をこうむった。その被害者の中にひばりの父親もいたはずである。

それから二〇年、ひばりが広島平和音楽祭で「一本の鉛筆」をお披露目することになったその年、インド、フランス、中国、イギリスの四か国が核実験を実施したのである。それはいやでも父親を苦しめた〝原子マグロ〟を思いださせ、ひばりの〝反戦意識〟をより刺激し、ヒロシマと「一本の鉛筆」にますますこだわりをもつようになったと考えられないだろうか。

いずれにせよ、幼少期の戦争体験にもとづく〝反戦の想い〟を自らが最も得意とするうたで表現したいというひばりの願いと希みは、デビュー当初の「私は街の子」「東京キッド」「越後獅子の唄」などで、ほんのちょっぴり満たされたかに思えたが、むしろ欲求不満を残したまま、それ以降は伏流を余儀なくされた。そして、ひばりの〝反戦の想い〟はようやく二〇年の時間をへて、地上に出ることができた。そのパワーを与えてくれたのが松山善三から提供された「一本の鉛筆」の歌詞であった。

そうなると、「一本の鉛筆」は、そもそもひばりの〝原点〟から発しているものであり、「異端」どころか、「正系」であったことになる。「ひばりファンには認識を改めてもらいたい」などとそんな不遜なことを言うつもりは毛頭ない。本稿の冒頭で、「一本の鉛筆」はひばりの歌の中の「異端である」と記しているのだから、今後は私自身の浅薄を恥じて認識を改めたい。

■「一本の鉛筆」よ、アジアへ、世界へと、越境せよ

最後に「一本の鉛筆」を「原爆を許すまじ」と比較対照をすることで、ひばりの〝反戦の想い〟とは別の視座から追究を深めたい。

先に紹介した広島の友人によれば、「原爆を許すまじ」が「カープの応援歌」並みに知られているのに対して、「一本の鉛筆」は〝知る人ぞ知る〟だという。これは、ともに「反戦平和」という国境を超えたテーマを掲げながらも、前者がドメスティック（広島限定的）であり、かたや後者は越境的（超広島的）であるからではないか。そして、「一本の鉛筆」が〝超広島的〟なのは、もっぱら美空ひばりの越境性にあると思われる。ひばりは「国民的歌手」と今なお思われているようだが、それは違う。とっくに日本を越境している。

これについて、すでに吉本隆明はこう指摘している。

「遠東《ファ・イースト》のヤポネシアに流布されている歌謡の、いちばんの特徴はメロディが分節化し、つぎに言語化して、歌詞の文句と二重になっていることだ。（略）『ひばりの佐渡情話』のなかで、美空ひばりはこのヤポネシア的な歌謡の特徴を、

じつに見事に歌ってみせた。彼女がこの歌でノドを細くしながら楽譜の声をひきのばし、メロディを分節化してたくさんの波形をつくり、ある部分は迫るように、ある部分は遠ざかるように言語化して唱うとき、ヤポネシアの歌謡の特徴は最大限に発揮されるようにおもわれ、聴きほれるおもいにさせられた。（略）この歌唱の力能が、世界普遍性をもたないはずがないというところまで、その力量は到達していた」（吉本隆明『情況としての画像』河出書房新社、一九九一年）

例によって吉本流の晦渋な蘊蓄だが、同じことを竹中労の〝舎弟〟の平岡正明はきわめて明快にこう述べている。

「竹中労とおれは、美空ひばりを日本庶民だけの英雄と思ったことはない。仁川と台北と香港で、知りあったその地の友人に、美空ひばりのレコードをかけてもらったことがある。（略）それぞれの地の音楽家、音楽ファンにたずねると、美空ひばりを尊敬すると答える。スキと答えるのでも、『日本では』と限定がつくのでもない。その国、その地の流行歌を聴いて、しばらくすると納得する。美空ひばり型の歌手がいるのだ。国民歌手といった位置にある女性歌手がひばり型である。伝統と近代の衝突から歌謡曲をとりだしてくる美空ひばりの闘いが、尊敬すべきものとうつるのだ。うまいから真似ようという底の浅い話ではない」（『ひばりの芸術』ネスコ、一九九〇年）

美空ひばりは「国民歌手」だが日本のそれではない、アジア全域の「国民的歌手」なのである。いや、さらにいうと、ひばりの越境力はアジアに限定されてはいない。ひばりが「一本の鉛筆」を広島で初めて披露したのは一九七四年の夏だが、ひばりはその五か月前に、来日した反体制歌手で知られるハリー・ベラフォンテと出会い、「一本の鉛筆」を広島でうたうことを打ち明けたところ、ベラフォンテから「ぜひうたってください」と励まされている。そしてベラフォンテの前で伴奏なしで「唄入り観音経」をうたってみせた情景を、同席していた竹中労はこう活写している。

「それはもう凄いというよりは他に表現のしようもない、天来の調べであった。ベラフォンテほどのうたい手が圧倒されて声もなく、涙ぐんで聞き呆けていた。『あなたも何か』とうながされると、首をふってこう言った。『今夜はうたえません、この唄を聴いたあとでは』。それは世辞ではなかった。レパートリーとして組んでいた日本の歌を、『さくらさくら』のオープニング以外すべてやめたいと、ベラフォンテは同席したプロモーターに申し出たのだ」（『完本　美空ひばり』ちくま文庫、二〇〇五年）

美空ひばりは長らく、いや死んだ後の今もなお、日本の「国民的歌手」に擬せられてきたが、そろそろそのくびきから解いてやらねばならない。それには、「反戦平和」という国境を越えたインターナショナルなテーマがこめられた「一本の鉛筆」こそがふさわしい。

かつて当の広島の被爆者から拒絶された歌だからこそ、むしろ越境するのにふさわしい。広島を超え、日本を超え、アジアへ、世界へと飛翔すべきではないか。

「一本の鉛筆」で「一枚のザラ紙」に書かれるべきは、「八月六日の広島」だけではない。アジア各地に、世界の各地に、書かれるべき場所はある。そこへ向かって越境することこそが美空ひばりへの手向けであり鎮魂であろう。だがしかし、それができる歌手は今もって美空ひばり一人しかいない。そのためには、類まれなる「越境の声音」をもつ歌姫を泉下から呼び戻すしかない。

ＡＩによるアンドロイドの美空ひばりにそれができるとは、私にはとうてい思えない。

■美空ひばりは戦後日本の形代《かたしろ》だった

かつて日本の各地には、形代、あるいは人形《ひとがた》という風習があった。紙で人の形をつくり、その年のあらゆる災厄を背負わせて川に流すか、焚き上げる。東京の山の手育ちの筆者にも、小学校時代までは家族みんなでした記憶がある。近所の八幡社へ家族分の人形をとりにいって、家族全員がそれで体の各所をぬぐい終えたものを、また神社へ戻しにいくのが私の役目だった。

「美空ひばりは戦後日本の形代だった」

焼跡闇市派のある作家は、同世代の彼女をそう評した。

なるほどそのとおりかもしれない。敗戦の傷がいまだ癒えない混沌の中に八歳のひばりが突如舞い降りるや、天才少女歌手とほめそやして一気にスターダムに押し上げ、やがて社会が落ち着いて安定を求め出すと、立派な親鳥になったひばりを裏社会とつながっているからと容赦なく撃ち落とした。

時に、いや常に「民衆」は残酷である。さんざん味わいつくして捨て去るだけではない、最後は自分たち世間の罪と穢れのすべてをおしかぶせて、さながら形代を川にながすように浄化をこころみる。

形代にされかけた歌姫が、「そうされてたまるものか」と、残酷な「民衆」へ投げ返したのが「一本の鉛筆」であったのかもしれない。

そんな感懐を抱かせる友人からのコメントを最後に紹介して、本稿を閉じることにする。

私の友人Nは広島生まれで広島在住の被爆二世である。冒頭で紹介した他の友人のように「一本の鉛筆」についての個別の質問には答えず、

「戦争と原爆によって大きく人生を左右されはしたが、私は『二世』だから発言する資格があるとは思わない」

と前置きをして、「一本の鉛筆」と美空ひばりについて、ひばりが在日『二世』であることをにおわせつつ、こう書き送ってよこした。

「戦後復興の希望のシンボルとして望まれる歌を歌い続けて、『そうであれば、私と共に私の大切な家族が何故受け入れられないのか』という気持ちを〈人のいのち〉をキーワードに訴えようとした曲だと思います。〈人のいのち〉は現下でいえば、ＢＬＡＣＫ　ＬＩＶＥＳ　ＭＡＴＴＥＲでしょうか。拒絶した側は『なんの罪もない人たち』の〈いのち〉を奪った原爆という神話を作り歪んだ政治的背景を持って『平和運動』を展開した人達です。被爆死した二万人の広島の在日の人たちに思いの届かない人達です。ひばりがそのことを意識していたかどうかは知りませんが、都合のいい事は利用してひばりの背景は疎んじるという社会の構造が露呈した一曲です」

♪第一三話
〝分断のシンボル歌〟が今もうたい継がれる不幸
「イムジン河」歌・ザ・フォーク・クルセダーズ
（作詞・朴世永、松山猛（訳詞）、作曲・高宗漢、一九六八年）

■朝鮮総連から発売に「待った！」

前話の美空ひばりの出自についてもそうだが、在日朝鮮人問題は、今なお戦後日本に積み残された歴史的な課題でありつづけている。それは解決されるどころか、しこりの瘤を大きくするばかりだ。この問題を「わが事」として考えさせられる歌がある。

「イムジン河」をはじめて聞いたのは、いつだったろうか？　たぶん大学二年のころ、当時の一〇代、二〇代にはもっとも身近かで重要な情報源であった深夜ラジオからだったと思うが、初めてのはずなのになぜか既視感ならぬ〝既聴感〟があった。

♪北の大地から南の空へ／飛び行く鳥よ　自由の使者よ
♪誰が祖国を二つにわけてしまったの
♪虹よかかっておくれ／河よおもいを伝えておくれ
♪イムジン河　水清く／とうとうと流る

イムジン河とは南北朝鮮を分断する三八度線付近を流れる「臨津江」。韓国では「イムジンガン」、北朝鮮では「リムジンガン」と発音される。歌詞の文脈からして、「南北に分断された半島の人々の望郷と〝一つの祖国〟への願いをこめた歌」である。それが共感をもって受け入れられたのは、折しも日韓闘争をへて、街頭ではベトナム反戦運動が燃えさかり、多くの若者たちの間に隣国の〝南北融和〟を期待する雰囲気があったからだろう。今では信じがたいことかもしれないが、半世紀前は「南」が軍事政権下の恐怖政治であったぶん、「社会主義国家」と呼ぶにはいささかためらいがあっても「北」がバラ色に見え、「北」のイニシアティブによる半島の融和に期待があったのである。ちなみにその二年後、赤軍派が「よど号」を乗っ取って目指したのも北朝鮮であった。

しかし、この楽曲が若者たちの共感を呼んだのは、〝政治の季節〟という時代背景だけでは説明しきれない。同時代者の筆者の肌感覚からすると、それもあったかもしれないが、〝ナンセンスのきわみ〟と〝シリアスのきわみ〟の異化・相乗効果のほうが、共感を呼んだ理由としては大きかったように思われる。すなわち、

「♪天国よいとこ一度はおいで　酒はうまいしねえちゃんはきれいだ」

のナンセンス・コミックソング「帰ってきたヨッパライ」でブレイクしたフォークルが、その直後に、

喜多由浩著『「イムジン河」物語』（アルファベータブックス）

「♪誰が祖国を二つにわけてしまったの」の政治的メッセージソング「イムジン河」をリリースしたことによる〝ミスマッチ感のきわみ〟が、鬱憤と怒りを抱える若者たちにいっそう受けたのではないか。

これがシリアス一途の岡林信康ら反戦フォーク一派が発信元だったら、これほどの共感を呼んだかどうか。

なお補足を加えると、「帰ってきたヨッパライ」は単なるナンセンス・コミックソングではない。ビートルズの「グッドデイ・サンシャイン」のメロディを間奏に入れ込み、エンディングには「般若心経」の読経、そしてベートーベンの「エリー

ゼのために」でフェイドアウトするという意表をつく洗練された仕掛けが凝らされている。これを当時二〇代そこそこのアマチュア学生バンド上がりが生み出したとは驚異である。先行世代のクレイジーキャッツなどのその道のプロによる従来のコミックソングの底の浅さが見えてしまうではないか。

片や「イムジン河」はというと、当時のプロテスト系のフォークにしばしば見られた単純な反戦平和ソングではない。半島の南北分断、それをうけた在日朝鮮人組織間の対立と葛藤、それに日本人はどう向きあうのか――というシリアスかつ複雑なテーマを問い掛けた挑戦的な楽曲である。

まさにナンセンスとシリアスの〝きわみ〟同士が掛け算されたものであり、これは歌の世界を超えた社会的事件であった。その上で、もうひとつの出来事が加わって、その社会的事件度はさらに倍加する。

北朝鮮系の在日朝鮮人総連合会（朝鮮総連）から、発売に「待った」がかかったのである。

改めて当時の報道を確認してみると、「『イムジン河』に物いい／朝鮮総連　作者名を明示せよ」の見出しを掲げた朝日新聞、一九六八年二月二〇日夕刊には、五段抜きの記事で概要が次のように報じられている。

「（『イムジン河』は）二年ほど前から関西地方で流行しており、昨年秋、フォーク・クルセイダーズの私家版レコードに入れられた。関西地方では、ラジオのヒット・パレードの上位に進出するほど人気を呼んだ。このヒットに目をつけた同社（東芝音楽工業）があらためてフォーク・クルセイダーズの歌で吹き込み、二月二十一日発売を目標に十三万枚をプレスした」

これに対して朝鮮総連側は、こう「物言い」をつけた。

「昭和三十八年ごろ、北朝鮮でつくられたもので、二、三年前から在日朝鮮人の間でもよく歌われるようになった。作詞は祖国の国歌を作詞した朴世永、作曲は高宗漢。原曲は二番まであったが、東芝音楽工業のものは三番まであり、しかも二番の歌詞が原曲といちじるしく違う」

その上で朝鮮総連側は、「①著作権者である朝鮮総連に謝罪する、②その謝罪を大手新聞、放送により行なう、③原曲にあわせて歌詞を訳し直す、④原曲の作詞・作曲者の明示する」を要求したが、東芝音工側は態度を保留する。

そして、翌日の同紙朝刊の一番下段には、前日の夕刊の十分の一ほどの「続報」が次のように掲載された。

「同社（東芝音楽工業）の浅輪文芸部長は二十日、同連合会（在日朝鮮人総連合会）を訪ね、レコード十三万枚の発売を全面的に中止すると伝え、同連合会も了承した」

かくして、「イムジン河」はレコード化されることなく「お蔵入り」になっただけでなく、放送界からも「禁歌」として放逐されたのである。

■イムジン河の北へ帰還したわが同級生

このフォークルの「イムジン河」をめぐる一連の騒動はたしかに「社会的事件」であったが、私にとっては、ある個人的大事件の「記憶再生装置」であり、実はそれこそが私が本稿を書こうと思いたった最大の動機である。

「イムジン河」が発売中止に追い込まれた事件の三年前のことだった。私のそれまでの一八年の人生にとってもっとも印象深い同級生との別れがあり、二人の間には越えるに越えられないイムジン河があることを痛切に思い知らされたのである。

あれは高校二年の夏休み明けだった。東大合格間違いなしといわれていたA君が、某予備校の夏期講習で仕入れてきたらしい、とっておきの話をクラス仲間にこうひけらかした。

「日本史はせいぜい大正デモクラシーまでしか大学入試には出ない。世界史もおなじで第一次世界大戦までだ。だから現代史を勉強するのは無駄だ。そんな時間があったら、他の受験科目にエネルギーをふりむけるべきだ」

政治的判断が問われる、あるいは外交評価が未だに定まらない現代史の事象は出題されないというロジックは、「受験戦術」としては「大正解」に思えて、クラス一同ありがたく拝聴した。ところがS君が話に割って入った。

「だからといって、僕らの親たちが経験してきたことを知ろうとしないのは、まずいんじゃないか。僕らがこれからちゃんと生きていくためにも」

これには全員が驚いた。成績も中の中で、陸上部に所属、授業がおわると、校庭のど真ん中を占有している人気の野球部に気を使いながら校庭のはしっこをひたすら周回している地味を絵に描いたような男が、学年一の秀才に異を唱えたからだ。

理科系志望で「歴史」は大の苦手な私は、内心で「しめた、いいことを聞いた」と思ったくせに、かっこをつけてS君の肩をもった。

「S君のいうとおりだ。功利主義はよくない」

実をいうと、私の中では、全学投票の生徒会の最高委員（他校でいう生徒会長）選に立候補してあえなく落選、次期選挙で雪辱を期していたので、S君から支持をとりつけたいという功利主義が働いていた。

しかしS君は私の言葉を字義通りの援護射撃と受けとめ、「だったら、現代史研究会をつくろう」と私を誘った。思わぬ展開に、私は引っ込みがつかず、しぶしぶ了解、不安なのでもう一人級友を引きずりこんで「現代史研究会」が週一のペースで始まった。

S君は毎回チューターをつとめ、地味どころかとんでもない異才を発揮して私を驚かせた。主たるテーマは極東の現代史で、私は今の自分につながる「生きた歴史」をつぶさに知ることになった。それは戦前の「強制連行」にはじまり、朝鮮戦争では原爆投下を提案したマッカーサーをトルーマン大統領が解任、「北」が盛り返したのは長男を失ったことで復讐鬼となった毛沢東のおかげだ、民間の犠牲者は数百万に及びその中には日本人もいたことなど、学校の授業では学べないものばかりで驚きの連続だった。

そして一年半後、S君はさらに私を驚かせた。

大学受験が目前にせまって志望校を聞くと、S君は「日本の大学にはいかない」。「アメリカか」と問うと、なんと「北朝鮮の医学部を受ける」というではないか。やがてS君は、Sは仮に名乗っている「日本名」であって、本当は「金」だと打ち明けてから、S君一家は戦前半島から日本へ労働者としてやってきて事業で財をなしたが、五年ほど前から北朝鮮への「帰還事業」が始まったので「祖国に帰る」のだと語ってくれた。

すぐには事情がのみ込めなかった。

S君一家は「日本人並み」あるいは「日本人以上」に経済的に恵まれていた。にもかかわらず、なぜ一家を上げて「北」へ帰国することにしたのか？　そのわけは「外国人として扱われる居づらさ」だった。

一部に、彼らの多くは日本に行けば儲かるから来ただけで「強制連行」されたわけではないという議論がある。もちろん全員が「強制連行」されたわけでなく「自発的に来た人々」もいた。S君一家もそうであったかもしれない。しかし、だからといってそこに「差別」がないというのは間違いである。自発的に来たとしても「外国人労働者」として扱われるかぎりは「居づらさ」は続く。

その最たるものが、戦中戦後を通じて半島出身者にたいして止むことのない「ヘイト」である。それは時に、関東大震災のときのように「鮮人が井戸に毒を投げ入れている」の流言によって虐殺されるまでに過激化する。思えば「あの当時」も日韓条約を前に朝鮮高校生が襲撃される事件が頻発していた。S君が日本名を名乗り、目立たないようにしていたのも、いつ何時排撃されるかもしれない怯えによるものだったのであろう。S君一家にとって、日本は一時避難のシェルターでしかなく、けっして安住・安息の場所ではなかったのである。

■松山猛が越えたいくたの〝禁断の河〟

S君一家が新潟港から帰還船で日本を離れて三年ほどして、フォークルの「イムジン河」が話題を呼んだとたんに発禁になったことで、改めて私とS君との間にも〝禁断のイムジン河〟がとうとうと流れていることを思い知らされた。それから数十年の歳月が流れ、二〇〇二年にフォークルが再結成され「イムジン河コンサート」が開催されるや、テレビや雑誌新聞などで特集が組まれ、発禁処分で秘されていたエピソードが明かされるとともに、実は当事者たちの間にも、いくつもの〝禁断のイムジン河〟がとうとうと流れていたことが明らかになった。

「イムジン河」の誕生から封印までの事情は、私もおおよそは知っていたつもりだったが、今回調べ直してみて、そこには未知の出来事が数多く秘されていて、なかでも「イムジン河」をフォークルに仕掛けた松山猛のエピソードには、驚きと衝撃を受けた。

松山猛も私と似たような体験をしていて、それが「イムジン河」の源流となっていたからである。

フォークルは当時京都の大学生だった加藤和彦（龍谷大経済学部）、北山修（京都府立大医学部）、端田宣彦（同志社神学部）によって結成されたが、加藤を通じて「イムジン河」をフォークルに持ち込んだのは松山猛だった。つまり松山こそ「イムジン河」の〝影のプロデューサー〟だったのである。

では、既知のエピソードも交えながら、「イムジン河」が世に出るまでの〝とうとうたる流れ〟を「源流」からたどりなおしてみよう。（なお、以下の記述は、フォークルが再結成された二〇〇二年に松山猛が上梓した自伝風エッセイ『少年Mのイムジン河』（木楽舎、二〇〇二年）と朝日新聞、二〇〇九年一二月一三日朝刊、二〇一〇年二月二〇日朝刊の特集記事によった）

松山が京都の市立中学一年のとき、学校の弁論大会で、在日朝鮮人の女子生徒が「民族の違いを認め、ともに仲良くしましょう」と訴えて一等賞に輝く。これに感銘をうけた松山少年は彼女との交流のなかで、彼女から社会問題や哲学の本を貸与され「社会のひずみに無関心であってはいけない」ことに気づかされる。それから一年後、前年から始まった「帰還事業」で女子生徒一家は〝脱日本〟を決断、松山は万景峰《マンギョンボン》号が待つ新潟港へと向かう一家を京都駅で見送る。時期は私のほうが五年ほど後になるが、さながらS君と私の出会いと別れを彷彿とさせるものがある。

そこから先、松山は「イムジン河」を世に送り出すまでに、〝禁断の河〟をいくつも越えていく。

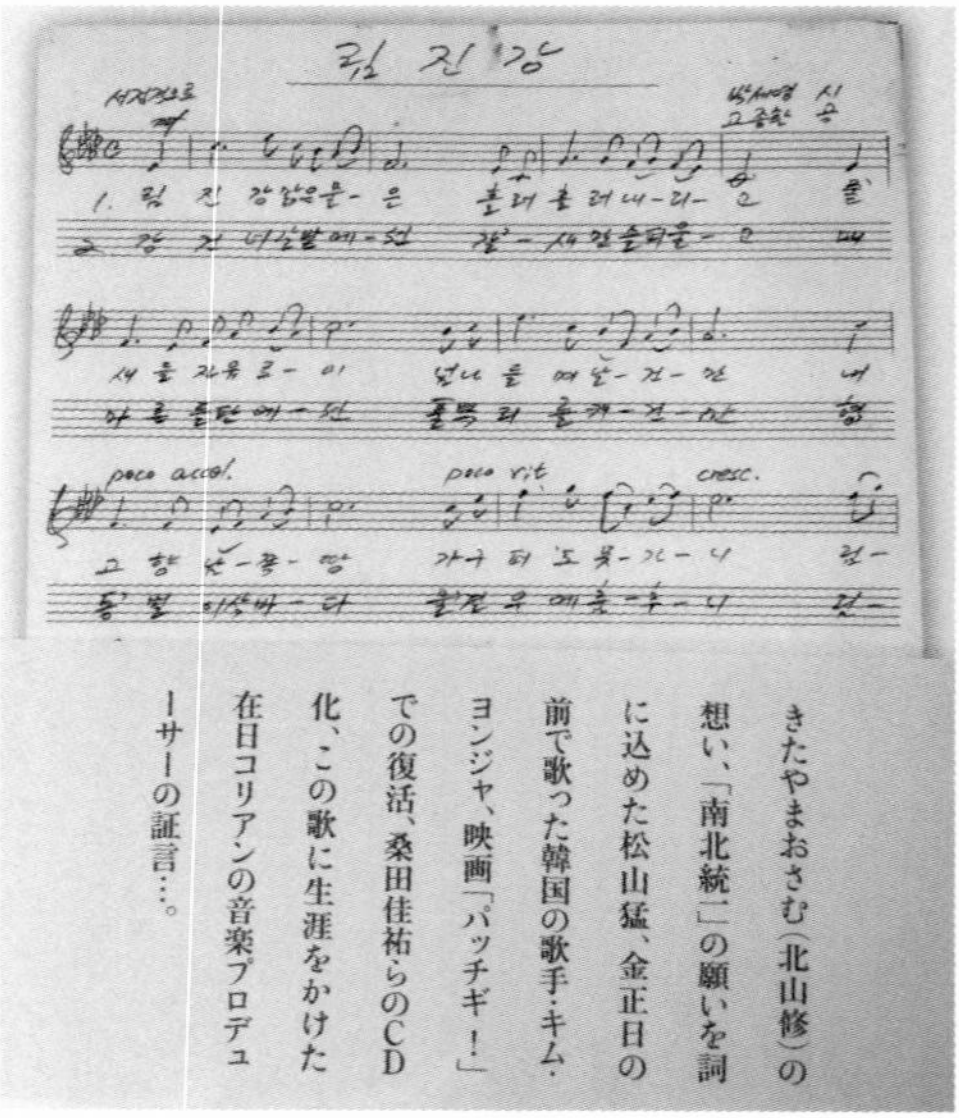
림진강
きたやまおさむ（北山修）の想い、「南北統一」の願いを詞に込めた松山猛、金正日の前で歌った韓国の歌手・キム・ヨンジャ、映画「パッチギ！」での復活、桑田佳祐らのCD化、この歌に生涯をかけた在日コリアンの音楽プロデューサーの証言…。
高宗漢「リムジン江」の直筆楽譜（『「イムジン河」物語』、アルファベータブックス）

松山の周辺では日本人と朝鮮人の子ども同士の諍いが絶えなかった。（思えば私の中学高校時代にも、朝鮮中学高校と国士館高校との傷害事件がしばしば起きていた）その仲裁を教師に相談すると、親善サッカーの試合をすすめられ、銀閣寺の傍にある朝鮮中級学校を訪ねたところ、教室から流れてきたのが生徒たちが合唱する「イムジン河」だった。松山は強い共感をおぼえ、そのメロディは彼の前頭葉にしっかりと刻み込まれた。

時を待たずに次なるチャンスがやってくる。部活でトランペットを吹いていた松山は、鴨川にかかる九条大橋のたもとで夜な夜な練習をしていたが、そこで同じようにサックスを吹く少年と出会う。少年は文光珠《ムン・グァンス》といい、なんとあの朝鮮中級学校の生徒だった。松山は迷うことなく、うろ覚えの「イムジン河」を口ずさんで教えを乞うた。すると、ある日、文少年から、一番の歌詞が記された手書きの譜面と日朝辞典がプレゼントされたのである。

文少年は両親とも日雇い労働者で六畳一間の極貧暮らしだったが、「原語だけ教えるのは無責任だから」と日朝辞典のために新聞配達で稼いだ二〇〇〇円の大枚をはたいたという。

泣かせる話ではないか。かくして日朝二人の少年は〝禁断のイムジン河〟をともに手を携えて越えたのである。

もし二人の少年の思いが一つにならなかったら、おそらく「イムジン河」はいまだに朝鮮学校で歌われる「隠れた名曲」のままだったのではないか。

それから数年後、松山は、文少年から託された原曲の一番に、二番と三番のオリジナルの歌詞を書きくわえて、たまたま知り合った加藤和彦にゆだねる。そして、まだ世に出る前のアマチュアバンドだったフォークルによってデビューを果たす。一九六六（昭和四一）年のことだ。やがてそれは、私家版のレコードとなり、ラジオの深夜放送でも取り上げられて、関西地方では、番組のヒットチャートの上位に進出するほど人気を博す。それから二年後、フォークルは「帰ってきたヨッパライ」で大ブレイク、「イムジン河」はそれに続く第二弾として発売予定となるも突然「お蔵入り」になる経緯は、すでに述べたとおりである。

ちなみに松山が新たに書き起こした二番と三番のサビはこんな歌詞だった。

二番　♪飛び行く鳥よ　自由の使者よ／だれが祖国を二つにわけてしまったの……
三番　♪河よ　おもいを伝えておくれ／ふるさとをいつまでも忘れはしない……

新しい息吹を吹き込まれた「イムジン河」が初めて聴衆の前で披露されたときの印象を松山はこう述懐している。

演奏がはじまって終わるまで会場は静けさにつつまれていたが、しばらくして嵐のような拍手がわきおこり、それは実に感動的だったという。

なお一番の歌詞はほぼ「元歌」のとおりである。微妙に違っているのは、松山の「訳詞」の最後では「♪とうとうと流る」のところが、「元歌」では「♪なぜ恨みをのせて流れるのか」となっている。

問題は二番である。朝鮮総連のクレームにもあったが、実は「元歌」には二番があり、次のような内容であった。

「♪河の南側（韓国）は鳥たちが悲しげに飛び立つ葦の茂った荒地／北の大地には共同農場があって稲がたわわに実る」

もし文少年が一番だけでなく、二番も松山少年に手渡し、松山も一番同様に二番もほぼ原文どおりに「訳詞」をしていたら、どうだったろうか？　「原曲と違う、著作権侵害だ」として朝鮮総連から「物言い」がつき長らく封印されることもなかったかもしれない。しかし、そうなっていたら「北は地上の楽園」で「南は悲惨」というプロパガンダソングになってしまい、若者たちの共感と支持をあつめることもなく、半世紀にわたってうたいつがれることもなかったであろう。

■〝昔の敵〟と半世紀ぶりの和解

「イムジン河」は三〇年もの時の流れの中で封印は解かれたものの、〝生みの親〟である松山猛の胸中には、もっとも大きな〝禁断の河〟がわだかまり続けていた。「イムジン河」を発売中止に追い込んだ朝鮮総連側との間がいまだ分断のままであることだ。しかし、ようやくそれが解かれるときがやってきた。

コロナ禍が兆しはじめた二〇二〇年二月二八日、ＮＨＫのＢＳの人気シリーズ「アナザーストーリー・運命の分岐点」の「時代に翻弄された歌・イムジン河」が放映されたなかでのことだった。

さすがＮＨＫの取材力やおそるべし、番組では、半世紀前に「イムジン河」の発売に「待った」をかけた当事者を登場させ「釈明」をさせたのである。その人物とは李喆雨《イ・チョルウ》、八一歳。当時は朝鮮総連傘下の在日本朝鮮文学芸術家同盟の音楽部長だった。

あの時、私は、朝鮮総連の真意は奈辺にあるのかはかりかねた。というのも、あの時代、「南北の融和・統一」をうたうのは「北」にシンパシーをもつ陣営の人々だったからだ。著作権の主張は正当な行為ではあるが、「放送禁止歌」にしてしまっては、「北」への潜在的支持者を失望させる可能性があり、元も子もなかったのではないか。

番組で、往時のクレームの動機を問われ、李元音楽部長はこう語った。

「（オリジナルが）先進国のものだったら（レコード会社も）丁寧に調査するのだろうが、北朝鮮ということで、後進国というか低くの見られたというか、何か卑下されたように感じた」

　つまり「低く見られ、卑下された」ことへの抗議だったというのだが、だとしたら、なんとも皮肉なことだ。前述したように、日朝の子供たちを「卑下」から「対等」の関係にしようと、松山少年が動いた結果、何年もかけて実ったのが、「イムジン河」という歌だったのではないか。

　あの日、松山は仕事から帰宅して母親とテレビをみていて「発売中止」のニュースに愕然としたというが、その原因が李のいう「卑下」では納得がいかないだろう。まさにイムジン河と同じような〝禁断の河〟が突然、松山とフォークルの前に流れはじめたようなものだった。そしてそれは数十年もとうとうと流れて行く手を阻みつづけたのである。

　しかし、番組の最後に思いもかけない「和解」が用意されていた。李からのたっての希望で、「はじめまして」で始まる李自身による「半世紀ぶりの和解状」が、ビデオレターの形で松山のもとへ届けられたのだ。

「（当時）松山さんの翻訳に感銘をしました。いつもいじめられて殻にとじこもっていた私たち（在日同胞）に、優しい言葉をかけてくれたことがうれしかった。（松山の歌詞の三番にあるように）朝鮮半島に虹がかかって、朝鮮に統一が早くくればいいと日本人が思っていたことに、お礼を申し上げたい。ありがとう」

　と李が涙ながらに語ると、松山も思わず眼がしらをハンカチで押さえて何度もうなずいていた。

　五〇年前、朝鮮総連側の責任者であった李は、その当時からフォークルの「イムジン河」を評価していたことを告白したのである。遅きに失したとはいえ、これで両者の間を分断していた河は自由に渡れるようになったのだった。

　正直なところ、「待った」をかけた李たち朝鮮総連側は、フォークルの「イムジン河」がこれほどはやるとは思っていなかったのかもしれない。当時李たちが主張したように「原曲」はあるにはあったが、当の北朝鮮では、当時も現在も国威発揚にならない歌が流行るはずもなく、有名無実化していたといわれている。それがかえって日本ではうけたのである。

　いってみれば〝結果オーライ〟だった。うがった見方をすれば、事実上の「放送禁止歌」になったことで、かえって「イムジン河」は半世紀以上にわたってうたい継がれ、「北」にとっても歓迎すべき「南北統一」の気分を日本人に醸成するのに貢献したのである。

　しかしながら、現実のイムジン河はいまもなお南北を分断し、日・韓・朝の外交関係、さらには日本国内おける「在日」

と「日本人」との分断の象徴であり続けている。

松山はある取材にこう答えている。

「(「イムジン河」が）歌い継がれてきたのは、じつは不幸なことです。僕はこの曲が歌われなくなる日をひたすら待ち望んで生きてきた」（「うたの旅人」朝日新聞、二〇一〇年二月二〇日朝刊）

うたわれなくなることが最終ゴールだとしたら、「イムジン河」とはなんと悲しくもつらい宿命を負った歌なのだろうか。

■「発売中止」の後始末の代役が大ヒット

松山以外のフォークルのメンバーにとっても、「イムジン河」の発売中止は、新たなる〝禁断の河〟を、「さあ、渡れるものなら渡ってみろ」とばかりに、つきつけられることになった。松山とともに、それにもっとも果敢に挑戦したのは、おそらく加藤和彦ではなかったろうか。これまで紹介してきた経緯からして、「イムジン河」は松山と加藤の〝合作〟であり、突然降ってわいた「発売中止」の後始末を一人で引き受けたのも、じつは加藤だった。

加藤の著作によると、後にフジテレビの社長になる、当時パシフィック音楽出版会長でニッポン放送の重役でもあった石田達郎からいきなり呼びだされて「発売中止」を告げられ、驚いたことに、その場で「三時間やるから、『イムジン河』に代わる次作をこの場でつくれ」と命じられたという。（「文藝別冊　加藤和彦　あの素晴らしい音をもう一度」河出書房新社、二〇一〇年）

加藤は重役室に外から鍵をかけられて閉じ込められたが、さっぱり曲がひらめかない。「イムジン河」のメロディを拾って譜面に書き、音符を逆からたどって遊んでいるうちに、インスパイアされてできたのが、「悲しくてやりきれない」のメロディだった。

約束の三時間きっちりで役員室の鍵が外されると、石田は譜面を一瞥しただけで、そのまま加藤をタクシーに同乗させた。行き先は目黒区駒場、なんと作詞界というより文壇の大御所のサトウハチロー邸だった。「作詞はメンバーの北山修だろう」と勝手に思いこんでいた加藤は、あっけにとられるばかり。老詩人は加藤が何者かを知る由もなく、加藤は挨拶をかわしだけで放免となった。

一週間後に詞ができあがってきて、加藤は驚いた。

『もやもや』とかなんとか、『なに、この詞』と思ったんだけど、歌ったらすごく合っているのよ。それでやっぱりすごいなあと」

老詩人がはたして「イムジン河」をめぐる騒動の顛末を知っていたかどうかは不明だが、そのサビは、発売中止直後のフォークルメンバーの気分とぴったり重なっていた。

♪悲しくて悲しくて／とてもやりきれない／このやるせないモヤモヤを／だれかに告げようか
♪この限りないむなしさの／救いはないだろうか
♪このもえたぎる苦しさは／明日も続くのか

「悲しくてやりきれない」は、本来なら「イムジン河」が店頭にならぶはずの予定日からわずか一月おくれの一九六八年三月二一日にシングルカット・リリースされた。それは、くしくも加藤の二一歳の誕生日であった。「帰ってきたヨッパライ」の第二弾を待ちわびていたファンの支持をうけて、たちまちオリコン六位にランクインするヒットチャートになった。

これで、加藤とフォークルは、突然目の前に立ちはだかった発売中止という〝禁断の河〟をなんとか乗り越えることができたのだった。

しかし、その後の加藤の才気ばしったマルチプルな活動ぶりは、〝禁断の河〟を自分のほうから次から次へと追い求めたようにしか見えない。

実際、「イムジン河」後、加藤ほど様々な挑戦的な実験を試みたアーティストはいないだろう。一九七〇年代は、サディスティックミカバンドを結成してロンドンパンク、レゲエ、琉球音楽の融合をめざす実験音楽を、その後、作詞家・安井かずみと結婚するやコンビで作詞作曲した楽曲を多くのミュージシャンに提供。さらには音楽から越境、村上龍原作の映画「だいじょうぶ、マイフレンド」では音楽監督、また市川猿之助の「スーパー歌舞伎」の舞台音楽を手掛けるなど、「後ろは振り返らない、同じことはしない」のモットーを文字どおり貫きとおした。

そんな活動ぶりからは、「イムジン河」からひたすら遠ざかっていくかのようにみえたが、晩年は「源流」に戻る動きがみられた。

二〇〇二年一一月のフォークル再結成をうけて、元メンバーの北山修のプロデュースで「イムジン河コンサート」が始められる。当初、加藤はかたくなに参加を拒んでいたが、二〇〇九年八月二八日の第三回には突如参加。そのわずか二か月後の二〇〇九年一〇月、自死を遂げた。享年六三。つい三日前には京都で級友たちと会食していたという。

加藤にとって最初で最後となった「イムジン河コンサート」で共演した松山は、こう述懐する。

「過去を回顧することを、かたくなに拒む人だったから、どういう心境の変化なのかと驚いたけれど、いまにして思えば、最後に僕らに義理を果たそうとしてたんだろうね」（前掲「うたの旅人」）

松山によれば、「イムジン河」をいつにもまして超然とうたいあげた後、加藤が終幕間際に観客に語りかけたことばが忘れられないという。

「この歌には強烈なメッセージが織り込まれています。それが時を超えていまや『イムジン河』はどこにでもある『分断』を表わす匿名性を帯びた記号になっているのです」（前掲記事）

公開された遺書には、こう記されていたという。

「世の中が音楽を必要としなくなり、もう創作の意欲もなくなった。死にたいというより、消えてしまいたい」

〝禁断の河〟をいくつも越えてきた加藤だったが、これまでにない〝禁断の大河〟に行きあたり、自らの「源流」に戻ってそれを越える術をたしかめたかったのではないだろうか。

なにやら鮭が生まれ故郷の川を遡上してついに命果てる、そんな光景を想像してしまういっぽうで、いや、岩魚のように「陸封魚」となって生き延びる道もあったのではないかとも思うのだが……残念でならない。

■日本を想う「望郷の唄」に

さて、私が本稿を書こうと思い立ったそもそもの動機である「わが同級のS君のその後」に筆をもどそう。

S君一家が新潟港から万景峰号で日本を離れることになったとき、私は一家の新生活を祝福し、幸せな未来を信じて疑わなかった。前述したように、今から五〇年前の半島の情勢では「北」の方が経済発展が著しいというキャンペーンが日本でも浸透、かたや「南」は人権弾圧の軍事政権下だったためそのぶん「北」が明るく見えたからだ。

しかし、しばらくして、必ずしもそうではないとの情報が入るようになってS君一家のことが心配になった。どうも北朝鮮への帰還を政治選択した人々の多くは、「地上の楽園」といううたい文句を大きく裏切る現実に苦しんでいるらしい。そんな折り、共通の友人の許へS君から久方ぶりに便りが届いた。日本海に面した港湾工業都市の元山《ウォンサン》で医者をしているというので一安心した。

さっそくその友人の返信に私信を託したが、音沙汰はなかった。拉致問題が発覚したのが災いしたのかもしれない。その後も何度か試みたが返信はない。

一年半と短くはあったが、S君のおかげで歴史と社会への目を開くわが人生の転機をもつことができたことに感謝しながら、今なお近くてもっとも遠い国からS君の便りが届くのをひたすら待ち続けているのだが、前掲のＮＨＫのＢＳの番組を見て、あらためてS君との間に流れつづける〝禁断の河〟の越え難さをいやでも思い起させた。

というのも、この番組で初めて知ったのだが、一九八七年、ソウルオリンピックを翌年にひかえ日・韓・朝の三国間に雪解けムードが訪れたことをうけて、かねてから北朝鮮と文化交流がある京都市が同市交響楽団を派遣。その演目の一つに「イムジン河」が用意され、平壌と元山で演奏されたというのである

元山といえばS君が住んでいる町ではないか！　そのときのコンサート風景を撮影した貴重な記録映像が流れだしたので、「さすがはＮＨＫ！」と思わず身を乗り出して画面に見入った。「イムジン河」が演奏されたときの観客の反応は、平壌と元山とでは実に対照的だった。首都平壌では、会場は静まり返って、アップになった聴衆のほとんどは「いったいどこの国の曲なのか」という冷めきった表情だったのに対して、元山では、会場は万雷の拍手、聴衆の多くは涙を浮かべている。と、大いなる疑問がわいた。いったいこの差はなんなのだろうか？

そうそう、肝心なことを書き忘れていた。このとき演奏されたのはメロディだけでヴーカルはなかった。おそらく、詞がつくとなんらかのメッセージをもってしまうという、「北」当局の要請か、日本側の忖度によるものだったのだろう。

さらに興味深いのは、「歌なしの演奏」を演出・プロデュースしたのは、フォークルの「イムジン河」を発売中止に追い込んだ朝鮮総連傘下の在日本朝鮮文学芸術家同盟の音楽部長・李喆雨だった。

私が抱いたのは、そもそもメロディだけでこれほどの反応があるものだろうかという疑問だったが、画面にかぶったナレーションで納得がいった。

元山は新潟との間を往来する万景峰号の母港で、日本からの帰還家族の多くが住みついているというのである。なるほどS君もそうだ。それで胸中の疑問は、自分なりにこう解釈して氷解した。帰還事業は一九五九年から一九八四年までつづき、その間に九万三千人余もの人々が「北」へ渡ったといわれるが、少なくとも六八年以降の帰還者はフォークルの歌を愛唱歌として記憶しているだろうし、それ以前の帰還者たちも、前述したように日本の朝鮮学校の音楽の授業で「原歌」を教えられていたので馴染みがあったはずである。

これも歴史の皮肉だが、もともとフォークルの「イムジン河」は南北分断に苦しむ半島出身者に寄りそう歌として共感を呼んだのだが、このとき元山では、「地上の楽園」と信じてやってきた帰還者たちが捨てたはずの日本を想う「望郷の歌」として受け止められたのではないか。それが平壌とちがって大歓迎された要因であったことは間違いないであろう。

きっとS君も家族とともにこのコンサートに参加し、「イムジン河」のメロディに涙しているのではないか。そう思って画面に目をこらし、観客の中に四〇代の壮年になったS君を思わず探していた。すると、とりとめもない感懐に襲われた。S君が日本から帰還したときにはまだフォークルはデビュー前だった。あとから来た同胞たちからフォークル版「イムジン河」を教わって、口ずさむようになったのではないか。いつか私と一緒に「イムジン河」をうたいたいものだ、と。

ふと、作詞者の松山のことばが思いだされた。

「僕はこの曲が歌われなくなる日をひたすら待ち望んで生きてきた」

残念ながら、その日はまだまだ遠い。

今も私とS君と間にはイムジン河はとうとうと流れ、私たち二人の再会を拒み続けている。

♪第一四話
ウチナーからヤマトへの反問歌「身を捨つるほどの祖国はありや」
「沖縄を返せ」（作詞・全司法福岡高裁支部、作曲・荒木栄、一九五六年）

■日米沖半世紀の距離の変化を示す歌

戦後日本が抱え続けいまもって解決できていない戦争と平和にかかわる重大テーマのひとつ、それは沖縄問題である。二〇二二年五月一五日で、沖縄がアメリカから日本に「復帰」して五〇年を迎えた。

マスコミ各紙の世論調査によると、七～八割の沖縄県民が「復帰してよかった」と回答しているが、ほんとうにそうなのだろうか？　沖縄の人々の意識の表層ではそうかもしれないが、深層には複雑な思いがないまぜになっているのではないか。そんな疑念を抱かせるのは、「復帰」して半世紀の間に、日本とアメリカとの距離は縮まるいっぽう本土《ヤマト》と沖縄《ウチナー》とのそれは、「復帰」前よりも遠くなるばかりだからだ。

そうした政治状況の移り変わりにあわせて自らを変容させながら、本土と沖縄の関係をあぶり出し、本土の住人たちに自戒を迫る歌がある。

「沖縄を返せ」。当初の歌詞は次のとおりであった。

♪固き土を破りて　民族の怒りに燃える島　沖縄よ
我らと我らの祖先が　血と汗をもて　守り育てた　沖縄よ
われらは叫ぶ　沖縄よ　われらのものだ（沖縄は）

沖縄を返せ　沖縄を返せ

「沖縄を返せ」が「沖縄問題」の核心をついていると思われるポイントを挙げると、以下の三点である。

一、一九七二年の本土「復帰」時点で、物心ついていた沖縄人であれば、ほとんどが「沖縄を返せ」に聞き覚えがあり、多くがうたうことができる。いっぽう、本土では、共産党と旧社会党のいわゆる「革新勢力」の活動家に近い人々以外、ほとんどの人々はこの歌に聞き覚えがなく、うたうこともできない。

二、沖縄では、本土「復帰」の二年前、一九七〇年日米共同声明から「沖縄を返せ」は突然歌われなくなる。いっぽう、本土では、「革新勢力」の間ではうたわれ続けた。

三、沖縄では、「復帰」後二十数年して、「沖縄を返せ」は、歌詞の一部が、以下のように、二度にわたって変えられて、ふたたびうたわれるようになった。

一度目は掉尾の「♪沖縄を返せ　沖縄を返せ」を
「♪沖縄を返せ　沖縄へ（に）返せ」に。
二度目は、冒頭の「♪民族の怒りに燃える島」を
「♪県民の怒りに燃える島」に。

ここには、「本土並み核抜き返還」という〝せめてもの約束〟を踏みにじられたことへの沖縄人の根源的な怒りと共に、この半世紀の日本・アメリカ・沖縄の三者の距離感の大いなる変化が隠されている。

本稿では、この三つの論点から、未解決どころかますます混迷とズレを深める「沖縄問題」の核心のありかを探ってみたい。

そもそもこの歌「沖縄を返せ」は、沖縄と日本とアメリカとの三者三様の矛盾とズレを背景にした、戦後政治運動の突然の変容から生まれた。

敗戦後のアメリカ統治下から独立後の数年にかけての日本では、火炎瓶闘争など過激な反体制運動が続発するが、一九五〇年代後半には鎮静化。社会運動を主導する日本共産党は、その担い手の源泉を歌や踊りや文芸などのサークル活

動に求めるようになる。その中心的役割を担ったのが職場や大学に組織された「うたごえ運動」であり、やがて都市部に彼らの交流の場として歌声喫茶が続々と誕生、「沖縄を返せ」はその申し子であった。

「沖縄を返せ」は、全司法福岡高裁支部のうたごえサークルが作詞作曲。一九五六年九月、大分で開催された「第四回九州のうたごえ」の創作コンクールにエントリー、大衆投票で第一位に選ばれた。しかし、主催者からは「曲想が（イタリア映画の）『自転車泥棒』の主題歌に似ていて暗い」と評され、「新さくら音頭」で一位を期待されながら二位に甘んじた荒木栄に「改作」が依頼された。この時すでに荒木は、自らの職場である三井三池炭鉱の反合理化闘争を舞台に「がんばろう」を作詞作曲、うたごえ運動のスターになっていた。荒木への依頼の趣旨は以下のとおりだった。

替え歌の仕掛け人、八重山民謡歌手・大工哲弘（205 頁参照）

「東京の砂川基地では反対闘争が『赤とんぼ』をうたって闘われている。これに呼応して沖縄返還をうったえる行進を組織したいので、歌詞はそのままで、曲調をそれに相応しいものにかえてほしい」

荒木栄はこれに応じて、一か月ほどで行進曲風につくり変えた。

折しも、同年末に本土の日本共産党の友党である沖縄人民党の代表・瀬長亀次郎が那覇市長に当選したのをうけ、翌一九五七年一月、鹿児島から東京までの一五〇〇キロを行進する、日本初の列島縦断行動でうたわれて大反響を巻き起こした。

「沖縄を返せ」はそれから時間をおかず、この歌のテーマである沖縄へ持ち込まれると、現地の人々にすんなりと受け入れられた。

その理由はいくつか考えられる。

まずはこの時期の沖縄の政治状況が深く関係していた。この歌が誕生した一九五六年六月には、為政者であるアメリカ民政府から、軍用地の借地料を一括払いにすることで事実上の「基地への土地収用の拡大」を目論む「プライス勧告」が出され、前年の一九五五年には六歳の幼女が米兵に強姦されて殺害される痛ましい事件が発生していた。まさに沖縄は「沖縄を返せ」の冒頭の歌詞のとおり「♪怒りに燃える島」となっていた。

そんななかで、一九六〇年に沖縄教職員会が、「沖縄を返せ」をふくむ『愛唱歌集』を四〇〇〇部発行したところ、アメリカ民政府から、「許可なしに発行したのは布令違反」として回収処分をうける。沖縄の施政者であるアメリカにとっては「占領地を日本に返せ」の歌詞は許容できなかったからだが、この「弾圧」が外来の歌を沖縄の人々を鼓舞する反米の愛唱歌に変容させる役割を果たしたと思われる。

そしてなによりも大きかったのは、沖縄祖国復帰協議会（復帰協）の存在だった。

復帰協は、一九六〇年、対日講和条約によって「本土」が独立し沖縄だけがアメリカ統治下に残された屈辱の記念日である四月二八日に、〝本土復帰〟をめざして結成された。初代会長は後に沖縄初の公選知事として一九七二年の「復帰」に向き合うことになる屋良朝苗。沖縄教職員会など各界の有力団体が加入、保守の一部も取り込んだ島ぐるみの運動体で、復帰運動だけでなく、反戦反基地、自治権拡大、生活擁護、人権運動にも取り組んで、沖縄の社会運動センターの役割を果たして、復帰五年後の一九七七年に解散する。

「沖縄を返せ」は復帰協の結成当初から、集会やデモ行進で必ずうたわれ、一九六七年には当時の会長の喜屋武真栄が「士気高揚のため『沖縄を返せ』を必ずうたってもらいたい」と表明までしている。集会だけでなく、職場や学校でもうたわれ、子供たちにまで浸透していった。現在の玉城デニー沖縄知事の妻、智恵子が夫の当選後にうけた、『女性自身』（二〇一八年一二月三日号）のインタビューからもそれを伺い知ることができる。彼女は「幼いとき見た、忘れられない光景」を、こう回顧している。

「当時、米軍施政下の沖縄で盛んだった祖国復帰を訴えるデモでした。実家の前を大勢の人が、『沖縄を返せ』という歌をうたいながら、行進してた。私はまだ小さくて、意味もよくわからなかったけど、大勢の人が沖縄のために力を合わせるって素敵なことだな、と幼心に思ってた」

こうして「沖縄を返せ」は、復帰協の「会歌」を超えて、念願の「本土復帰」へむけての島ぐるみの「希望と連帯のシンボルソング」となったのである。

■うたわないことで連帯した〝怒れる若者たち〟

いっぽう「沖縄を返せ」を持ち込んだ本土ではどうだったのか？

ここからは主に私と私の友人たちの体験をもって語ろう。私が「沖縄を返せ」をおぼえ知ったのは、高校二年のとき生徒会仲間に誘われてでかけた渋谷の歌声喫茶であった。現地沖縄では「復帰協」が「沖縄を返せ」を集会のシンボルソングにして島ぐるみで愛唱された時期と重なっている。しかし、二年後の一九六五年に大学に入ると、うたごえ運動を主導する共産党系の運動とは一線を画す政治グループに参加したため、私にとって「沖縄を返せ」は〝自主規制禁歌〟となった。

おりしも数年にわたる〝怒れる若者たち〟による「政治の季節」の始まりだった。

ベトナム反戦につづいて、日大と東大のキャンパスから全共闘運動の火の手が上がり、三里塚では空港建設のために土地を強制収容された農民との共闘がはじまり、そして七〇年安保闘争をくぐったところで、「政治の季節」の総決算として日程にのぼったのが一九七二年の沖縄「返還」だった。

共産党と総評・社会党が主導する「革新勢力」は、日米間の返還協定の批准阻止を唱えて集会やデモを行なったものの、結局それは国会を取り巻いて社会党や共産党の議員に請願をするだけの運動にすぎなかった。そして、彼らの集会の締めとその後のデモ行進で定番としてうたわれたのが「沖縄を返せ」だった。それは「反対のポーズ」をとっただけの免罪符にしか見えなかった。

当時沖縄の米軍基地からは毎日のように爆撃機がベトナムへ飛び立っていた。その状態を容認して沖縄が返還されてもかえってベトナム戦争への加担を日本が強めることになる、沖縄の人たちもそれを望んではいないはずだ。

そんな思いから、〝怒れる若者たち〟は、「革新勢力」による穏やかで紳士然とした請願運動とは別行動をとり、時に機動隊と衝突して投石や火炎瓶で応酬、街頭にバリケードを築き、覚悟と決意をしめすと共に「革新勢力」の〝持ち歌〟である「沖縄を返せ」をうたわないことこそが沖縄の人々との真の連帯であるとの立場から、彼らと一線を画した。当時の私もそれに共感した一人だったが、それがとんだ思い上がりであったと知るのは後のことである。

いずれにせよ、本土の全体状況からすると、沖縄「返還」は、「やむなし」か「積極的」かは別として日米両政府の取引を容認する人々が大多数で、彼らが抗議集会に参加するはずもなく、ましてや「沖縄を返せ」を聞いて唱和するはずもなかった。したがって、本土では、「沖縄を返せ」は大半の住民の耳にはとどかず、一部の反対勢力の路線対立の指標にすぎなかった。

これが今につづく「沖縄問題」の本土と沖縄の関係性のズレをも表わしていると思われる。

さらに、わが身の不明と不覚を恥じるばかりだが、もっと大きな「沖縄を返せ」をめぐる本土と沖縄のズレがあった。「沖縄を返せ」が本土復帰へむけた島ぐるみのシンボルソングであったのは、一〇年ほどでしかなく、しかも沖縄が「本土復帰」をはたす一九七二年五月一五日の二年も前にとっくにうたわれなくなっていたのである。突然、ほとんどの沖縄人がうたわなくなったのである。

一九七〇年当時、「復帰」を前に本土から沖縄へ支援にでかけ、一年ほど現地に滞在していたかつての運動仲間にたずねたところ、復帰協の集会やデモにはしばしば参加したが、そこで「沖縄を返せ」を耳にしたことは一度もなかったという。念を入れて資料にもあたってみた。栫大也《かこいまさや》「《沖縄を返せ》のプラティーク　史料・変容・リテラシー」（『琉球沖縄歴史』（二）二〇二〇年八月所収）の巻末には、復帰協が結成された一九六〇年から解散の二年前の七五年までの主要な集会九三の式次第がリストアップされている。それによると、一九七〇年四月の「日米共同声明路線を粉砕し、完全復帰を要求する県民総決起大会」までの五五回ではすべて「沖縄を返せ」が斉唱されているが、それ以降は一回もうたわれていない。

これはあくまでも、復帰協の集会でのことなので、ひょっとしたら、愛着をもって下の世代にうたい継いでいる人もいるかもしれないと思い、沖縄出身の若い女性の友人にあたってみた。彼女は復帰六年後の一九七八年生まれで高校三年生まで本島中部のうるま市で育ち、中国の大学へ進学、帰国後は日本の有名私大の大学院で学び現在マスコミで働いている。その経歴からして歴史や社会に関心も知見もあるはずだが、自身は学校や家庭で「沖縄を返せ」を一度も聞いたことがない、筆者に取材されて初めてYoutubeで聞いたというので私は驚かされた。彼女は父親にも聞いてくれたが、それによると、父親は一九四一年生まれで、一九六六年に公立病院にレントゲン技師として就職し職場で「沖縄を返せ」を知り、同僚らとともによくうたったが、復帰後はデモや集会にもあまり参加しないため、今ではうたうことも聞く機会もないとの回答だった。

彼女よりさらに年下の一九八三年生まれで、沖縄の大学で教員をつとめる男性の友人によると、小学校時代に、「人間の鎖」などの反基地運動で聞いた記憶がおぼろげながらあるが、歌詞を意識しうたえるようになったのは東京の大学に進学、自治会のメンバーなどと交流するようになってからだった。また現在七五歳の母親は、屋良朝苗が校長をしていた知念高校出身で、高校生時代には教師から「沖縄を返せ」を教えられたが、復帰をまたいで東京へ出て復帰後に帰郷してからは聞いたことがないという。

これらの資料や証言からは、「沖縄を返せ」は、復帰運動を主導してきた沖縄の運動圏の人々の間では、「復帰」の二年前の日米共同声明を境に集会やデモで突然うたわれなくなった。そして、それを受けて一般の人々もうたわなくなり、復帰後の世代にもうたい継がれなかった、ということになる。すなわち、沖縄において、年代を知るもっとも簡単な手立ては「『沖縄を返せ』をうたえるか、聞いたことがあるか」かもしれない。

■コザ「暴動」で〝愛唱歌〟から〝裏切りの歌〟へ

一時は島ぐるみで熱狂的にうたわれ子供たちの脳裏にまで焼き付けられた「沖縄を返せ」が、なぜ突然うたわれなくなったのだろうか、である。

それは、沖縄の人々の思いを束ねてきた復帰協が、それまで復帰運動参加者に士気を高めるためにと斉唱を求めていた「沖縄を返せ」を抗議の意思をこめてやめたからだとされる。たしかに、日米交渉の結果は多くの県民が求めていた「基地のない平和な沖縄」とはほど遠いものだった。そんな「祖国」に「復帰」するのかと、裏切られた気持ちから、うたわれなくなったというのは成り行きとしては至極当然のことだと思われる。

しかしながら、運動指導部の上からの一声だけで島ぐるみの愛唱の歌声が忽然と消えてしまうものだろうか。

あれこれ資料をあたるうちに、興味深い証言に行きあたった。日米共同声明の翌年の一九七〇年一二月一九日、米軍MPの交通事故処理に端を発して起きたコザ「暴動」に対する投書で、投稿したのは、当時小学校六年だった沖縄出身の女性である。

『コザ暴動』と大人は後でそう呼びました『暴動』なんかじゃない。あれは沖縄の人々のアメリカに対する『意思表示の爆発』だった……私には、そう思えてならないのです。『日本人になったら、堂々とアメリカにものが言える。だから、早く日本に帰りたい』。あの日を境に、私は〝準日本人〟という当時の自分の立場に少しずつ目覚めていったのです。それから二年足らず後の五月十五日、沖縄は祖国日本に『復帰』しました。

日本人になった私たちは、そのことをあんなに望んだのに、基地問題などの大きな波が容赦なく押し寄せ、復帰闘争なんて風化した言葉のようになってしまいました。今、東京に暮らす『ウチナンチュー（沖縄の人）』の私は遠くから、故郷を見ています。そして、これからも十二歳だった私を、心に刻んでおきたいのです」（朝日新聞、一九九二年五月一四日朝刊）

〝準日本人〟――〝純日本人〟である私は、発音は同じでもたった一字の違いにグサリと臓腑をえぐられた。日本を「祖国」と信じたから、いや信じたかったからこそ、自己矛盾を内包する「沖縄を返せ」はことあるごとに斉唱され、「島ぐるみの愛唱歌」になった。しかし、その復帰を願った「祖国」に裏切られたと知ったとき、彼らは「沖縄を返せ」をうたう気が失せたのではないか。コザ「暴動」は反米運動といわれるが、その底には沖縄をアメリカに売り渡した「祖国」への不信と疑念があった。だからコザ「暴動」では、「沖縄を返せ」がうたわれることはなかった。復帰運動の指導部による指示は契機であって、沖縄の人々の心情の共感はもはや「沖縄を返せ」にはなかった。それを示したのがコザ「暴動」であり、この時をもって、「沖縄を返せ」は沖縄人の〝愛唱歌〟から〝裏切りの歌〟へと変容したのである。

ところが、当時、私を含む本土の住人は、このことに想像も理解も及ばなかった。そして、現地ではとうにうたわれなくなった「沖縄を返せ」を、本土の「革新勢力」はうたいつづけ、また私をふくむ反「革新勢力」はそれをうたわないことで、沖縄の人々と連帯していると思いこんでいた。どちらも当事者の心情の揺れの奥深さを理解していなかったという点では五十歩百歩かもしれない。

「沖縄を返せ」をめぐる沖縄と本土とのこのズレにこそ、今につづく「沖縄問題」のほどけぬしこりの瘤がある。そして、半世紀をへてその瘤はますます固くなる一方のように思えてならない。

それを固くしているもの――それは、「江戸期の薩摩藩による琉球処分以来、日本本土が沖縄に加えてきた苛斂誅求《かれんちゅうきゅう》の数々」を忘れ、そもそも「沖縄は日本のもの」だから「日本へ返せ」という、本土の住民たちにビルトインされた安直な「ナショナリズム」であり、「リベラル勢力」ですらいまだそのくびきから完全に自由にはなっていない。

■替え歌の仕掛け人、八重山民謡歌手・大工哲弘

ところが、本土の住民たちにビルトインされた安直な「ナショナリズム」を嫌でも気づかせる事件がおきた。〝裏切りの歌〟へと変容して沖縄では誰の口にも上らなくなったあの歌が、「復帰」が決まったと共に突然消えた時と同じように、忽然として甦ったのである。

その事件が起きたのは、「復帰」から二〇年後の一九九四年。仕掛け人は、八重山民謡歌手の大工哲弘。「沖縄を返せ」の最後の決め台詞である

「♪沖縄を返せ　沖縄を返せ」を

「♪沖縄を返せ　沖縄へ返せ」

に替え、軽みのあるジンタのリズムに乗せて、ひょうひょうとうたってみせたのである。

当初それは、沖縄古民謡界に小波を起こした程度にすぎなかったが、それを大波へと変じた助っ人が本土からやってきた。当時ＴＢＳの「ニュース23」のキャスターをつとめていた筑紫哲也である。

大工が応じたいくつかのインタビューによると、その経緯は以下のとおりであった。

大工が「沖縄を返せ」をカバーした翌年の一九九五年、戦後五〇年のトークイベントが、筑紫哲也をコーディネーターに、那覇市民会館で開かれ、そこで大工は「替え歌バージョン」をうたった。すると、立ち見を入れて二〇〇〇人の聴衆の半分が大合唱。残り半分は若者で何の歌か分からないながら手拍子でこれに和した。そこで大工はこう思いたったという。

「六〇年代後半から七〇年代にかけて、『沖縄を返せ』ほどうたわれた歌はない。でも沖縄が復帰したら、ゴミ箱に捨てられたように誰もうたわなくなってしまった。しかもあたかも沖縄が復帰して平和であるかのように」。「若い世代の人たちはこの歌を知らない、ショックだった。ウチナーンチュの想いをつなげ、そして歴史をつなげるためにもう一度この歌

をうたいたい」

興味深いのは、大工の動機にコザ「暴動」が深く関わっていることだ。大工はこう語っている。

「沖縄らしい活力をいちばん持っていた時代で、Aサインバーの前は毎日のように米兵と取っ組み合いの喧嘩が起きていました。人にパワーがあふれていたんですよね。この頃の沖縄を知っているということは、ある意味幸せ。沖縄だけに留まらず、日本中が復帰前の生き生きとしたパワーを取り戻してくれたら、世の中が変わるかもしれない」〈沖縄音楽旅行 Vol. 02〉（大工哲弘氏インタビュー、沖縄 LOVE web (okinawaloveweb.jp)

その後、大工は本土へ出向き筑紫の「ニュース23」に生出演、「沖縄『を』返せ」を「沖縄『へ』返せ」と変えてうたったのも、同じ思いからだったという。

折しも、この年の九月、アメリカ海兵隊員による「少女暴行事件」が発生、県民の一割ちかくの八万五千人が怒りの声を上げた抗議集会では、大工が「沖縄を沖縄へ返せ」と変えたフレーズが高らかにうたわれ、若い世代の心をもつかんだ。当時私自身は、この番組をみた友人から聞かされて「替え歌」の存在を知ったと記憶しているが、本土の住人にとって最も痛いところをつかれてたじろいだ。

大工の「替え歌」のリリースは、沖縄が望んだ「本土並み核抜き返還」がいかに史上最悪の「公約違反」であったかが明々白々となる時期とちょうど重なっていた。本土の米軍基地は次々と返還される代わりに沖縄のそれは残され、気づいてみると日本の国土の〇・六パーセントの南の端の島々に日本の米軍基地の七〇パーセント超が集中、そのため強姦事件をはじめ米兵による凶悪事件が続発。さらには。当初佐藤栄作首相が「核抜き」を公約したにもかかわらず、実際はニクソン米大統領と「緊急事態時には米軍の沖縄への核兵器持ち込みを認める」との密約が交わされていたことも暴露された。

大工の「替え歌」は、これだけの圧倒的ファクトをもって「それでも（日本に）沖縄を返せ」は正しかったのかと問いかけていた。「本土は沖縄を犠牲にしてぬくぬくと平和を謳歌してきたではないか」「それを許してしまった責任は本土のすべての住人にある」「いまやお前たちの約束違反は明らかなのだから、すべてを反故にして、（基地のない平和な）沖縄を（日本ではなく）沖縄へ返せ」と迫ったのである。

これにたいして、いや「平和な沖縄を返せという気持ちをこめてこの歌をうたったのだ」、あるいは「沖縄を日本に返してもろくなことはないと分かっていたから、それをうたわないことで連帯したのだ」と、そんな言い訳は端から聞いてもらえそうにない、大工哲弘によるたった一字の「歌い換え」には、それほどのインパクトがあったのだった。

かつて「革新勢力」の一員として「沖縄を返せ」をうたった人たちの中にも大工の替え歌が深く鋭く刺さったらしく、当時の新聞には、かつて本土で沖縄「返還」闘争にかかわった、ある教員（五二歳）による自戒の投書が寄せられている。

（朝日新聞、一九九六年五月一四日朝刊）

「この二十年の間に沖縄がどのようであったのか、私たちは深い関心を寄せることがなかった。日本中が開発に明け、バブルに踊り、『しあわせ競争』に走った。ふるさとの田畑、山野に思いをはせることもなく、隣の人の孤独に思いやることもなかった。そうしたとき、沖縄から強い怒りの声があがった。その県民集会で、あの歌が歌われていた。聞いていて、はっと胸を突かれた。歌詞の最後が一文字違うのである。沖縄を返せ　沖縄を返せ　と、私たちは歌った。しかし、沖縄県民は、沖縄を返せ　沖縄へ返せ　と歌うのである。そうなのだ。沖縄のものは沖縄に返すのが当然なのだ。日本に返ったのだから、日本政府の思うがままでよいのではない。本土側の人間の都合をおしつけられてよいものではない。先日も東京での集会では私たちは『を』と歌っていた。沖縄からの歌声に、深く恥じるものがあった」

ここで注目すべきは、最後の「先日も東京での集会では私たちは『を』と歌っていた」のくだりである。はからずも、「復帰」から二〇年以上をへても、いまだ本土では「沖縄からの歌声に深く恥じる」のはごくごく少数で、沖縄の怒りの炎は本土では小火《ボヤ》ていどにしか受け止められていないことを物語っている。

沖縄の民謡歌手が仕掛け、本土の著名なニュースキャスターがバックアップしても、本土の住人のほとんどは聞く耳も歌う口も持たなかったのである。

■「民族の怒り」を「県民の怒り」へ

しかし、沖縄をめぐる内外情勢は、大工が願ったような方向には進まなかった。むしろ逆だった。

二〇〇五年、普天間飛行場の移転先を辺野古沖とすることで日米が基本合意。これをうけ、ジュゴンの生息地でもある「ちゅら（美しい）海」の埋め立てにたいする反対運動がにわかに盛りあがり、その中で「沖縄を返せ」も運動のシンボルソングとして復活を果たした。最初のうちは大工の替え歌バージョンだったが、やがてそれに加えて、冒頭の、「♪民族の怒りに燃ゆる島」が「♪県民の怒りに燃ゆる島」と歌い変られるようになった。それを唱導したのは、復帰協解散後、反基地運動をはじめとする沖縄の社会運動をたばねてきた沖縄平和運動センター議長の山城博治である。

山城はその理由を朝日新聞（二〇一七年五月一六日朝刊）でこう語っている。

「『私たちは日本本土から切り捨てられ、犠牲を強いられた。それなのに日本民族の怒りなのか』そんな思いを抱き、数年前の抗議集会で『県民』に言い換えて歌った」

大工と山城の歌詞のリメイクについては、どちらが「正いか」ではない、沖縄問題にたいするアプローチの違いであって、これにより沖縄問題の本質がより深められたと理解すべきだろう。そのキーワードとは「民族」と「国」である。大工の場合は、「日本」という国家の枠組みを超えたところに沖縄を「民族」として立てる。文化と歴史という観点から「沖縄問題」へアプローチしようとすれば、大工の手法が有効だろう。

右記の朝日新聞朝刊では、沖縄復帰四五周年の特集が組まれているが、原作詞者である全司法福岡高裁支部の書記長によると、冒頭の「民族の怒りに燃える島」に込めたのは、「同じ日本民族として、土地を奪われて苦しむ沖縄の人たちを助けたいという思いだった」という。これに対して大工は、「日本人になりたいと復帰を求めたのに日本国という母から見捨てられた」との思いから「民族」を「ウチナーンチュ」と読み変えてそのままとしたのだと答えている。

かたや山城は「県民」とうたうことで「沖縄は日本という国家の一部である」ことを前提にしている。政治というリアリズムの枠組みで「沖縄問題」の解決を探ろうとすれば、国家の内側から問題提起をするという山城のアプローチになる。沖縄選出の革新統一系参院議員の糸数慶子も、前掲の朝日新聞の取材にたいして、「山城バージョンを何度もうたってきた」とした上で、こう答えている。

「本土と沖縄で考えがかけ離れてしまった。『県民』とした方が、今の沖縄の思いをより強く伝えられる、その思いはますます強くなっている」

この大工と山城の歌詞の違いについて、五、六年前に東京から沖縄へ移り住んで、現地の社会運動にも関わっている友人から、興味深いコメントをもらった。

「大工の「沖縄を返せ」⇩「沖縄に（へ）返せ」、山城の「民族の怒り」⇩「県民の怒り」への歌い変えは、どちらも、ウチナーンチュの切実な思いとして理解できる。ただし、山城がキャンプシワーブ・ゲート前で『県民の怒り』と歌うのを聞いたとき、ヤマトの人間から見ても、沖縄戦での日本の第三二軍に殺された彼らの集団的記憶を思うと、これでいいのかと疑念がわいた。ウチナーンチュにとっては、『沖縄へ返せ』はきわめて自然に受け止められる一方で、『県民の怒り』に違和感を覚える人は三割はいるのではないか」

前掲の朝日新聞の特集では、辺野古の座り込みで山城バージョンの歌唱指導をつとめる活動家は、「思わず『民族』と口にしてしまう」と告白し、その理由を「政府の沖縄への姿勢があまりにひどい。ふと、琉球民族、ウチナーンチュという思いが湧いてくるんです」と語っている。

在日米軍基地キャンプシュワブ前での辺野古移設反対抗議活動でもしばしば「沖縄を返せ」が歌われる。

前掲の栫大也の論考「《沖縄を返せ》のプラティーク 史料・変容・リテラシー」の巻末には、二〇〇八年五月一五日〜二〇二〇年三月一九日の間、SNSにアップされた「沖縄を返せ」に関連する動画一〇六本が収集精査されている。これらはSNSにアップされたYoutube動画であり、時期も最近の一〇年弱なので、定量・定性的な分析資料には耐えられないが、以下の傾向をみてとることはできる。すなわち――

大工による替え歌バージョンは、沖縄だけでなく本土にも浸透している。むしろ驚かされたのは、沖縄ではオリジナルの「沖縄を返せ」がいまだ一部で歌い継がれていることだ。これは一種の〝懐メロ現象〟で、復帰運動体験世代にとっては「沖縄を返せ」がいかに印象深い歌であったかの証なのかもしれない。

いっぽう山城による替え歌バージョンは、沖縄でも復帰運動最盛期の「沖縄を返せ」のように「県民上げて」うたわれてはいない。これは、先の沖縄在住の友人からのコメントにもあるように、現地でもこれに違和感をもつ人々が少なからずいることの証なのかもしれない。

また、本土では、山城バージョンはYoutube上では一割ていどで、五割を超える大工バージョンとちがって、ほとんど浸透していない。これは、ここ一年ほど前から辺野古移設反対の集会とデモに参加している同年代の友人にこう打ち明けられた筆者自身の最近の体験とも一致する。「若い時分にうたったのと歌詞が違っているのに気づいたところ、周囲から事情をきかされて納得、それ以降は替え歌でうたっている」

東京で行なわれた五〇周年記念式典に対する抗議行動でも、先導車からは辺野古基地ゲート前生まれの山城バージョンが流されたが、それに唱和するデモ参加者はそれほど多くはなかった。

■民族とはなにか、祖国とはなにか

それでも替え歌の浸透にかんしては、タイムラグはあるものの、本土は沖縄に近づきつつある。しかし、これを喜ぶべきなのだろうか。同じ歌が本土でも同じようにうたわれることを、沖縄と本土が近づいた証として、当の沖縄の人々が喜ぶだろうか。彼らが望んでいるのは、現地では、「沖縄問題」をめぐって大工バージョンによるアプローチなのか、それとも山城方式なのかと葛藤があるように、本土でも、本土にとって「沖縄問題」とは何かを自問することを望んでいるのではないか。

すなわち、「民族」とは何か、「祖国」とは何か、沖縄は誰が誰に返すものなのか、と。

沖縄民謡の革命児がはじめた「沖縄を返せ」のうたい直しは、「民族」と「祖国」をめぐるさらに深い議論への進化と深化を促している。

「沖縄（民族）のものは沖縄へ返せ」が「祖国」とされた日本本土への反問であるとするなら、この先に、

「アイヌのもの（北海道）はアイヌへ返せ」

を本土の住人に問うているのではないだろうか。

これについて、先の沖縄に移住した友人に問いかけたところ、こんな論争的な回答が返ってきた。

「ご指摘の通り『アイヌへ返せ！』がまっとうです。それが『先住人民の権利宣言」』の真髄であり、二〇世紀後半にた

どり着いた『人権思想』の結晶でしょう。二〇〇七年『先住民族の権利に関する国連宣言』は、『「琉球処分」当時の琉球国民の末裔の権利』と理解しています。なぜなら「indigenous people＝先住人民」と訳すべきであり、〝民族〟かどうかについては当事者が決めるべきことで、国連に決めてもらう話ではないからです」

私の胸裏に寺山修司の歌がよぎった。

マッチ擦る　つかのま海に霧ふかし　身捨つるほどの　祖国はありや

寺山の父は太平洋戦争時にインドネシアで戦死している。かたや沖縄の人々は先の戦争で、「祖国」の楯にされ、当時の人口約四九万の四分の一が犠牲となった。その中にはアメリカ軍ではなく、日本軍から「祖国にまつろわぬ者」として殺された人も少なからずいた。

「身捨つるほどの祖国はありや」

それは、沖縄人にとっては、幾度となく見捨てられた「祖国」にたいする終わることのない反問である。

そして、かつて彼らが〝復帰〟を願った「祖国」の住民にとっては、終わることのない自問でなければならない。

♪第一五話
時代を超えて敵にも味方にも愛されたラブソング
「何日君再来《フォーリン・チュン・ツァイライ》」歌・テレサ・テン（作詞／作曲・劉雪庵、一九三八年）

■数奇な運命に翻弄された謎と矛盾に満ちた歌

戦後日本のつまずきは、半島と大陸における歴史的負債を清算しないままの再出発だったことにある。戦前につくられた歌謡曲のほとんどはその紛れもなき物証でしかない。ところが、そのなかに日本と近隣諸国との関係を修復するどころか、彼らの政治体制を揺るがしかねない歌がある。

「歌は世につれ、世は歌につれ」といわれる。たしかに前段はそうかもしれないが、後段はどうだろうか。世につれた歌が「はやり歌」になることはままあるが、歌につれて世の中が変わるなんてことはそうはない。あったとしても、そのほとんどは「はやり歌」から現実の風俗やファッションが生まれるていどの話であって、「時の政治」を変える歌などめったにない。

わが七十余年の人生をふりかえってみて、〝めったにない事例〟として、すぐに思い浮かぶのは、ＰＰＭ（ピーター・ポール＆マリー）の「花はどこへ行った」、ボブ・ディランの「風に吹かれて」、サイモンとガーファンクルの「明日に架ける橋」、そしてビートルズの「ヘイジュード」である。

前二曲は一九六〇年代にアメリカ発の公民権運動とベトナム反戦運動を世界の若者たちのあいだに伝播・浸透させた。「明日にかける橋」はアレサ・フランクリンのカバー曲が南アフリカのアパルトヘイト撤廃運動のシンボルソングとなり、「ヘイジュード」は、一九六八年の〝プラハの春〟がソ連軍の侵攻で踏みにじられたときに、チェコの国民的歌姫マルタ・

クショバが歌詞を「抵抗歌」に変えて歌い継がれ、ソ連崩壊を受けて、一九九〇年にようやく当地に無血の〝ビロード革命〟をもたらした。そして、そのいずれのエピソードも、私の記憶に、同時代者として印象深く刻みこまれている。

そうそう、もうひとつ私自身の身近かに事例があった。世界でベトナム反戦運動が盛り上がった最中、日本は新宿の西口広場に出現した「フォークゲリラ」である。当時は参加者の一人として、束の間、反戦の歌声が時代を変えるのではないかと思ったものだったが、なんのことはない、数年で泡沫の夢と消えてしまった。

しかし、そんな昔の記憶をひきよせているうちに、それらの楽曲よりも、はるかに数奇かつダイナミックに「時代と政治」を動かした歌を失念していたことに気づかされた。

それは、「何日君再来」である。

♪忘れられない　あのおもかげよ
♪ああいとし君　いつまたかえる
♪何日君再来《フォーリン・チュン・ツァイライ》

テレサ・テン「何日君再来」(ユニバーサルミュージック合同会社)

戦前、日中戦争の最中の一九三八(昭和一三)年に、上海国立音楽専科学校生だった劉雪庵《リュウ・シュエアン》が作詞・作曲、翌年に抗日運動に挺身する青年を主人公にした映画の主題歌につかわれて中国人たちの間で人気を博すいっぽう、不倶戴天の敵である当地の日本人向けにもカバーされ、やがて〝内地〟にもちこまれて空前のヒットとなった楽曲である。

出生からしてすでに謎と矛盾に満ちたこの歌は、その後、驚くべき有為転変を繰り返して「時代の歌」となっていくのだが、本稿では、その数奇な運命にわが体験を重ねながら、検証をこころみる。

■「何日君再来」の「君」とは？

日中戦争の最中に謎めいた生を享けた「何日君再来」だが、戦後しばらくは、私たち〝戦争を知らない世代〟にとっては、親や祖父母たちのために時たまテレビの「懐メロ番組」から流される歌でしかなかった。そして、戦前を知る人もふくめて日本人の口の端にこの歌がのぼることも、ほとんどなかった。

そんな中で、同時代者でもない戦後生まれの私がこの歌に出会ったのは、祖母の影響であった。「何日君再来」を日本人として初めて「いつの日君くるや」のタイトルでカバー、中国戦線の日本軍兵士をこの歌で慰問して爆発的ヒットをもたらしたとされるのは、渡辺はま子である。横浜の生まれ育ちが自慢の祖母は、その渡辺はま子が横浜の「浜《はま》」から芸名をとったことに加え、横浜高等女学校（現・横浜学園高校）の後輩でもあることから大のファンだった。テレビの懐メロ番組に渡辺はま子が出演すると、きまって彼女との因縁を繰り返し孫の私と妹に聞かせる。おかげで、私は「何日君再来」はもちろん、彼女の持ち歌である「支那の夜」「夜来香」などの〝支那物〟を今もそらんじることができる。

しかし、それは私にとってけっして喜ばしいことではない。

祖母は明治の生まれにしては近代的な教養の持ち主ではあったが、折に触れて、中国人と朝鮮人を〝放送禁止のヘイト用語〟をもって悪しざまに侮蔑。その一方で一人息子であった私の父親が職業軍人としていかに優秀だったかを語る。事実のほどは定かではないが、天皇から「恩賜の銀時計」をもらったというのが祖母の昔語りの白眉で、そのBGMに欠かせないのが愛唱歌の「何日君再来」だった。

しかし、私が高校に進学、祖母のくびきから離れて日本の戦中の歴史を知るようになってからは、私は祖母の昔語りをこう解釈して、もはや受け容れることはできなくなった。祖母にとって「何日君再来」の「君」とは、中国をふくむアジアに「王道楽土」をもたらす「盟主たる日本」であり、自慢の一人息子はその先兵として勲功をたてる、そんな時代が「再来」してほしいが今や詮ない夢になってしまったという無念を、この歌に仮託していたのかもしれない、と。

だからといって、祖母が特殊かつ例外的日本人だったわけではなく、程度の差はあれそうした思いを戦前生まれの日本人の多くは「何日君再来」に仮託していたはずである。そして、それに対して〝戦争を知らない世代〟が違和感をもつのもまた当然であると、その時の私は思っていた。

ところが二〇年ほどして、それが一面的かつ平板な理解にすぎないと思い知らされる事件が起きた。中国人蔑視を内包していると思われた「何日君再来」が、中国の人々の間でリバイバルしているという報道が伝わってきたのである。それは、一九七七年に三度目の復活を果たした鄧小平が改革開放政策を打ち出してから二、三年後のことだった。当時の資料をあたっていると、折しも来日中の華国鋒首相の関連ネタで、「なぜか戦前の日本の歌が流行」の三段見出しをつけた以下の囲み記事に行きあたり、往時に引き戻された。

「〔北京二十八日共同〕華国鋒中国首相の訪問で日本中が湧きたっているが、中国主要都市の若者の間ではなぜかいま、日本軍占領時代に流行した歌『いつの日君また帰る』（中国名『何日君再来』）が爆発的人気を呼んでいる。ホテルの服務員は仕事をしながら口ずさみ、地方の幼稚園では日本人参観団を歓迎するのに、教師がこれを歌い、生徒が男女一組になって曲にあわせてダンスする光景もあるほど」（毎日新聞、一九八〇年五月二九日夕刊）

文章からも記者の驚きが伝わってくるが、当時の日本人も私も、これには大いに驚かされた。そして、改革開放政策によって中国の人々は戦前の日本の歌を愛唱できるほど自由になりつつあるのかと歓迎する一方で、これで「何日君再来」がもつ反中的な含意がいくらかは免罪されるかもしれないと安堵を覚えたものだった。

一部には、これは中国のお家芸である「上からの演出」で「日中友好」を強化促進するためではないかというがった見方もあったが、それは完全に違っていた。その証拠に、同上の記事は、「ところが（中国政府は）こうした現象をなげかわしいと憤っている」として、政府系の上海紙「文匯報」の「『いつの日君また帰る』とは如何なる歌か」と題する論評の要点箇所が次のように紹介されている。

「日本帝国主義がかつて『支那の夜』や『満州娘』などの歌を利用し、中国の植民地支配に役立てようとした背景を近ごろの若者は何も知ろうとしない」

「日本は上海など大中の都市を占領後、天下太平を装い、中国人民を『毒化』させるためこれらの歌をはやらせたが、当時日本の侵略に反対する心ある人々は、『亡国の歌』として排斥していた」

「（『何日君再来』の）歌詞は『頽廃と没落の思想』を反映している」

これは「何日君再来」のリバイバルが、中国政府の演出によるものなどではなく、中国の人々、とりわけ若者たちによる自発的・自然発生的なものであったことのまぎれもなき反証であった。

もう一つ私たち日本人を驚かせたのは、かつての「亡国の歌」を四〇年ぶりによみがえらせたのがテレサ・テンだったことだ。マスコミ報道によると、香港でコピーされたこの曲のカセットテープが出回っていてひっぱりだこなのだという。すでにテレサは、台湾の人気アイドル歌手から香港やシンガポールやマレーシアなどの中華文化圏で「アジアの歌姫」として活躍、五年前の一九七五年には日本に上陸、二作目の「空港」（作詞・山上路夫、作曲・猪俣公章、一九七四年）が大ヒットして第一六回日本レコード大賞新人賞を受賞、テレビの歌番組にも出ずっぱりで、ラブソングを得意とする人気スター歌手の仲間入りを果たしていた。そのテレサが日中間のいわくつきの懐メロをわざわざカバーするとは、たとえば山口百恵が戦前の軍国歌謡を愛唱するようなもので、一部の音楽業界通にはその背景は知られていたようだが、私たち一般の日本人からするとミスマッチ以外の何物でもなかった。（なお、テレサ・テンによる「何日君再来」のカバーバージョンが日本でリリースされるのは、それから一〇年以上の後の一九九三年である）

さらに私たちを驚かせたのは、テレサがリバイバルさせた元「亡国の歌」がますます流行をみせ、中国のトップリーダーに、「小鄧が老鄧にかわって天下を制した」と嘆かせたというエピソードがまことしやかに伝わってきたことだ。「小鄧」とは鄧麗君が中華名のテレサ・テン、老鄧とは十数億の民を擁する大国の最高指導者・鄧小平である。

一アイドル歌手の人気が近代史に名を留める大政治家のそれを凌駕したとは驚きだったが、それはとんでもない危うさをはらんでいた。案の定、「小鄧」ことテレサ・テンがリバイバルさせた「何日君再来」は二年ほどで、当局から精神を汚染させる「黄色歌謡」の一曲として禁歌の指定をうけた。先の毎日新聞の記事に紹介されていた中国政府の懸念の論評が現実となったのである。

■天安門事件で改革開放の実態が明らかに

しかし、日本では、自由主義世界の文物がそれだけ浸透している証しだとしてさほど深刻には受け取られなかった。むしろ隣の大国は、一説では一千万人以上の犠牲者を出したといわれる文化大革命の悲劇から脱し、ようやく民主化が端緒につきつつあるとの期待とともに、それまで人権無視の恐怖政治の国に思えた中国に親近感すら抱かせた。

私もその一人で、一九八九年の春、外国定期航路の一つである神戸・上海間を往復する「鑑真号」に乗船してレポートをするという仕事が、某有力雑誌から舞い込むと喜びいさんだ。上海に着いたら、バンド（外灘）に立ち寄って人々が「何日君再来」を口ずさむのを聞くことができるかもしれないと能天気な妄想を逞しくしたものだった。ところがこの企画は直前で急遽中止になった。

天安門事件が勃発したからである。

民主化を求める若者たちを戦車が無残にもふみにじる映像が全世界に配信されることによって、「老鄧」が推し進める改革開放政策の実態が明白になり、私たちの視野がいかにぼやけていたかを否応なく自覚させられるはめになった。それは「何日君再来」とそれをカバーした歌手が果たした歴史的な役割がはっきりみえた瞬間でもあった。

天安門の悲劇のおよそ一週間前の五月二七日、香港を代表する芸能人が集まり中国の民主主義にささげるチャリティコンサート「民主歌声献中華」が催され、三〇万人もの市民を前にテレサ・テンが登場、「民主万歳」と書かれたハチマキを締めて熱唱。そのテレサの歌声は中国全土から多くの若者たちを天安門広場に呼び寄せたのだった。

天安門事件の武力鎮圧後、テレサは両親が生まれた中国でステージに立つ夢を果たせないままこの世を去ったが、彼女がカバーした「何日君再来」のリバイバルは、「改革開放」の必然的副産物であったにもかかわらず、当局から「精神汚染の素」として禁圧されたことで、かえって民主化運動の培養剤となったのである。

私にとっては、今から思い起こしてみても、衝撃的な歴史的大事件だった。

しかし、最近知己を得た中国人女性から、天安門事件に至る実体験を聞かされて、当時、私たちが眺めていたのは対岸からの景色でしかなかったと、それまでの理解の浅さに恥じ入った。

当時、「何日君再来」とそれをカバーした歌手が、いったいどれほどの歴史的な役割を果たしたのか。どうやら私たちが知っているのは、せいぜい一衣帯水の対岸から眺めていたぼやけた遠色でしかなかったのではないか。実は、彼の国の中で展開されたのは想像を絶するほどの衝撃な出来事だった。遅ればせながら、そのことを私に気づかせてくれた二人の中国人女性がいた。

どちらも文化大革命から改革開放と天安門事件にかけて「不毛の青春時代」をおくった共通体験をもつ、一人は芥川賞作家の楊逸《ヤンイー》、もう一人は中国文学者の劉燕子《リュウ・イエンズ》である。私が二人の対談本（『「言葉が殺される国」で起きている残酷な真実』ビジネス社、二〇二一年）をプロデュースしたのが機縁だった。

まず劉燕子だが、毛沢東と同じ湖南省の人である。文化大革命が起きる前の一九六五年に生まれ、一九八九年の天安門事件は人生の転換点となった。一九九一年に留学生として来日、現在は関西の複数の大学で教鞭をとるかたわら、ノーベル平和賞の劉暁波《リュウ・シアンポー》をはじめ言論の自由を求める内外の知識人の翻訳・紹介を精力的に行っている。父親は北京大学在学中に反右派闘争で日記を密告され「反党・準右派分子」とされて地方の鉱山で労働改造。さらに文化大革命では「反革命分子」としてつるし上げられ，死刑寸前までに追い詰められた。

そんな〝負の出自〟を打ち消そうとしてなのか、小学校に入ると毛沢東に忠誠を誓う「紅小兵」になり、『毛沢東語録』を読み、毛沢東バッジをつけ、赤い房のついた槍を手に紅衛兵の驥尾《きび》に付して「反革命」の家捜しについて行った。街では朝から「東方紅」や「毛沢東思想は沈まぬ太陽」や「インターナショナル」などの革命歌が銅鑼や太鼓の響きとともに流れていた。歌といったらそれしか教わらなかった。

劉燕子がテレサと「何日君再来」の存在を最初に知ったのは、一九八〇年に入って、中国と台湾が対峙する金門島から、台湾側が巨大なスピーカーでテレサの歌声を流し、風船にテレサのテープを付けて飛ばして宣伝工作をしているから警戒せよというニュースであった。

しかし劉の田舎にまでは、そのアドバルーンが飛んでこなかったので伝聞だけだったが、それは劉が子供時代に挿絵付き冊子「小人書」によって受けた「台湾解放」のための洗脳教育をいやでも思い起こさせた。

一九五〇年代、中国と台湾が金門島の争奪をめぐって激戦を繰り広げる中で、人民解放軍の軍用電話のケーブルが砲火を浴びて切断されことがあった。そのとき数人の少年たちがケーブル代わりに手と手を結び、電流が通ったときに身体がしびれても歯を食いしばって「米帝の走狗の蒋介石をやっつけろ」との決意を新たにしたという武勇伝である。

これは、劉たち天安門世代なら誰もが子供時代に脳裏に刷り込まれた共通の記憶であった。

そんな劉が、テレサの「何日君再来」を実際に自らの耳ではじめて聞いたのは、それが「黄色歌曲」として発禁にされていた一九八二年の高校生のときだった。クラスの同級の女子が香港の親戚から手に入れたカセットレコーダーとカセットテープで、テレサ・テンの歌声を流して聞かせたのである。

その子の姉は、当時は富と繁栄と自由の象徴とされた香港の男性と結婚していて、指には大きな金の指輪がはめられていてまぶしかった。それよりも劉にとって衝撃的だったのは、中国共産党から〝退廃的〟と断罪された「何日君再来」であった。娯楽に飢えていたのだろう。劉だけでなくクラスメートたちは、たちまちテレサの〝退廃的〟で甘美な歌声のとりこになった。

もう一度、いや何度も聴きたい。そう思った劉は、同級生の宿題をやって貸しをつくり、テレサの歌声を長時間、何度も聞くことができた。同級生の家では、母親から自慢げに見せられた香港のカラー写真、ワンピースの服、口紅なども目にして、心をときめかせた。

しかし、それは当局による「ブルジョワ自由化」「精神汚染」反対キャンペーンを冒す危険行為であった。処罰の対象は提供者にもおよび、同級生の母は、香港からカセットレコーダーやテープを持ち込み、自宅でカーテンを閉めて、社交ダンスのパーティを行ったことで、一九八三年の「厳打（厳重に迅速に犯罪を取り締まるキャンペーン）」にひっかかって、一年の「労働改造」の処罰を受けたという。

■衝撃の〝テレサ体験〟を活写した中国人女性の芥川賞受賞作

もう一人の証言者は楊逸である。楊は劉燕子より一歳上で、旧満州（東北部）のハルビン生まれ。文化大革命で一家全員がマイナス三〇度の酷寒の地へ下放された体験から「早くこの国から出たい」と、天安門事件の二年前の一九八七年に横浜に住む伯父を頼って日本に留学、二〇〇八年、日本語を母国語としない初の芥川賞作家となった。

楊逸は劉燕子との対談の中で、初めてテレサ・テンの歌に出会ったときの衝撃について、「体がムズムズする感覚をおぼえた」といい、それを芥川賞受賞作である『時が滲む朝』の登場人物たちに仮託したと語っている。

ちなみに、『時が滲む朝』には、楊の分身とも思われる主人公の浩遠が、同じく大学新入生の志強とともに、先輩からテレサ・テンのカセットテープをはじめて聞かされたときの衝撃の心象が次のように活写されている。

「ゴックン。歌にのめり込む志強から唾を飲み込むような音を感じ、浩遠も我慢の限界に達し、流れる甘く切ない歌声

左が芥川賞作家の楊逸、右は中国文学者の劉燕子（『「言葉が殺される国」で起きている残酷な真実』（ビジネス社）

と一緒に、口の中の全てを思い切り飲み込んだ。唾は甘泉の如く、喉から全身に巡り、骨にまで沁み込んで、体中にちくちくしていた青々しいがさつな棘のような何かをやさしく撫で、無骨な青年は瞬く間に食事を堪能して一服しようとする子猫にでもなったかのように、目がとろりとした。

（略）浩遠も恥ずかしくなって志強を見ると、志強は顔から頸にかけて真っ赤になっていた。愛やら何やらの、腐敗した資本主義の情調に危うく腐食されるところだった。浩遠は逃げるようにスピーカーから離れ、ベッドからいい加減に本を一冊取って、部屋を出ようとした。志強も焦って浩遠の腕につかまって、そそくさとついて出た」

なおこのシーンで描かれている主人公たちをどぎまぎさせる歌は「月亮代表我的心《ユエリャンダイビャオウォーダシン》」と思われるが、先輩のカセットテープの中には当時の若者たちをもっとも熱狂させた「何日君再来《フォーリン・チュン・ツァイライ》」も入っていたはずであり、それらの禁断の歌が主人公たちをとりこにしていくのに時間はかからなかった。

「テレサ・テンをはじめとする香港や台湾の流行歌手の歌、みんなそれぞれ独自のルートで入手できるテープを持ち寄って聴く。外に漏れないように、音量をみんなの耳に届くぐらいまで下げ、全員が布団に入って息を潜め、高鳴る胸を抑えつつ、ひと時を享受する。三十分が終わると、眠れない長い長い夜に、何度となく甘いメロディを噛みしめて、眠ろうと頑張る。そしてそのほんのりとした幸せな気分は夢の中まで続いていく」

こうして禁断の歌との出会いが機縁となって主人公たちは「文学サロン」をつくり、民主化運動に目覚め、授業ボイコットやハンガーストライキを打ち、ついに天安門広場でのデモへと参加して大いなる挫折を味わうことになるのである。

劉燕子と楊逸の証言からもうかがえるように、天安門世代にとって〝テレサ体験〟はかくも強烈だった。

彼らの体験に比べると、私たちベトナム反戦世代の新宿西口フォークゲリラ体験など遠く足元にも届かないし、アメリカのフラワーチルドレンの反戦フォークソング体験も、さらには南アのアパルトヘイト撤廃運動に大きな影響をあたえた

「明日に架ける橋」体験も、チェコのビロード革命をささえた若者たちの「ヘイジュード」体験ですらも、その衝撃力においては、及ばないであろう。

裏をかえせば、「退廃的黄色歌曲」と断罪されたテレサの歌声がなかったら、中国の民主化運動の高揚はなかったといっても過言ではない。そして、それほどの世代的衝撃があったからこそ、テレサの〝退廃的〟な「何日君再来」によって目覚めさせられた「民主化への希求」は、彼らの内奥から消え去ることはないだろう。ということは、今や五〇～六〇代となって中国社会の中核にある彼らが生きつづけるかぎり、習近平体制下の中国は時限爆弾を抱えているようなものなのである。

■「味方の愛唱歌」がたちまち「敵の愛唱歌」に

習近平体制にとって「何日君再来《フォーリン・チュン・ツァイライ》」が厄介なのは、天安門世代の記憶にこの歌とそれをカバーした歌手が強烈に焼き付いていることだけではない。

「何日君再来」がそもそも持っている、「味方の愛唱歌」がたちまち「敵の愛唱歌」にもなり得る〝変幻自在性〟である。それは、歌詞にある「君」が時代と状況によっていかようにも解釈ができ、実際にそうされてきたからだ。

ちなみに日中戦争の最中の一九三九（昭和一四）年、上海で中国人向けの映画の主題歌として初お目見えしたときは、「君」は映画の主人公である抗日運動に挺身する青年であり、「再来」（帰り）を待つのは中国人女性の恋人であり、それが当時の中国人たちの琴線にふれて人気を博した。

いっぽう、渡辺はま子と李香蘭（山口淑子）によって当地の日本人向けにカバーされると、「君」はアジアの盟主たる日本の男性、「再来」（帰り）を待つのは中国人女性に擬されて、戦前の日本人に受けた。

これに対して、それぞれ抗日運動の先陣を競いあっていた毛沢東の共産党陣営も、蒋介石の国民党陣営も、「君」は日本軍をさし、「再来」（帰り）はその侵略支配を意味するとして、当然ながらこの歌を排斥した。

「何日君再来」は蒋介石の夫人である宋美齢の愛唱歌で、「君再来」は中国統一をはたせず台湾に追いやられて不遇の中で死去した夫の蒋介石の復活を願ったものだという興味深い説まである。

そして、それから四〇年近くが過ぎ、一九八〇年代前半にテレサ・テンの歌でリバイバルすると、中国の若者たちの間では、「君」は〝民主的中国〟と受け取られ、その「再来」を恐れた中国当局によって「退廃的黄色歌曲」として排斥されたことは、すでに本稿で紹介してきたとおりである。

■テレサ生誕六〇年追悼コンサートは〝ほめ殺し〟？

したがって、この歌はその変幻自在ぶりからして、一九八〇年代につづいて、これから中国文化圏で二度目のリバイバルをみせる可能性なしとはしない。

その場合、「君」とはいったい誰になるのだろうか?

中国政府としては、世界からその動向・情勢が注視されているウィグル、あるいは一帯一路の先々の地域、さらには狭い海峡を挟んで「有事」がささやかれる台湾においても、習近平という「君」の「再来」を歓迎してもらいたいところだろう。

しかし、はやり歌の厄介なところは、「上からの演出」は効かないどころか、むしろ逆に働くことである。もっとも考えられるのは、〝専制的中国〟が嫌われて、その代わりに〝民主的中国〟という「君」の「再来」を待望する歌として、一九八〇年代につづいてリバイバルする可能性である。習近平の中国としては、これだけはなんとしても避けたいところだが、そこで鍵をにぎるのは、前述した天安門世代の脳裏に焼き付けられた記憶である。専制的権力者を悩ませるのは、これればかりはいくら「禁歌指定」をしても消せないことだ。

そこでふっと筆者の脳裏に妄想がよぎった。だったら「新しい記憶」で〝上書き〟すればよいではないか。二〇一三年五月に、「テレサ生誕六〇年の追悼コンサート」が北京で盛大に行われたが、あれは「〝ほめ殺し〟による記憶の上書き」という高等作戦であったのかもしれない。

調べてみると、その四年前、テレサが香港で「民主万歳」のハチマキをして天安門広場に集まる若者にエールを送ってから二〇年後の二〇〇九年、建国六〇年を迎えた中国では、「新中国で最も影響力のある文化人物」なるネットによるアンケートが実施されていて、テレサは二四〇〇万人もの投票者のなんと三五パーセント超の八五〇万超を集めて、二〇〇人近い候補者の中で、ダントツの一位に輝いているのである。

生前は精神を汚染する「黄色歌謡」として数年間にわたって発禁処分をうけ、死後もネガティブ・キャンペーンに襲われたにもかかわらず、その人気は一向に衰えなかったのは驚きというほかない。死亡した直後の一九九五年六月には、台湾の大衆誌『獨家報導』が、台湾の情報部局の高官による「テレサは軍のスパイだった」との証言を報道、これをうけて香港の『信報』、さらに日本の新聞もこれを伝えた。七月には『週刊宝石』が情報源の台湾高官に直接インタビュー、「テレサの父親は国民党軍の元陸軍中尉でかねてから面識があり、娘のテレサを紹介された」「私が退官したあとも安全局のメンバーで、一九八九年の天安門事件のときもそうだった」「スパイ歴は二〇年以上で死ぬまで秘密諜報員だった」との証言が掲載された。

中国の人々からすれば、このネガティブな情報から、テレサ・テンは明らかに〝敵の回し者〟で、ふつうなら「私は騙されていた」と目が覚めるはずである。ところが、それでも彼女のとりこになったままなのだから、その〝退廃的〟歌唱力は尋常ではない。この〝不都合な真実〟に、中国当局は「テレサおそるべし！」と怯えたのではないだろうか。いささか唐突にみえる「テレサ生誕六〇年追悼コンサート」を北京の首都体育館で開催、王菲をはじめ中国の一流人気歌手が総ぞろい、テレサの持ち歌を歌い、テレサをしのびながら大歌手とほめたたえたのは、テレサの歌声が再び民主化運動につながることを予防するための国を挙げての演出ではなかったか。

くしくも習近平が中国の最高指導者の地位についたのは、このテレサの追悼コンサートの前年の二〇一二年であったのは、はたして偶然の一致だったのだろうか。

■テレサがディートリッヒを超える日がやってくる!?

さらにこれはあくまでも筆者の妄想だと重ねてお断りしておくが、中国当局はヒトラーとゲッベルスの失敗に学んだのかもしれない。

敵にも味方にも愛唱されたということから、しばしば「何日君再来」は、第二次世界大戦中にヨーロッパ戦線の兵士たちに歌われて大流行した「リリー・マルレーン」と比較される。

一九七〇年代後半、日本でもそのエピソードとともに加藤登紀子や梓みちよなどにカバーされて一時期ブームとなったので、団塊世代以上なら記憶にあるだろう。改めて調べてみたが、たしかにこの二つの曲の背景はよく似ている。

「リリー・マルレーン」が誕生したのは、「何日君再来」と同じく東西で戦争が激化する一九三八年。ロシアへの出征を前にして書かれたドイツの詩人の詞に曲がつけられて翌年レコード化。折しも第二次大戦が勃発し前線に送られたドイツ軍兵士を慰撫する一曲として流されて彼らの望郷の琴線をふるわせたが、敵側のイギリス兵たちもこれを聴いて涙したことから軍司令部によりドイツ側の放送を聴くことが禁じられた。

また、「リリー・マルレーン」は絶世の美貌と歌唱力を兼ね備えた銀幕の大スターのマレーネ・ディートリッヒ、かたや「何日君再来」はアジアの歌姫のテレサ・テンと、超大物がオリジナルをカバーしたことで人々を魅了したところも、よく似ている。

しかし、両者には大きな違いがある。

ディートリッヒの熱烈なファンだったヒトラーは彼女のために大作をつくりたいと申し出たが断られた上に、祖国ドイツからアメリカへ〝亡命〟されてしまう。また宣伝相ゲッペルスは、オリジナルをうたって前線の兵士に人気があったラ・アンデルセンの親しい関係者がユダヤ人だと知ると歌手を変えて兵士たちの不評を買う。逆に、この歌のパワーを知った連合国軍はナチスドイツを嫌ってアメリカの懐に飛び込んできたディートリッヒを歌手に起用、彼女も進んで前線の慰問に赴き、「敵の愛唱歌」を「味方の愛唱歌」に変えて、兵士たちを勇気づけたのである。

ひょっとして中国当局はこのエピソードを学習、ディートリッヒを敵側に追いやったヒトラーの轍をふまないよう、死してもなおアジアの永遠の歌姫として絶大な人気を誇るテレサを「自陣」にとりこもうとしているのではないだろうか。

しかしながら、はたしてテレサと「何日君再来」は、習近平の中国の思惑どおりにおとなしく従ってくれるものだろうか。彼女が亡くなって四半世紀が経つからといって、その保証はない。ましてや「死せる孔明、生ける仲達を走らす」の譬えがある国である。

そもそもテレサは、味方はもちろん敵をも魅了してしまう魔性の歌唱力をもつ歌い手であると同時に、ゆるぎない信念の人であった。天安門事件で示されたテレサの「民主的中国」への希求は生涯変わらなかった。台湾の国父とされる蒋介石と蒋経国と並んで墓に収まっているテレサだが、もはや歌をうたえないからといって安心や油断はできない。どっこい彼女は今も多くの人々の記憶の中に生き続けている。

「死せる小鄧（鄧麗君ことテレサ・テン）が生ける習近平を走らせる」ことは十分に考えられる。

その暁には、おそらくテレサにまつわるネガティブな伝説は消え失せることだろう。

そして、テレサ・テンの「何日君再来」はマレーネ・ディートリッヒの「リリー・マルレーン」を超える「時代を変えた偉大な歌手の歌」として記憶されることになるだろう。

Ⅳ　災厄と予兆の章

戦後日本は「今日よりも明日よくなる」を信じて奇跡の復興と高度成長をなしとげたが、三〇年でそれは頓挫。バブルがはじけ、失われた三〇年がつづくなか、原発事故にコロナと想定外の災厄に見舞われた日本とその申し子のベビーブーマーには、この先何が待ち受けているのか？　それを知っているかもしれない「街場のはやり歌」たちがいる。

♪第一六話 「東京音頭」は四度死ぬ!?

「丸の内音頭」歌・小唄勝太郎／三島一声（作詞・西條八十、作曲・中山晋平、一九三三年）

■三度も〝死の危難〟に

この先、何が私たちを待ち受けているのか？　それを問わず語りに教えてくれるのは、私たちと共に時代を生き永らえた歌たちかもしれない。

「はやり歌」とは世につれる〝社会的生き物〟である。したがって、そこには長短の差はあっても、おのずから寿命がある。世のうつろいと共にいつしか廃れて、死んでゆく。そして、一度死んだら生き返ることはめったにない。たまに「リバイバル」の僥倖にめぐまれても、甦ってから生き永らえる時間は、当然のことながら、以前よりは短い。ところが、それが「はやり歌」の宿命なのに、これまでに三度も死にかけて（いや、より正確にいえば「殺され」かけても）、そのたびにどっこい甦っていまも生き続けている歌がある。

♪ハアー踊り踊るならチョイト東京音頭……である。

戦後の東京生まれで東京育ちの私にとって、「東京音頭」は、お盆になると「炭坑節」と共に流れてくる〝時季もの〟の一曲でしかなく、しかも、ある「事件」があって以来、私の中では〝軟派で軽佻な唄〟となっていた。小学生時代に、「東京音頭」の歌詞の最後に、次の囃子詞《はやしことば》を大人たちの前で得意げに披露したところ、こっぴどく叱られたからである。

〽おっとちゃんもおっかちゃんも元気だして、元気だして……

ワルガキ仲間の誰からか教わったものだが、もちろんそのとき、私はそれが夫婦間の「閨事《ねやごと》」を茶化したものだとも知らず、なぜ叱られたのかもわからなかった。だから、そんな軟派で軽佻なイメージしかない「東京音頭」が三回も「殺されかけた」ほどの〝こわもての強者〟だったとは想像の外だった。

最初に殺されかけたのは、先の太平洋戦争へと国と国民が前のめりになる渦中でのことだ。「この非常時に軟弱な踊りにうつつをぬかすとはもってのほか」と、「東京音頭撲滅同盟」なる組織までつくられ、抹殺されかけたらしいのである。まずはそれに至る経緯と背景を記す。

「丸の内音頭大盆踊り大会・日比谷公園」（東京観光財団観光事業部）

昭和初期の某月某日、東京の中心地である丸の内界隈の有力商店の旦那衆が、朝の銭湯でこんな会話で盛り上がった。

「夏ともなると、田舎では盆踊りで盛り上がるのに、わが東京にはそれがない」

「だったら、どうです。わが地元でも『丸の内音頭』をつくって、ひとつパーッと賑やかに景気をつけたら」

たちまち衆議一決。どうせなら作詞・作曲は東京の中心である丸の内にふさわしい「一流どころ」に頼もうと、「東京行進曲」で大ヒットを飛ばしていた西條八十・中山晋平のゴールデンコンビに発注。一九三二（昭和七）年の夏、日比谷公園の盆踊り大会で披露された。巨大な櫓を建て、笛と太鼓のお囃子連をバックに、踊り手は「丸」と「内」を染め抜いた揃いの浴衣、振り付けは花柳流家元、そこへ赤坂の奇麗どころが特別参加するという、なんとも華やかな演出もあって、大いに盛り上がった。

レコードを制作したビクターは、この成功に加え、東京市が近隣の五郡八二町村を編入して五五〇万人を超える世界第二の大都市になったことにあやかり、コンセプトエリアを東京全域に拡大して「丸の内音頭」をリニューアルしようと企図、メロディーはそのままに、西条八十に歌詞を書き替えさせた。

こうして翌一九三三（昭和八）年七月にリリースされたのが「東京音頭」であった。

ちなみに歌詞は「歌枕」を丸の内界隈から東京全域の随所に広げて、こんな具合に書き換えられた。


（丸の内音頭）♪ハァ踊りおどるなら　丸くなって踊れ　ヨイヨイ　おどりゃ心も　ソイ　おどりゃ心も　丸の内……

（東京音頭）♪ハァ踊りおどるなら　チョイト東京音頭　ヨイヨイ　花の都の　花の都の真中で……

（丸の内音頭）♪ハァ東京名物　チョイト日比谷の踊り　月も笑顔の　月も笑顔の　心字池……

（東京音頭）♪ハァ花は上野よ　チョイト柳は銀座　ヨイヨイ　月は隅田の　月は隅田の屋形船

元唄では主役として中心に据えられた「丸の内」は、四番で大東京の一エリアに〝格下げ〟された。

♪ハァおらが丸の内　チョイト東京の波止場　ヨイヨイ　雁と燕の　雁と燕の……

なお、丸の内はかつては海浜で、江戸時代の初めに埋め立てられたが、往時の東京人にはその記憶が残っていた。

首尾はどうだったのか。レコード会社の狙いは見事にあたった、いや想像を超えてあたりすぎたというべきであろう。芸者出身の小唄勝太郎と民謡歌手の三島一声のデュオという新趣向による軽快なダンスミュージックは、当初のターゲットであった東京という限られたエリアと盆踊りというこれまた限られた時節を超えて、たちまち全国津々浦々へ伝播、日本中を魅了するのである。

いや、往時の新聞記事から推し量ると、それは「日本中を魅了」などという生易しいものではなく、むしろ「日本中を狂乱」という形容が相応しい。どうやら「東京音頭」は尋常ならざる事態を招来したようなのである。

ちなみに朝日新聞（昭和八年九月二一日）の投書には、「東京音頭」をめぐる狂乱の実態が批判的な視点から、次のように記されている。

「近県のC市では、県庁前の広場で、内務部長までが、尻をからげて平民共と一所にステテコを踊り、近郊のE町では小学校長が女生徒の一団を率いてヨイヨイヨイとはねている」（中野、K生寄、以下往時の新聞記事の引用は「新字新かなづかい」に訂正した）

この投書の日付が盆をとっくに過ぎた九月末であることと、また〝現場〟が「近県のC市」「近郊のE町」とあることからも、「東京音頭」の流行が時季とエリアを越えていたことは明らかである。

さらに、この狂乱は収まるどころか、年を越してますます過激になっていったらしい。翌一九三四（昭和九）年八月一三日の読売新聞には、「踊り踊るなら線路の外で　チョイと浮かれて電車と衝突」の見出しを掲げ、以下の記事が掲載されている。

「十二日午後三時半ごろ江戸川区平井中川勘三郎甥井上豊（一三）君は自宅前の総武線線路付近で日ごろから得意の東京音頭を踊っていると折から通過した列車の乗客に『よう！　うまいぞ‼』声がかかったのでいよいよ調子づき手取り足拍子面白くとうとう線路の上まで踊り出したところへ市川発お茶の水行省線列車が進行して来て『呀ッ』という間に刎ねとばされて頭部その他に瀕死の重傷を負った」

「東京音頭」が地域と時節を超えて広がっていく恐るべき伝播力をもっていた証左は他にもある。

一九三三（昭和八）年一〇月二日の池上本門寺の御会式では、寺に向かう行列で団扇太鼓を使いながら「東京音頭」の合唱が起こった。同年一〇月二一日、当時プロ野球よりも人気があった六大学野球の中でも最大のイベントの早慶戦に、入場券を求めて徹夜で並ぶファンたちが、神宮球場前で「東京音頭」を合唱しながら一夜を明かした。さらに人気は東京にとどまらず、同年夏の盆踊りでは別府でも踊られ、房州勝浦方面では昔ながらの念仏踊りを駆逐してしまったという。

（刑部芳則「東京音頭の創出と影響――音頭のメディア効果『商学研究』第三一号日本大学商学部商学研究所）

■「東京音頭」は〝ええじゃないか〟だった⁉

それにしても、なぜ「東京音頭」は、当時の日本国民をかくも狂乱させたのか？

要因の一つとしては、人口五五〇万人を突破した東京への一極集中により、全国各地から大量の〝故郷喪失者〟がやってきたことが考えられる。「東京音頭」は、彼らに、盆踊りという〝疑似ふるさと体験〟と、「大東京」の新住民となったことへの高揚感を二つながら味あわせることで、新参東京人たちから共感をもって受け入れられたのではないか。

しかし、それだけでは盆の時期を越えて全国へ伝播したことは説明できない。

数多くの識者も指摘しているが、そこには「東京音頭」が鳴り物入りで登場した一九三三（昭和八）年という〝時代状況〟が大きく影響していたことは間違いなかろう。

往時の日本は、ウォール街発の世界恐慌の余波をうけ、いまだ〝出口なし〟の只中にあった。そんななか、国際連盟脱退、関東軍の華北侵入、小学教科書の軍国化、関東防空大演習など、きな臭い事象が頻発、人々はひたすら不安をつのらせるいっぽうで、時代を覆う閉塞感のはけ口を求めていた。そこへ、突如、それを発散してくれそうな軽快なダンスミュージックが舞い降りてきた。それが「東京音頭」だった。

「東京音頭」の大流行をうけて、同工異曲の新作音頭がつぎつぎ世に送りだされる。それは時の政権にとっても、社会の矛盾から国民の目をそらすという点で歓迎すべきことであった。

一九三四年四月一二日の大阪朝日新聞もそれを鋭く指摘している。

「内務省や陸軍省、海軍省あたりが、思想善導の恰好の手段として音頭を推薦しているので、音頭の普及にますます拍車を加えることになっている」

人々は「待ってました」とばかり、それにとりつかれて踊りまくった。それを体験した花田清輝は、その国民的狂乱をこう記す。

「昭和十年（一九三五）ごろまで、東京中を転々としたにもかかわらず、どこへ引っ越していっても、『東京音頭』につきまとわれたことはいうまでもありません。（略）『ええじゃないか踊り』とともに明治維新がはじまり、『東京音頭』とともに昭和維新がはじまったといえばいえないこともないでしょう。（略）おそらく大衆にとって、昭和維新が、それほど幸福なものでなかったように、明治維新もまた、かならずしも、「グッド・オールド・デイズ」ではなかったかもしれません」（花田清輝全集一二巻「恥辱の思想」筑摩書房、一九七八年）

今から思いかえせば、「東京音頭」が火をつけた国民的狂乱は、太平洋戦争へ向かってもはや後戻りのきかない〝分水嶺〟で起こされた〝昭和のええじゃないか〟であった。

ところが「東京音頭」は、これほどまでに国民を狂乱させたにもかかわらず、数年もしないうちに、抹殺されそうになるのである。いったい「東京音頭」に何が起きたのか。

一つは狂乱する国民を苦々しく思う人々も少なからずいたこと。もう一つは、時の政府も時局がらその狂乱を容認できなくなったこと。その両者の相乗作用によって「東京音頭抹殺事件」が企図されることになる。

ちなみに前掲の朝日新聞の投書は「東京音頭」が引き起こした国民的狂乱をこう断罪する。

「一体、これを奨励し唱道する今の当路者達は、こんなごまかしで大衆の尖鋭ないらだたしい神経や、盛り上がる社会経済不安を逃避させ得ると、本気で考えているのであろうか（略）海相は米国連合記者団に日本海軍の決意を語り、陸相は九千万本の竹槍をひっかついで、全国民が国難に馳せ参ずべきを説いているではないか。この極度の緊張と、東京音頭の踊りの弛緩とは、一体どんな連絡があるのか。ふざけた東京音頭踊りよりいっそ竹槍踊はいかが」

ついには教育現場で、児童・生徒の「東京音頭」からの〝隔離〟がはじまった。

前掲の「刑部芳則論文」によると、東京杉並の小学校の運動場で児童たちが「東京音頭」を踊っていたため、それを見とがめ校長が説教。児童たちは「お父さんやお母さんがラジオ体操のつもりで踊れ」といっていたと弁明したが、教員は「以後踊る人は厳罰にします」と指導。また一九三五（昭和一〇）年には、横浜市の盆踊りで小学生が五〇〇名参加しているのが発覚すると、市では彼らの参加を禁止したという。

■抹殺の救世主は歌詞だった？

〝抹殺〟の最終執行人は時の政権である。

それまで国は「東京音頭」をふくむ新作音頭を容認どころか推奨していた。ところが国の姿勢は急変。一九三四年八月から内務省は出版警察法の適用拡大に乗り出す。事前の検閲対象を、レコードにまで広げ、仮に検閲を通過しても「問題あり」と判断されると、発売禁止・宣伝中止・自主回収などが行なわれた。そのため多くの流行歌が「頽廃的」で「皇国の発展を阻害する」との理由から発禁の憂き目にあうことになった。アジアの盟主たらんとの野心から戦線拡大に突き進む軍部の「国民精神の発揚」要請をうけたものであったことは言うまでもない。

年とともに、「検閲」の基準は厳しくなり、過去には「了」とされたものが「改作処分」を受けることもあった。たとえば「東京音頭」の歌手でもある小唄勝太郎の「島の娘」は、一九三二年の発売にもかかわらず、一九三四年になって、「娘十六恋ごころ……主と一夜の仇情」が「娘十六紅だすき　咲いた仇花、波に流れて風だより」に意味不明な詞に〝改作〟させられた。

そんななかで、国民歌謡の主役は「軍歌」になっていく。

したがって、前掲投書にあるように、「全国民が国難に馳せ参ずべき極度の緊張時」に「極度の弛緩ぶり」をみせる「東京音頭」も「検閲」と「処分」のターゲットにされてもおかしくはなかった。

ところが、「東京音頭」は抹殺されずに生き残れたのである。いったいなぜなのか。その答えは、前掲投書に対する反論（「朝日新聞」同年九月二三日）の以下のくだりにある。

「『君がみいつは天照らす』と聖恩をうたい、『花になるなら九段の桜』と忠勇を賛仰している純情、涙ぐましいものさえある。高がはかない一夕の踊りを矢たらに精神の弛緩などというなかれ。いわゆる非常時にさえこれ位の余裕を見せる国民の度胸に、むしろ敬服したいのである」（小石川、李兵衛寄）

「東京音頭」は、一九三三（昭和八）年七月にAB両面セットで発売された。ABそれぞれ五番の歌詞が収録されているが、その中から、上記投稿に関連するものを以下に掲げる。

A面二番　♪ハァ東京よいとこ　チョイト日本照らす　ヨイヨイ　君が御稜威《みいつ》は　君が御稜威《みいつ》は天照らす
A面五番　♪ハァ君と民との　チョイト千歳の契り　ヨイヨイ　結ぶ都の　結ぶ都の　二重橋
B面三番　♪ハァ花になるなら　チョイト九段の桜　ヨイヨイ　大和心の　大和心の　色に咲く

なお、「御稜威」とは、天皇や神などの威光のことである。おそらく、これらが当局から「国民精神発揚」に資するものと評価されて、「東京音頭」は〝命拾い〟をしたのではなかろうか。

なお、「東京音頭」発売の七年後の一九四一（昭和一六）年、日本は英米と戦端をひらき、泥沼の戦争へと突き進んでいくが、戦況の激化につれ、盆踊りそのものが中止に追い込まれる。理由は「聖戦貫徹」のさまたげとなる「遊興」の禁止と、盆踊りの主たる担い手である若者たちが徴兵でいなくなったことによるものだった。

それにより、「東京音頭」も流されなくなった。したがって、「東京音頭」は抹殺されずに生き残れたものの、実際には死んだも同然だった。

■歌詞の一部削除で〝禁歌〟を免れる

しかし、やがて不幸な戦争の終結によって、再び「死の危機」にみまわれると共に、不死鳥の甦りの時がやってくるのである。

一九四五（昭和二〇）年八月一五日、日米開戦から四年、日中戦争から一四年つづいた戦争がようやく終結した。新しく日本の統治者となったのは、マッカーサー元帥をトップに戴くGHQ（連合国軍最高司令官総司令部）。それにともない、「東京音頭」は、コーンパイプをくわえた新しい統治者から新たな「死の危難」を突きつけられることになる。

GHQには教育・文化・思想を統制するために検閲局が設置され、新聞・ラジオなどの報道機関や出版をはじめ「歌舞音曲」も、戦前・戦中に「忠君愛国」の軍国主義イデオロギーを鼓吹する役割を果たしたと判定されると、検閲・禁止の憂き目にあった。それによりたとえばチャンバラ映画は上映禁止にされ、嵐寛郎や片岡千恵蔵などの国民的ヒーローも仕事を失い、往年の時代劇のフィルムにはハサミが入れられた。

このGHQ検閲局に「東京音頭」も目をつけられた。嫌疑の矛先は、皮肉にも、戦時中、内務省の検閲対象から「東京音頭」の命を救ってくれた前頁のA面二番、同五番、B面三番の歌詞たちだった。

しかし、不幸中の幸いというべきか、軍歌のように「全面禁止処分」にはされず、上記の歌詞の「削除」に応じるだけで生き延びることができた。したがって私たちが戦後に聞かされうたいついできた「東京音頭」には、この歌詞は存在しない。ただし、なんとか生き永らえたものの、実態は戦事中と同じく〝死んだも同然〟であった。というのも、戦時中とは別の理由から、ほとんどの地域では盆踊りが中止されたままで、「出番」がなかったからだ。

盆踊り自体はGHQから「禁止処分」にはならなかった。第一話でもふれたように、むしろ彼らが持ち込んだフォークダンスと共に推奨された。だが、戦前「五人組」などで軍国主義体制を下支えしたとして町内会が「解散処分」となった。多くの地域では町内会が盆踊りの実行組織であったため、盆踊りを復活させたくてもできなかったのである。

一部では盆踊りが復活された地域もあったが、それは町内会を越えた地方自治体や警察など公的機関の働きかけによるものだった。ちなみに阿波踊りは敗戦翌年の一九四六（昭和二一）年に早くも復活するが、それは徳島県警保安課が占領軍と折衝し、踊りの許可を得たからだという。

GHQは、一九四七（昭和二二）年に二度にわたって「町内会解散」の徹底を日本政府に執拗に求めている。名前だけかえて復活させる動きが後をたたなかったからである。それほどGHQは町内会を危険視していた。町内会が復活するのは、一九五二（昭和二七）年四月、足かけ七年間におよぶ占領統治が終わるのをうけて、「ポツダム宣言の受諾に伴い発する命令に関する件の廃止に関する法律」が公布されたことによる。これでようやく「東京音頭」にも出番が訪れる。

ちなみに釧路市では、一九五五（昭和三〇）年に「第一回北海盆踊り大会」が開催されている。このことからもわかるように、日本各地で盆踊りが本格化するのは、GHQによる占領が終わってからだった。

こうして「東京音頭」は〝死んだも同然〟の危難をなんとか脱することができたが、それをもって、復活をとげたとはいえなかった。一九三三（昭和八）年、発売と同時に日本中を狂喜乱舞させたときにはほど遠かった。単に年に一回の盆踊りの出番が巡ってきただけであり、それもほとんど東京周辺にかぎられていた。

まさにそれが、私が小学生時代に出会った「東京音頭」だった。絶頂期を知る人からすると〝昔の名前でドサ回り〟をしている落魄《らくはく》状態であり、それはしばらくつづく。

■映画界の風雲児・永田雅一のラッパが鳴った！

だが、やがて不死鳥のごとき復活を予感させる「事件」がおきる。

熱狂の誕生時から三〇年近くが経過、私が高校に進学した一九六二（昭和三七）年。仕掛け人は、ラッパの異名をとる映画界の風雲児・永田雅一。パ・リーグの強豪・大毎オリオンズのオーナーでもあった。

永田はかねてから、日本のプロ野球を本場の大リーグと比肩できるものにしたいという壮大な構想を抱いていた。

そのためにはメジャー仕様の〝夢の器〟がなければならない。

永田は、経営難で閉鎖となった南千住の広大な生地工場跡を手に入れると、サンフランシスコ・ジャイアンツの本拠地であったキャンドルスティック・パークをモデルに球場を建造。それは、二層式のスタンドにゴンドラ席、内野にも芝が敷き詰められ、得点はもちろんホームランが出るとスコアボードに電光表示されるという、今から半世紀前には考えられないメジャー仕様の〝夢の球場〟であった。

照明施設でも、人気を独り占めしていた巨人の本拠地・後楽園をはるかに上回るため、〝光る球場〟と呼ばれた。正式名称は「東京スタジアム」。そこには日本の首都、東京を代表する唯一無二の球場という永田の自負がこめられていた。

永田が目指したメジャー級は、球場という器だけではない。球場が完成した二年後、オーナーをつとめる「大毎オリオンズ」（大映／毎日新聞）を「東京オリオンズ」へ改称。当時セ・パ一二球団のいずれもがチーム名にスポンサー企業名を冠していたが、「球団は特定企業の宣伝手段ではない、地元の市民のものであるべきだ。したがってチームには都市名をつける」という本家本元の流儀を、日本で初めて率先踏襲してみせたのである。

そして永田は総仕上げのプロモーションを思いたつ。球団の応援歌に「東京音頭」を起用することにしたのだ。「東京スタジアム」を本拠地にする「東京オリオンズ」を「東京音頭」で盛り立てるという〝東京〟三乗大作戦。何かにつけ巨人に強烈なライバル心を燃やしていた永田は、「あのジャイアンツですら〝東京〟とは名乗っていない。わがオリオンズこそが真の東京の球団だ」と意気さかんだった。

この時から、「東京音頭」は年に一回の盆踊りの出番から抜け出し、東京の下町の光かがやく球場で、当時の年間一三〇試合の半分近くで声高らかにうたわれることになった。

しかし、残念ながら、オリオンズはメジャー級の最新鋭球場に本拠地を移してからしばらく低迷がつづいた。そのため、スタンドでは閑古鳥がなき、「東京音頭」の歌声は弱々しく、永田が期待したかつてのような万余の大合唱にはならなかった。

戦績がふるわず、ファンの足も遠のくなか、球団と球場の経営は悪化。そこへそれまで娯楽の王者だった本業の映画産業の急激な斜陽化が追い打ちをかけ、一九六九（昭和四四）年、永田はオーナーとして残りつづけるが、球団の命名権を菓子メーカーに譲渡、「東京オリオンズ」は再び企業名を冠した「ロッテ・オリオンズ」となり、「大リーグにならってチームには都市名を」という永田の掲げた理想はわずか五年で頓挫する。

これで、〝光る球場〟で「東京音頭」の狂乱が甦ることはなくなったかにみえた。

しかし、「東京音頭」を下町の夜空にどよもしたいという永田の夢がかなう日がやってくる。それは、皮肉にも球団名がロッテに替わって一年後の一九七〇（昭和四五）年のことだった。本拠地東京スタジアムで西鉄ライオンズを相手に前半リードを許すも中盤で本塁打二本を含む大逆転、一〇年ぶり三度目の優勝を決めたのである。おそらく開場式以来久方ぶりに球場を埋め尽くした二万六千人のファンたちが喉をからしてうたったのはもちろん「東京音頭」。そして優勝が決まるや彼らがフィールドに乱入して真っ先に胴上げして宙に舞ったのは、オーナーの永田雅一だった。

その狂乱ぶりを、翌日の毎日新聞（昭和四五年一〇月八日）朝刊スポーツ面は、「ヤケ酒一転……勝利の美酒に／歓喜、合唱の下町ファン」の見出しを掲げて、こう伝えている。

「七回にはグランド一杯に東京音頭の大合唱がこだました。山崎（裕之、二塁手）のグラブにウイニングボールがすっぽりはいると、待ち構えたファンがセキを切ったようにクラウンドへ乱入。混乱と興奮のうず。その中に舞うロッテ・ナイン。『長い間ありがとうございました。おかげで今日の感激を味わうことができました』と場内にひびいた濃人監督の涙声。その気持はファンも同じ。ホタルの光が鳴りひびいてもファンはいつまでもスタンドから去ろうとしなかった」

だが、無念なことに、「東京音頭」と「東京スタジアム」の栄光はここまでだった。

翌一九七一（昭和四六）年一月、経営に行き詰った永田はオーナーを辞職、球団の全権はロッテの手に渡った。そして、同年一二月、本業の大映の再建も果たせず倒産。以後、永田のラッパが鳴ることはなかった。

いっぽう大リーグ仕様の〝光る球場〟だが、永田から購入を求められたロッテはこれを拒否。一九七三（昭和四八）年に仙台に暫定本拠地を移し、以後本拠地を替えて「ジプシー球団」と呼ばれるようになり、応援歌として「東京音頭」がうたわれることもなくなった。

引受先を失った「東京スタジアム」は、一九七七（昭和五二）年、ついに取り壊される。現在、跡地は荒川区が管理する総合スポーツセンターとなり、一部は野球練習場になっているが、かつてここで下町の人々が「東京音頭」で狂喜乱舞したことをしのぶよすがは何もない。

■三度目の「死の危機」の救世主はヤクルト応援団長

「東京スタジアム」という新たな舞台を失ったままだったら、おそらく「東京音頭」は、再び年に一度の盆踊りの出番に甘んじつづけたことだろう。ひょっとしたら、盆踊りの出番ですら、「よさこいソーラン」のような新参者にとってかわられ、やがて老兵として消えゆく運命が待っていたかもしれない。まして〝昭和のええじゃないか〟の再現復活など望むべくもなかっただろう。

ヤクルトスワローズの応援（神宮球場）

その意味では、「東京音頭」にとって、〝永田ラッパ〟の鳴り終わりは、一度目は戦中の軍部の意向をうけた政府から、二度目は戦後占領期のGHQからについで、三度目につきつけられた「死の宣告の危機」であった。

それを救った男がいた。

〝永田ラッパ〟が鳴りやみ、〝光る球場〟から光が消え、オリオンズ球団が東京から離れてから数年後、それとともに消えたはずの「東京音頭」の歌声が、隅田川の反対側の神宮の杜から、にわかに聞こえてきたのである。永田雅一の後をうけて鬨《とき》のラッパを鳴らしたのは、ヤクルトスワローズの私設応援団長・岡田正康（二〇〇二年、七一歳で死去）。

それが正確にいつだったかは不明だが、朝日新聞の「うたの旅人」（二〇一二年九月二九日夕刊）の、故人の夫人へのヒアリングによれば、岡田団長の発案で「東京音頭」がうたわれるようになったのは、「七〇年代後半」。動機は「応援団の仕事はまずファンに楽しんでもらうこと」、理由は「みんなが知っている曲だから」。

そもそも岡田がスワローズの応援団をはじめたのは、一九五二（昭和二七）年、ヤクルトスワローズの前身である国鉄スワローズと巨人との対戦をたまたま結婚前の妻と見たのがきっかけだった。あまりにもスワローズ側の観客席が閑散としているのに「判官びいきの気持ち」が湧きおこり、最前列に乗り出していって思わず応援をはじめたのだという。

以来、神宮に手弁当で通いつづけて二十余年、待望の初優勝の時がやってくる。その間のスワローズの低迷ぶりたるや、オリオンズの比ではない、三位がたったの二回、四位が七回、五位が八回、最下位の六位が七回という万年Bクラス。

そのスワローズが一九七七（昭和五二）年にいきなり二位、そして翌年には初優勝する。その功績はもっぱら監督に迎えた広岡達郎の徹底した管理野球術にあったとされるが、岡田の「東京音頭」の鼓舞による効果も少なからずあったのではないか。

というのも、前述したように、万年Bクラスから急浮上するときに、岡田は「東京音頭」を応援歌に採用、今や神宮球場名物となったビニール傘を「東京音頭」にあわせて振る演出を編み出したからである。これが性生活までコントロールする広岡監督の管理野球に苦吟していた選手たちをどれほど鼓舞したことか。

オリオンズの永田ラッパは上から下に向かって鳴らされたが、スワローズの岡田ラッパは下から、ファンと選手たちを「東京音頭」で元気づけた。

そのパワーが全開したのが一九七八年一〇月四日の初優勝のときだった。岡田と「東京音頭」が生み出した熱伝導ぶりを翌日の朝日新聞朝刊はこう伝えている。

「四万三千人の『狂喜』は、ヒルトンの本塁打で、開始早々から頂点に達した。一塁ベンチ後方のスタンドから始まった『三々七拍子』が、右翼席から三塁側内野席へと移り、一つになった。やがて東京音頭の大合唱が響き渡る。ヤクルト職員のウグイス嬢が『中日にもご声援を』と、マイクで頼んでも、拍手はまばら。『長い間待ったんだ。巨人のV３をはばむんだ。何が何でもヤクルトだ』。こんな叫びが、それにこたえる」

■〝令和のええじゃないか踊り〟が起きる？

これをもって、「東京音頭」は、ついに安住の地をみつけたかにみえる。では、このまま一部の熱狂的ファンに愛唱されながら余生を送るのだろうか。いや、三度も死地からによみがえった波瀾の生い立ちからして、はたして「東京音頭」はそれで満足するだろうか。九〇年前、生誕の地である帝都東京を超え、お盆の時期をも超えて日本中を狂喜乱舞させたあの狂熱のひと時が忘れられないのではないのか。だとしたら、神宮の杜を超え、一野球球団の応援歌を超え、誕生時のままの〝完全復活〟の機会をうかがっているかもしれない。

ひょっとして「東京音頭」は、二〇二一年夏の東京オリンピックで、その手掛かりをつかんだのではないか。というのも、メインスタジアムの設計変更にはじまって、エンブレム盗用、森喜朗ＪＯＣ会長の女性差別による更迭、開会式の進行の直前変更など、「失点」続きのなかにあって、唯一といってかもしれない「評価」は閉会式での「東京音頭」であったからだ。多くの内外メディアは、今風の音楽やパフォーマンスがあるかと思えば、アイヌの古式踊りなどの伝統舞踊と、あれもこれものメニューは外国人選手には意味不明で戸惑っていたと伝えるいっぽう、中央の舞台で浴衣姿の人々が「東京音頭」を輪になって踊りはじめると、それまで座り込んでいた外国人選手たちの中には見よう見まねで踊りだす人もでて会場に笑顔が広がった、と好意的に伝えた。

この閉会式は無観客だったが、コロナ禍でなければ万余の観客がいたはずで、会場は狂乱の渦となったのではないかと「東京音頭」はひそかに自信を抱き、「いまふたたび、あのときがやってくる」と期待をもったかもしれない。

実は、この「東京音頭」の出番を背後で演出する動きもあったようだ。新聞報道によると、二〇〇三年からは、「東京音頭」が初めて踊られた日比谷公園で毎年盆踊りが開催されており、その主催団体の会長から、「東京五輪で盆踊りをやりたい」と自民党の国会議員へロビイングがつづけられていたという。（朝日新聞デジタル、二〇二一年八月二日）

最近、「現在」を「東京音頭」が生まれた一九三三（昭和八）年に似ていると指摘する識者が少なからずいる。その危惧が当たっているとすると、「東京音頭」が〝令和のええじゃないか踊り〟として完全復活する日も近い。

それは、かつてそれを目撃した花田清輝が喝破したように、「昭和ならぬ令和維新のはじまり」となりはしないか。花田はこう付言している。「わたしは、『東京音頭』の歌や踊りが、いまだに大衆の心をとらえているのが、多少、気がかりなのです」（前掲書）

「東京音頭」は、社会不安から国民の目をそらすための〝国民的ガス抜き〟として一時は権力から歓迎されるが、その役割を果たし終えたところで、「風紀をみだす」として抹殺される。そして、その先には「大東亜戦争」という国民総動員による「総踊り」が踊られることになった。

もしこの先、日本が何らかの「有事」に主体的に関わるようなことがあるとすれば、「東京音頭」は四度目の〝死の危機〟に瀕し、そのときこそ、日本は再び〝死ぬ〟ことになるだろう。

♪第一七話

〝歌謡遺産転がし〟による「国民総踊り計画」はなぜ失敗したか

「東京五輪音頭」歌・三波春夫（作詞・宮田隆、作曲・古賀政男、一九六三年）
「東京五輪音頭２０２０」歌・石川さゆり、加山雄三、竹原ピストル（二〇一七年）

■五七年前の伝説のテーマソングをリメイク

「もしわれわれが進歩を望むなら、歴史を繰り返してはならない。新しい歴史をつくらなければならない」（マハトマ・ガンジー）。

「東京オリンピック・パラリンピック２０２０」（以下オリパラ）は、まさにその反証にほかならず、このままでは、成否についての事後検証は一切なされずに歴史の彼方に葬り去られそうだ。それは断じてあってはならない。

そもそも政権延命のためにその開催にこだわらなければ、コロナ禍はこれほどひどいことにはなってはいなかった。その意味では、コロナという「天災」を「人災」にしてしまったのは、政権のオリパラへの執着のせいである。いっぽうで、もしオリパラが当初のスケジュールどおり順調に開催されていたら、事後に大いなる失態と共に「不都合な真実」が明るみになったことは間違いなく、それを突然来襲した世紀の疫病は覆い隠してしまった。なんとも皮肉なことだが、コロナによってもっとも恩恵をうけているのはコロナを〝人災化〟した張本人のこの国の政権なのである。

これからも、当事者たちは、不都合な「負の遺産《レガシー》」をコロナで覆い隠そうとするだろう。いや、着々とそうしつつある。

その筆頭は、カネのかからない五輪を標榜しつつもおそらく膨大な赤字になると思われる収支、これまた膨大になると予想される今後の施設のランニングコストだが、これはだれの目にも明らかな関心事なので、隠しきれずに、いずれは明

「東京オリパラ2020」は」東京オリンピックのテーマソングである三波春夫の「東京五輪音頭」（テイチク）がリメイクされた。

るみにでる。問題なのは、一見そうとは見えない「負の遺産《レガシー》」である。なかで、もっとも等閑視されるだろうと筆者が危惧するのは、テーマソングをめぐって目論まれた〝歌謡遺産《レガシー》ころがし〟——五七年前に大ブレイクした「東京五輪音頭」のリメイク——による大いなる誤算と失態である。

赤字の国民への付け回しという「負の遺産《レガシー》」にくらべれば、「歌の遺産転がし」の誤算と失態など大したことはないと思われるかもしれない。だが、私のみるところ、むしろ深刻度においては「赤字問題」よりもはるかに高い。それはオリパラの設計図の根幹に——論をきわめればこの国の政治経済活動のありようにもかかわるものであり、それゆえ当事者たちは「なんとかこのまま表に出ないでほしい」と願っているはずだからである。

東京五輪招致が決まった二〇一三年から四年が経ちオリパラ開催を三年後に控えた二〇一七年七月二四日、五七年前の東京オリンピックのテーマソングである「東京五輪音頭」（作詞・宮田隆、作曲・古賀政男）がリメイクされることが、大会組織委員会から発表された。

東京五輪の前年の一九六三年に制作リリースされた元歌の曲調を現代風にアレンジ。歌詞の一部を替え、五番を新たに追加。歌はメインヴォーカルに石川さゆり（当時五九歳）を起用、サビでシニアの加山雄三（同八〇歳）と壮年の竹原ピストル（同四〇歳）が加わる三世代共演。八月四日から動画サイト、YouTubeにアップされ、狙いは「全国の夏祭りで国民に歌い踊ってもらい、大会の機運醸成につなげること」にあった。（「電通報」二〇一七年七月二六日）

このとき私は勝手にこう思いこんで、この件はその後忘れてしまった。

開催までにまだ三年もあり（コロナのおかげで実際は四年になったが）、しかるべき音楽プロデューサーのもとでオリジナルのテーマソングをつくる余裕は十分にある、それなのに半世紀も前のリメイクですますということは、オリパラの総合プロデューサーである電通が企画料稼ぎで提案した「やっつけ」だろうと。どうせ適当にお茶を濁してぽしゃる、おそらく多くの国民もそう感じたのではないか。

くわえてこの一件が国民的関心事とならなかったのには他にも理由があった。その後、国立競技場の設計やり直し、エンブレム盗作、森喜朗JOC会長のセクハラ発言による更迭劇、さらには開会式直前の音楽プロデューサーの解任、さらには高橋治之オリパラ組織委員会理事による受託収賄事件など、次から次へとマスコミのネタが続発。「東京五輪音頭」のリメイクが注目されたのは公表時だけで、「その後の経過」がマスコミでさっぱり報じられなかったからだ。

■「新東京音頭」による国民総踊り計画

ところが、実はこの新「東京五輪音頭」は、オリパラにとって、群発する「不祥事」のどれよりも重要な案件であり、だから当事者たちはそれが覆い隠されて喜んでいることに、土壇場になって気づかされた。そのきっかけを与えてくれたのは、オリパラ開催直前、加山雄三が湘南で行なわれる聖火リレーの走者を辞退するというニュースだった。

加山はその理由をこう述べていた。

「今回の東京オリンピックこそ、心から応援し、また自らも盛り上げたい気持ちでいっぱいでした。しかしながら今改めてこの世界の状況を見た時、手放しに開催を喜ぶことが僕は出来ません。勇気を持って辞退いたします」（朝日新聞デジタル、二〇二一年六月九日）

私はこの報道で、加山がヴォーカルに起用された「東京五輪音頭のリメイク話」はあれからどうなっているのだろうかと改めて思いおこし、調べてみて驚かされた。

オリパラの「笛吹唄」は当初私が感じた「企画料稼ぎのやっつけ」どころか、国をあげて地べたをはうように仕込まれていたからである。いってみれば、「新東京音頭国民総踊り計画」である。

「東京五輪音頭２０２０」でネット検索をかけると、自治体のホームページの関連箇所がずらりと表示される。

まず主催者である東京都からは、「二〇二〇年に向けた大会開催機運の盛り上げのために、ＣＤまたはＤＶＤ、法被の貸し出しを行なう」「東京五輪音頭踊り講習会や地域のお祭りなどへ、東京都民踊連盟の指導者を派遣する」との告知。

それをうけて、東京二三区や都下の市町村では「講習会の実施」を案内するとともに、「地域のお祭りやイベント等で積極的に活用していただき、東京2020大会に向けて盛り上がっていきましょう！」と市民に呼びかけている

東京都だけでなく、隣県・山梨の山奥の道志村、遠くは札幌市と、協力自治体は優に五〇〇は越すと思われる。どうやら事前合宿参加国のホームタウン招致自治体が中心母体のようだが、いずこもほぼ同工異曲の案内・呼び掛け文なので、国からの指導が全国へ徹底されていることをうかがわせる。

では、ツールとされる講習用映像とはどんなものなのか、遅ればせながらネットでみてみた。

制作発表の司会をつとめた古館伊知郎が、渋谷の街を舞台に、一九六四年の東京五輪から今回のオリパラまでを映像をつかって回顧。そこへ、宇宙服を着た石川さゆりが上空から舞い降り、オリパラを染め抜いた浴衣姿のダンサーをバックにうたいはじめる。やがて竹原ピストルと加山雄三が参加、最後は花火が上がってフィナーレとなる。

プロモーションビデオとしてはまずまずの出来である。さらに、講習用映像にはゆったりした振付の「シニア用」、車いすで踊れる「障がい者用」も用意されていて、これらは、「踊りが早すぎてついていけない」との苦情があったため途中で追加されたものだという。いずれにせよ、当初私が感じた「手抜き企画」ではないことはこのことからも伺い知れる。

こうして実態を精査するほどに、「手抜き」どころか、どうみてもオリパラの土台をなす一大プロジェクトであることは明らかである。つぎ込まれたヒト・モノ・カネからいっても、事前イベントでは群をぬいている。それなのになぜか国民には知られていない、いやあえて知らせたくないようにも見える。この案件には怪しさが漂っている。そこで調査を続行してみたところ、実に興味深いことがわかり、もはやほうっておくわけにはいかなくなった。

当初はオリジナルのテーマソングが検討されたかもしれないが、開催予定から三年も前に早々と半世紀前のリメイクでいくと決めたのは「しかるべき確信」があってのことである。それがどのていどのリメイクなのかをまずは検証してみよう。

ちなみに歌詞の「一部変更」は、具体的には以下のとおりで、間に入る「ソレ、トトント、トトント」の囃子詞《はやしことば》の連呼もそのまま踏襲されている。

一番の出だし第一小節、元歌の「♪あの日ローマでながめた月」が、リメイク版では「♪リオデジャネイロでながめた

月が」に。

二番の第五小節、元歌の「♪オリンピックの晴れ姿」が、リメイク版では「♪パラリンピックの晴れ姿」に。

三番は元歌のまま。

四番の第二小節、元歌の「♪菊の香りの秋の空」が、リメイク版では「♪入道雲の夏の空」に、同じく第四小節、元歌の「♪とんでくるくる赤とんぼ」が、リメイク版では「♪リズム合わせる蝉の声」に。

そして新しく五番に以下が追加された。

♪二〇二〇命の盛り　きょうという日はきょうかぎり　きみとあしたもまた会える様に　交わす言葉はありがとう……

以上から明らかなのは、歌詞の「一部変更」は、半世紀間の外形的な変化をそのまま反映させたにすぎない。すなわち、五七年前の東京五輪の一つ前がローマ大会だったのが今回はリオデジャネイロに、また前者の開催時期が一〇月の秋だったのが、今回はＩＯＣと放映権を一手に握る米ＮＢＣの強い要請で真夏の七月～八月に変えられたためで、内容の根幹にかかわる「本質的変更」ではない。

ちなみに一九六四年の東京五輪で掲げられたキーメッセージは「スポーツの力を、未来へ」。そして今回のオリパラのそれは、「全員が自己ベスト」「多様性と調和」「未来への継承」と、半世紀間の時代の価値観の変容をうけて基本コンセプトは大きくバージョンアップされている。にもかかわらず、元歌の歌詞の一部変更はもちろん、新たに追加された五番にも、それがほとんど表現されていない。

ということは、今回のオリパラでは、五七年前の遺産《レガシー》をほぼそのまま受け継いで遺産をつくる――つまり〝遺産転がし〟という「裏作戦」が企まれていたことは、どうやら間違いなさそうだ。

では、その首尾はどうだったか？

これほど周到に自治体に手をまわして仕込んでいるからには、さぞや盛り上がっているだろうと思いきや、調べをすすめると、驚いたことに さっぱり実を上げていないのである。

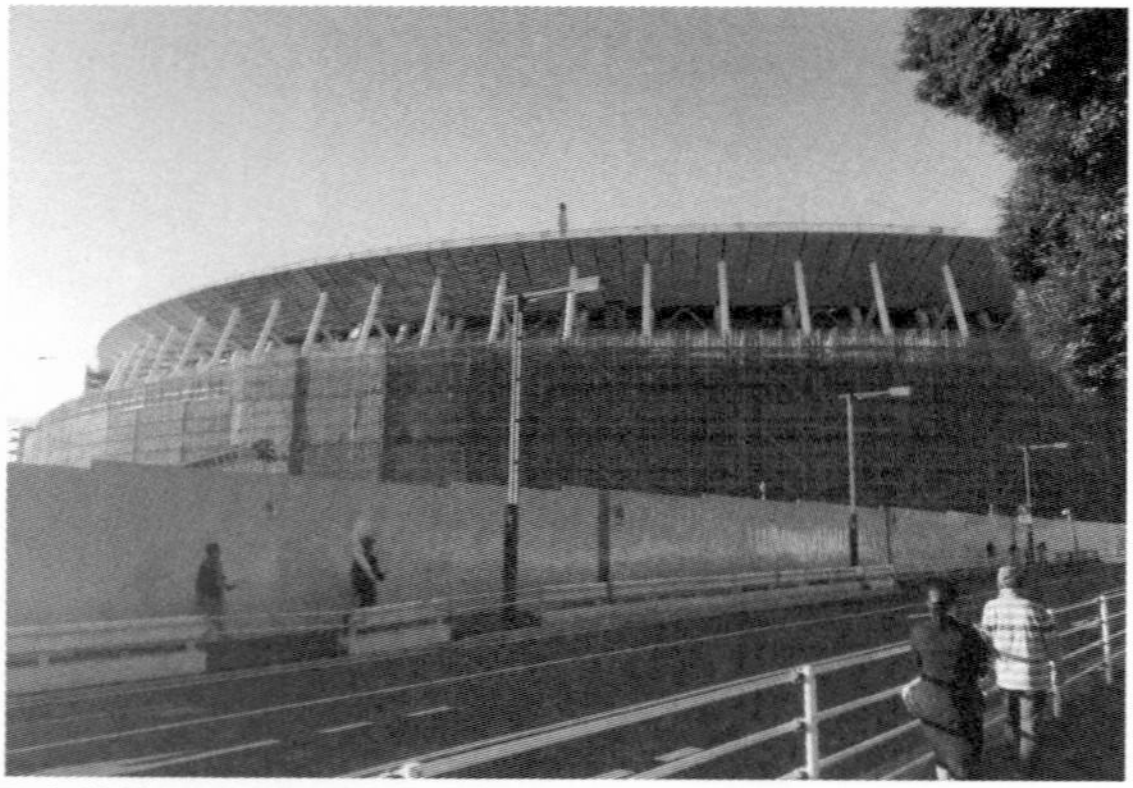

国立競技場建設をめぐってもトラブルが続いた「東京オリンピック・パラリンピック2020」

今回のオリパラにかかわった自治体は、競技施設の提供に事前合宿の受け入れを加えると五〇〇余と全国の半数を超えるが、そこでは、「国民総踊り計画」がおおむね次のような手順ですすめられた。組織委員会から支給された「東京五輪音頭２０２０」をツールに住民向けに「講習会」を開催。ついで小中高の運動会、健康福祉事業、文化イベントなどの各種集会行事のメニューに追加、こうして新五輪音頭を住民にあまねくいきわたらせ、恒例の盆踊りで踊って盛り上げようというものだ。

しかし、実際にはそう首尾よくはいかず、三年間は「講習会」にあけくれ、いざ盆踊りとなったらコロナで中止という自治体も数多く見受けられる。盆踊りにこぎつけても、渋谷をはじめ、いくつかがYouTubeにアップされているが、参加者の表情からは、明らかに「やらされ感」が見てとれる。中には櫓の上の「お手本」に反応せず、踊らない人もいる。

地元の町内会やＰＴＡなどを通じて「動員」されたらしく、どうみても盛り上がりにかける。地域共同体が残っている地方はともかくも、おひざ元の東京では、今や町内会は組織率が五割を切り、開店休業状態か中には解散するところもある。地域の受け皿が崩壊しているなかで「国民総踊り」など、どだい無理なはなしである。

少なくとも、主催地の首都圏では、〝超一部の盛り上がり〟で終わった感はいなめない。

東洋初となる半世紀前のスポーツの祭典では、全国各地の盆踊りで踊られて、その寿《ことほ》ぎと盛り上げに大役を果たしたと伝えられる伝説の「東京五輪音頭」。当事者たちは今回もそれにあやかろうと目論んだのだろうが、開会式でも閉会式でもその出番はつくれず、閉会式で流した「東京音頭」が好評だった。そのことが、「歌謡遺産転がしによる国民総踊り作戦」の失敗を当事者自身がみとめた何よりの証拠であろう。

さて、問題はここからである。なぜ「歌謡遺産転がしによる国民総踊り計画」は失敗したのか。

おそらく当事者たちは、失敗をコロナのせいにするだろうが、私にいわせれば、コロナ以前に「国民総踊り計画」は破綻しており、コロナによってそれが促進されたにすぎない。

このままでは、今回のオリパラは、コロナを理由にして「検証停止」にされてしまう。まだ自治体のホームページには「状況証拠」は残されているが、年内には消去されてしまうだろう。（実際、ある自治体のホームページで「新五輪音頭」が披露されたと思われる「盆踊り」をチェックしたところ、「終了しました」のコメントつきで映像は消されていた）

今回の「東京オリンピック・パラリンピック２０２０」で、半世紀前のテーマソングをリメイクした狙いは、〝歌謡遺産転がし〟によって国民を総動員して踊らせようという一大作戦にあった。そうであれば、その企画立案には、日本を代表する知恵者がかかわっていたはずであり、当然事前に下調べをし、これならやれるという「確証」を得ていたはずである。

当時東京の高校三年生であった私には、その年の盆踊りで「五輪音頭」が踊られた記憶がある。同世代の友人一〇人ほどにもコロナ見舞いをかねてメールと電話で確かめてみた。東京神田生まれの生粋の江戸っ子は、「はっきり記憶に残っている」。当時広島で高校二年だった友人からは、「わが家にテレビが初めて入ったのは一九六三年。五輪へ向けテレビが急速に普及している時期だった。当時、五輪音頭が流され人が踊っているのを眺めていた記憶が残っている」、高校まで長崎で暮らした友人からは「盆踊りで実際に踊った」という回答があった。

その上で興味深かったのは、友人のなかで、今回の「新東京音頭国民総踊り計画」に参加したものは一人もおらず、その存在すらも知らなかった。

友人情報だけでは「証拠不十分」なので、往時の新聞記事をあたってみた。すると、元祖五輪音頭は、わずか一年前のリリースという「にわか仕込み」にもかかわらず、その年日本各地の盆踊りで踊られたことは間違いなさそうである。ちなみに——

「東京五輪音頭」が制作発表されて五か月後の一一月二日、五輪のプレイベントとして招致された東京国際スポーツ大会では三五か国が参加、その前夜祭には国立競技場に七万人の観客をあつめ、そこで日本民謡協会の踊り手七〇〇〇人によって踊られた。（読売新聞、一九六三年一一月三日朝刊）

翌一九六四年九月九日、宮崎県延岡で行なわれた聖火リレーでは、それを寿いで一万人の市民が「東京五輪音頭」を踊っ

て深夜まで祭典ムードを盛り上げた。（読売新聞、一九六四年九月一〇日朝刊）

一〇月九日、東京後楽園球場を満席にする四万人弱を集めて開かれた前夜祭では、東京母の会連合会の総勢一五〇〇人による「東京五輪音頭」の踊りがはじまると、スタンドの観客が、にぎやかに手拍子をあわせた。（朝日新聞、一九六四年一〇月一〇日朝刊）

こうした「事前情報」を企画立案者たちも確認したはずで、今回は三年も前から仕込むのだから、前回を超える大成功まちがいなしと胸算用したとしても不思議ではない。

ところが、すでに記したように、今回は、笛を吹けども国民は踊ってくれなかった。勧進元にはまさかの結果だったろうが、それにはしかるべき理由があったのである。

■「五輪音頭」の卵は「チャンチキおけさ」

耳にタコができるほど聞かされたおかげで今も口ずさむことができる私の実体験から、先に結論を記すと、それは、往時の時代状況にたいする無理解・誤解のなせるワザである。

私がこの歌を耳にしたときの第一印象は、強い違和感だった。海の向こうからやってくるオリンピックというモダンな香りと、派手な着物姿の民謡歌手のドメスティックな泥臭さとのミスマッチ。これは私だけの印象ではない。前年にビートルズ旋風が日本にも上陸し多くの同級生や下級生はたちまち虜になった。中にはビートルズに距離感をもち舟木一夫や吉永小百合の青春歌謡曲の愛好者たちもいたが、断言できるのは、それらをひっくるめて三波春夫のファンは皆無に近かった。少なくとも、「東京五輪音頭」は、若い世代の歌ではなかった。

なお「東京五輪音頭」は、録音権が開放されており、三橋美智也や坂本九や橋幸夫、大御所では藤山一郎など有力歌手が競ってレコードリリースしていた。私もそうだったが、当時の日本国民の多くは、ラジオやテレビから耳に入ってくるのは三波春夫の朗々たる声音なので、てっきり三波の持ち歌だとばかり思っていた。

そして、今だに忘れられないのは、私が「東京五輪音頭」に違和感を覚えたときに、三波の「チャンチキおけさ」が執拗に耳にかぶさってきたことだった。

三波春夫というキッチュな存在を知ったのは、東京五輪の五、六年ほど前、三波がうたって大ヒットした「チャンチキおけさ」（作詞・門井八郎 作曲・長津義司、一九五七年）である。

♪月がわびしい路地裏で……小皿たたいてチャンチキおけさ……
♪故郷《くに》を出る時、持って来た、でっかい夢を……

一〇歳の小学生には、この歌詞が、東京をめざして地方からやってきた人々の挫折を慰撫するものとまでは理解が及ばず、調子のよさから、♪チャララ、チャララ、チャラララ、ラララと囃子詞を合唱しながら、給食の皿をたたくのが同級生のあいだではやった。自宅でもそれをやって、母親から「子どもがそんなことをするものではありません」とさんざんたしなめられたものだった。

やがて私たちの耳元へコニー・フランシスやニール・セダカのアメリカンポップスが届いてそれに魅了されると、「チャンチキおけさ」の珍奇さはますます脳裏の奥底に刻みこまれた。

要するに、私たち団塊世代にとって、三波春夫はキッチュな歌い手として忘れがたい存在であり、「チャンチキおけさ」はその珍妙な懐メロの卵、「東京五輪音頭」はそこから孵《かえ》ったヒナといっていいかもしれない。

だから、なんで大人たちはこんな歌に乗せられて盆踊りを踊ってしまうのか不思議だった。しかし、当の大人たちも、ヒナである「東京五輪音頭」が成鳥にまで育つとは思っていなかった節がある。

「東京五輪音頭」熱は、その年かぎりで冷めてしまったからである。先の友人たちにも確認したところ、「東京五輪音頭」で盆踊りを踊ったのは前年の一九六三年の夏だけで、私の記憶でも、それ以降、東京の盆踊りのBGMは定番の「東京音頭」や「炭坑節」に復している。それについて当時の新聞記事にはこんな論評が掲載されている。

「あれから四年。また五輪の季節がやってきた。が、この五輪音頭、いまや人びとの口にのぼることは少ない。音楽専門家は『国民全体を踊らせようという意図でつくられたうた。大きな集会で、はなやかに流されても、人びとが自然と口ずさむうたではない』と口をそろえる。『心に深く定着するうたではない』ともいう。流行歌として短命だったのは、五輪というワクにあまりにピタリだったためだろうか。オリンピック・サイズでつくられた競技施設がその巨体をもてあましているように。東京五輪の立役者東龍太郎前都知事にきいてみた。『五輪音頭？　歌詞もメロディーも忘れたなあ。そうそう、歌い手はたしか三波春夫だった』」（朝日新聞東京版、一九六八年六月一日朝刊「東京のうた　波に乗った四年前」）

■「五輪音頭」から「世界の国からこんにちは」へ

さて、ここからが「失敗の検証」にとって、肝心なところである。

では、「チャンチキおけさ」という卵から生まれた「東京五輪音頭」は「ヒナ」のまま終わったのかというと、そうではなかった。

前掲の朝日新聞の指摘は、二年後に覆される。

時代は、三波春夫と「五輪音頭」を忘れていなかったのである。

一九七〇年三月一五日に「大阪万博」が開幕、せいぜい二〇〇〇万人がいいところだろうという大方の予想を大きく裏切って、半年間の会期で、のべ六四二一万八七七〇人、なんと国民の半数を超える万博史上最多を記録。この未曾有の動員の功労者の筆頭は、三波がうたいあげた万博のテーマソング「世界の国からこんにちは」（作詞・島田陽子、作曲・中村八大）であった。

♪こんにちは　こんにちは　世界のひとが／こんにちは　こんにちは　さくらの国で……

全国津々浦々で流された三波の歌声に誘われて、人々は大阪は千里の会場へと足を運んだのである。

この万博テーマソングもまた、「東京五輪音頭」にならってレコード会社各社の競作だった。テイチクの三波春夫をはじめ、坂本九（東芝）、吉永小百合（日本ビクター）、山本リンダ（ミノルフォン）、弘田三枝子（日本コロムビア）、西郷輝彦・倍賞美津子（日本クラウン）、ボニー・ジャックス（キングレコード）など有力歌手によってリリースされ、総計で三〇〇万枚を売り上げたが、その中でもっとも売れたのが一四〇万枚の三波春夫盤で、かなり水をあけられての二位が坂本九盤だったことからも三波が「笛を吹いて国民を踊らせた第一の功労者」であったことは間違いあるまい。「チャンチキおけさ」という卵から「東京五輪音頭」というヒナが孵り、ついに成鳥となった瞬間だった。

なぜ三波にそれが可能だったのか。

その経緯については、第一〇話で大阪万博のテーマソング「世界の国からこんにちは」を取り上げて詳述したので、結論をはしょって記すと、三波春夫が満州でソ連軍の捕虜となってシベリアのラーゲリ（強制収容所）に収容され、そこで〝赤色教育〟をうけた元〝共産主義浪曲師〟だったからである。

「チャンチキおけさ」も「東京五輪音頭」も「世界の国からこんにちは」も、前者は地方上京者の悲哀、残りの二者は国民的イベントとテーマこそちがうが、底抜けの明るさといい、限りない未来信仰といい、そして歌詞の連呼によるサブリミナル効果といい、基本にあるのは、「共産主義国」がもっとも得意とするプロパガンダソングである。であればこそ、それは元共産主義者の三波にはお手のものであり、競合する吉永小百合以下の国民的歌手たちを足元にもよせつけなかったのは当然であった。

しかし、三波春夫の余人をもっては替え難い「個性」と「才覚」だけで、「東京五輪音頭」が「チャンチキおけさ」からヒナとして孵り、「世界の国からこんにちは」という成鳥へと育ったわけではない。そこには、これまた他をもっては代えがたい「揺籃《ゆりかご》」が重要な役割をはたしていた。

その「揺籃」とは、「昨日より今日、今日より明日がよくなる」と国民を信じこませた「高度成長」という名の共同幻想である。

私は東京は中目黒の育ちだが、中学まではわが家のトイレは汲み取り式だった。それが水洗になるのは、東京オリンピックの開催が持ち上がり、地方出身者が続々と東京へ集まり、彼らの受け皿が求められることになってからである。そして、この頃を境に、私の「故郷」である東京は、都電が撤去され、日本橋の上には高速道路がかかりと、にわかに今日よりも明日が快適で便利で奇麗な大都会へと変貌をとげていく。

上京者たちの多くは高度成長に駆り出されて「♪国を出たときもってきたでっかい夢」は実現できなかったが、時に路地裏の屋台で小皿を叩いて不満を解消することはあっても、郊外のニュータウンに２ＬＤＫのマイホームを手に入れるぐらいの「小さな夢」はなんとかなえられた。

したがって、東京原住民の私にとっては、三波の「チャンチキおけさ」と「東京五輪音頭」と「世界の国からこんにちは」は、地方から大勢の人が動員されてくる光景の背後にながれる、三つでワンセットのＢＧＭであった。

三波春夫は、国民を五輪と万博という国家イベントへ連れ出しただけでなく、高度成長という経済イベントへも駆り立てた稀代の「笛吹男」であった。そのことに私がはっきりと気づかされたのは、高度成長が巡航速度に落ち、かげりが見えてきてからである。そのときには、三波はもはや「笛吹男」の役割をおえて歌謡界の大御所となり、この国も「笛吹男」を必要とはしない「成熟」という名の低成長時代に入っていたのだった。

■大阪万博でも危惧される「同じ轍」

さて、以上で、「半世紀前の歌謡遺産転がしによる国民総踊り計画」という今回のオリパラの裏作戦をめぐる検証は完了である。ここから今回の不首尾の原因はおのずから導き出されるだろう。

「東京五輪音頭」は、半世紀前に国民のほとんどを踊り狂わすことに成功したが、それは、高度経済成長を心地よい揺籃に、その申し子というべき稀代の「笛吹男」によって育て上げられたからである。

そもそもそうした歴史的文脈を無視して、歌詞のほんの一部と歌手を替えることで、半世紀前と同じように国民を総動員しようと目論んだところに、無理があった。

おそらく電通傘下の優秀な企画マンが立案したのだろうが、あまりにも安直すぎる。歌謡遺産転がしによって国民を踊り狂わせようというのであれば、あの時代と同じく、「今日より明日がよくなる」という共同幻想を全国民が共有することが大前提になる。そうすれば、三波春夫のような異能の「笛吹男」も生まれてきて、国民に熱を吹き込んで乱舞させることができるかもしれない。

しかし、いうまでもないことだが、ずいぶん前から日本では「明日は今日より悪くなる」という共同幻想が国民のあいだに深く定着している。そんな状況下で、半世紀前の「笛吹唄」をリメイクして流されても国民が踊らなかったのは当然の結果である。

せめて往時の楽しい思い出が残っている私たち七〇歳以上は、乗ってくるのではないかと期待されかもしれないが、むしろ高度成長時代と現在の落差を比較できるだけに、笛を吹かれても再び踊る気分にはなれなかったのだろう。

今ふと思った。先に紹介した加山雄三の聖火リレー走者辞退の真意は、コロナによる〝反五輪気分〟への配慮ではなく、三波春夫の代役の一人を引き受けたことの無理筋に遅まきながら気づいたからではないだろうか。

今回のオリパラで「歌謡遺産転がしによる国民総踊り計画」が失敗したのは、ある歌が遺産《レガシー》になるには、「時代の精神」と激しく共振しなければならないことへの理解が当事者たちにまったくできていなかったからだが、私が心配するのは、彼らが、うまくいかなかったのはコロナのせいだと考えて「事後検証」を放棄することである。

だとすると、二年後に控える二度目の大阪万博でも同じ轍をふみかねない。あらかじめ忠告しておくが、「世界の国からこんにちは」を天童よしみか島津亜矢の歌でリメイクして再び国民の半数を大阪へ動員しようと企図しても、それは本稿で明らかにしたとおり、失敗が約束されているからやめておいたほうがいい。

♪第一八話
百年後の疫病を予知した「謡歌《わざうた》」たち
「船頭小唄」（作詞・野口雨情、作曲・中山晋平、一九二一年）
「昭和枯れすゝき」歌・さくらと一郎（作詞・山田孝雄、作曲・むつひろし、一九七四年）

四年間にわたって世界を震撼させた新型コロナという歴史的疫病とは、いったい何であったのか？　対処はあれで本当によかったのか？　今後の課題は何なのか？

これらに答えを出すのに最大かつ根本的な阻害要因は、百年前に世界は似たようなパンデミックに見舞われたにもかかわらず、それが人類共有の記憶として語りつがれてこなかったことにある。たまたま最初に報道された土地の名から「スペイン風邪」と呼ばれることになったこの災厄は、発生した一九一八（大正七）年から終息をみせる一九二一（大正一〇）年までの三年間に、当時の世界の人口一八億人の三分の一を感染させ、五〇〇〇万人の命を奪ったとされる。日本では、『内務省（現・総務省）報告書』によると、当時の人口五七二〇万人の四一・六パーセントにあたる二三八〇万人が感染、〇・七パーセントにあたる約三九万人が死亡したとされる。

■歴史教科書にスペイン風邪の記述なし

歴史的事件を次世代への教訓とするには教科書への記述が必須だが、六〇年前、私が高校時代につかい今も版を重ねている山川出版社の『改訂版詳説日本史』にあたってみたが、本文には「スペイン風邪」の記述はなく、巻末年表の一九一八年にある重大事件は「米騒動」と「シベリア出兵」と「原政友会内閣成立」の三件である。

つまり、「新型コロナの先例」などなかったことにされているわけで、これでは後世の当局者の対処が泥縄になったのも当然かもしれない。

それでも、なにか気づく手立てはなかったものか。実はあったのだ。当時の歌たちは「スペイン風邪」をしっかり取り込んで歌い上げていたのだが、世間は当時もそれ以降もそれに気づかなかっただけなのである。

遅ればせながら、一世紀前にたち返って、それらの歌たちを手掛かりに、歴史的災厄について検証しなおしてみたい。

百年前の世界的パンデミックにおいて歌舞音曲がうけた扱いは、欧米では「遮断」、日本では「放任」と対照的だった。

当時欧米でもラジオ放送ははじまっておらず（世界初の民間商業放送はスペイン風邪終息後の一九二〇〈大正九〉年一一月アメリカのピッツバーグ、日本のそれは一九二五年である）、レコードによる鑑賞も蓄音機が上流階級に常備されるのは一九二〇年代半ばであり、生活レベルにかかわらず、音楽はもっぱらコンサート会場か劇場で聴くしかなかったのだが、その機会が世紀の疫病蔓延によって中止されたのだった。

当時ウィルスは発見されておらずこの世界的パンデミックの原因は不明ではあったが、感染拡大を押さえるには人の密集の抑制が効果的であることは知られていたため、集客力のある音楽家のコンサートは格好の標的とされたのであろう。

現代音楽の巨匠ストラヴィンスキーと彼のファンもその被害者であった。スペイン風邪の第一波が世界各国を襲った一九一八年、前年のロシア革命で全財産をうしなったストラヴィンスキーは、ジャズやタンゴなど新大陸からもたらされた新ジャンルの音楽をふんだんに取り入れた野心作『兵士の物語』を完成、それをひっさげてアメリカ・ツアーを目論んだが、中止の憂き目にあった。また、ラヴェルは一九一七年から三年間ほど新曲を発表しておらず、クラシック音楽界は低調をきわめた。その背景にはスペイン風邪の大流行があったのは言うまでもなかろう。

大衆音楽でも同様であった。当時からその世界最大の〝生産国〟であったアメリカでは、あしかけ三年間にわたるパンデミックの猛威で六五万人もの死者を出したとされるが、第一波の一九一八年、ビルボード誌には、「多くの劇場が閉鎖、ペンシルベニア州とマサチューセッツ州全域に発令」「伝染病は東海岸でもっとも深刻だが西海岸にも広がる」との見出しが掲げられている。また、第二波に襲われた翌一九一九年には、アメリカの各種メディアによれば、全米各地で多くの劇場が二か月近くにわたって閉鎖されたという。

こうしてアメリカでは多くの人々はパンデミックによる「音楽の遮断」で、歌を奪われたのである。

■スペイン風邪と共に大流行した浅草オペラの怪

かたや百年前の日本はどうだったのか。欧米とは真逆で、音楽は「放任」された。いやそれどころか、「放任」によって、四〇万人近い死者をだす恐怖の三年間のなかで、むしろ巷間には歌声の「活況」がもたらされていた。

「新版日本流行歌史 上』（社会思想社、一九九四年）には、往時流行したとされる楽曲が年代順にリストアップされているが、それによると、一九一七（大正六）年は「のんき節」「宵待草」など九曲、第二波の翌一九一九年は「浜千鳥」「別れの唄」など一八曲、第三波の一九二〇年は「叱られて」「十五夜お月さん」など一一曲、厄災がほぼ収束をみせた一九二一年は「赤い靴」「船頭小唄」など一四曲が挙げられている。現在のようにオリコン売上による「定量的比較」ではないので断定はできないものの、往時の日本の音楽業界は、少なくとも欧米のような「停滞」にはなく、「活況」にあったことは間違いないだろう。

それは、当時のはやり歌をめぐる大衆文化状況からもうかがい知ることができる。

スペイン風邪が日本で猛威をふるう数年前から、島村抱月が主宰する芸術座により上演された西欧由来の文芸大作が人気を博し、その「劇中歌」が巷間に「流行歌」としてひろまる風俗現象が生じていた。

そのはしりとされる、「♪カチューシャかわいや別れのつらさ……」の「カチューシャの唄」はトルストイの『復活』、「♪命短し恋せよ乙女……」の「ゴンドラの唄」はツルゲイネフの『その前夜』の劇中歌であり、いずれも「唄」は主演の松井須磨子、作曲は座付き作曲家の中山晋平のコンビによるものであった。この二曲は百年後のいまも、多くの歌手によってカバーされ、歌い継がれているが、当時の流行ぶりはすさまじく、「カチューシャの唄」は第三高等学校（現・京都大学教養部）では学校当局から歌唱禁止令がだされ、その流行は東京の女子専門学校にまで及んだという。

この「劇中歌の流行曲化」は、スペイン風邪が日本に来襲してもやむことなく、むしろ加速された。一九一八年、島村抱月の主宰により有楽座で上演された「カルメン」では、いずれも唄・松井須磨子、曲・中山晋平のコンビによる劇中歌「煙草のめのめ」「酒場の唄」「恋の鳥」「花園の恋」が披露され、それはたちまち劇場から巷間へとひろまっていった。

と、その上演中に、島村抱月がスペイン風邪に罹って急逝、恋仲にあった松井須磨子が二か月後に後追い自殺するという、筋書きにない劇的事件が起きるが、それでも「カルメン」は自粛されることはなく、松井に代役がたてられて続演、劇中歌の歌声はますます巷に高まっていったのである。

疫病下にもかかわらず、当時の日本に歌声の活況をもたらした歌舞音曲の新ジャンルが、もうひとつあった。スペイン風邪とほぼ同時期に大流行した「浅草オペラ」である。日本の近代化は上からの「脱亜入欧」によって推し進められ、政治経済から生活文化まであるていどは成功をおさめたが、それになじまないものもあった。たとえば芸術芸能である。なかでも「オペラ」は日本で受け入れられるのには紆余と曲折があった。

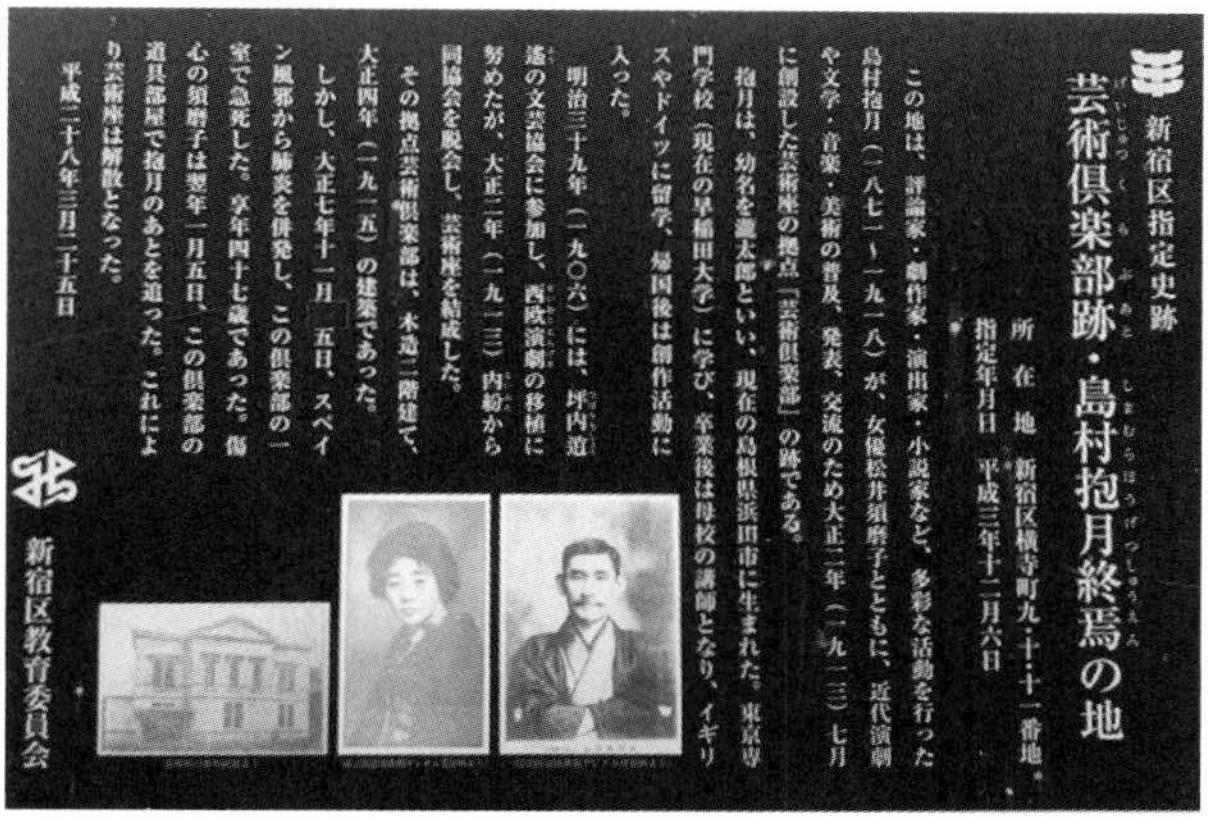

「カルメン」上演中に、島村抱月がスペイン風邪に罹って急逝、恋仲にあった松井須磨子が2か月後に後追い自殺するという、筋書きにない劇的事件が起きる（新宿区教育委員会）

日露戦争の勝利によって世界の一等国の仲間入りをしたいという自負から、一九一一（明治四四）年、「欧米諸国並みの国立劇場を」との鳴り物入りで「帝国劇場」が建てられると、さっそく歌劇部が設けられ、ロンドンから著名な舞台監督のローシーを招聘、本格的なオペラ演者の養成にとりかかり、一九一五（大正四）年には『蝶々夫人』『ボッカチオ』などの名作の上演にこぎつけたが、まったくの不評で、帝劇の歌劇部は一九一六年に解散となった。

しかし、そこで育った若手たちが（その中には若き日の田谷力三もいた）、活動の場を大人の街である日比谷から当時は若者の街であった浅草へ移して、新機軸のショービジネスを旗揚げ。日本の庶民の感性にあわせて原作を通俗化し、さらに若い女性たちを舞台せましと乱舞させる演出が、若者たちを中心にした「新世代」に受けて大ブレイク、後に「浅草オペラ」と呼ばれることになる。

ここでも、軽妙な日本語に訳された劇中歌が小劇場から巷へと送りだされた。その代表格が、『ボッカチオ』のヒロインのベアトリーチェを「べアトリ姐ちゃん」と言い換えて歌われた「♪ベアトリ姐ちゃんまだ寝んねかい……」の「ベアトリ姐ちゃん」、「カフェーの夜」でうたわれた「♪きょうもコロッケ、明日もコロッケ……」の「コロッケの唄」であった。

しかし、浅草オペラは、単なる「大衆受けをねらった俗悪趣味」ではなく、その内奥に良質なエンタテイメント性がしっかり担保されていたことは、佐藤春夫、谷崎潤一郎、今東光、芥川龍之介、さらには大杉栄などの時代の先端をいく一級の知識人たちが楽屋へ出入りしていたことからもうかがい知ることができるだろう。

こうして、片や大人たちの街である都心の日比谷の帝劇や有楽座で、一方若者たちが集う浅草のオペラ小屋で生まれた歌声は、スペイン風邪という名の厄病を追い払う勢いでますます高らかになっていったのである。

妄想を逞しくして「往時」を「今」にたとえると、都心の大劇場でロングランをつづける劇団の主宰者がコロナで死亡、それをはかなんで看板女優が後追い自殺するが代役をたてて公演を続行。いっぽう若者たちがつどうエンタテイメントの街ではライブがさかんにおこなわれ、どちらからも新しい「唄」が次々と生まれて巷にひろまり、疫病で落ち込んだ世の中に活気をもたらしていたのである。

これを同時期の欧米の音楽家や愛好者たちが知ったとしたら、さぞやうらやましがったことだろう。また、百年後のコロナ禍で自粛を余儀なくされた日本のエンタテイナーたちには、なんともうらやましいかぎりであろう。

■百年前の自動演奏ピアノとイヤホン濃厚使用との類似性

この百年前の日本における大疫病下の音曲の活況という風俗現象は、重要かつ論争的な問題を提起している。「音楽から身体性が失われることへの危うさ」である。

コロナ禍が世紀の厄災であるゆえんは、感染症の蔓延だけではない、人々の気分を長期にわたって〝受け身〟にさせ、やがて社会全体を鬱化させてしまう後遺症にある。かくいう私も、外出もままならず、自宅でなんとなくテレビをつけっぱなしにして、ふだんなら見ることもない番組を見るともなしに眺めるようになったのも、その前兆かもしれない。

そんな〝受動モード〟の危うさを私に気づかせてくれたのは、皮肉にも、受動的に聞き流していた公共放送の某健康バラエティ番組から私の耳へ届いた情報であった。

コロナ禍で「イヤホン」を長期使用する人が増えて、耳の病気が急増しているのというのである。私の関心を惹いたのは、番組の本旨である、長期濃厚使用によってイヤホンにはトイレの便座よりも三〇〇〇倍もの細菌が増殖してきわめて危険だという「耳よりな健康情報」ではなく、コロナ禍では外耳炎や中耳炎をおこすほどイヤホンで音楽を聞く人がふえているという特異現象のほうである。

このイヤホンの濃厚長期使用現象は、コロナという百年に一度の災厄にたいする音楽愛好者によるささやかな「抵抗運動」であり、「奪われた音楽」を取り戻そうとする「レコンキスタ（失地回復運動）」ともいえよう。パンデミックによる「音楽の遮断」が、逆に人々に「音楽への渇望」をいかにいやますかの証でもある。

実はこうした動きは、百年前のアメリカにもあった。事前にセットしておけばお気に入りの楽曲が楽しめる、「ヴィクトローラ」「ピアノーラ」と呼ばれる自動演奏ピアノがすでに発売されていたのだが、高価なこともあって、一九一四（大正三）年の売上は九万五千台にすぎなかった。それが、第二波が襲った一九一九年には二〇万八千台と倍増したのである。

これは、同様の疫病に襲われた百年後の日本で、大は年末恒例の「第九」から小はライブハウスの演奏まであらゆる「生の音楽」がシャットアウトされるなか、スマホに取り込んだ「複写された楽曲」がイヤホンで再生されているのと相通じる現象である。

しかも、それにには高価な音楽器材は必要ないため、百年前にはそれがかなわなかったブルーカラーたちにとっても可能であるという点で、これぞインターネットという夢の技術革新のおかげであるといえるのかもしれない。

しかし、これを手放しで評価していいものなのか。そこには、音楽にとっては何よりも重要な身体性を当の音楽から奪ってしまい、やがては社会全般を〝受け身〟にさせる危うさを感じるからである。

ある指摘によると、コロナ禍でスマホやパソコンにダウンロードあるいはストーリミングされる楽曲で急増しているジャンルは、「アンビエント」――私のようなオールド世代に馴染みの言葉でいえば、刺激の少ない「イージーリスニング」だという。

そこで想起されるのは、百年前のパンデミックの時期に、音楽界の異端児・サティが試みた〝家具の音楽〟である。サティは、「家具のように生活の一部となって邪魔をしない音楽」を提唱して実演してみせた。いってみれば、現在コロナ禍の日本の若者のあいだではやっている「アンビエント」の先取りである。
サティはこの音楽実験で、聴衆たちに「音楽を家具と思って会話を楽しんでほしい」と先触れして演奏をはじめたが、聴衆は通常のクラシックの演奏会と同様に黙って聴き入ったという。これについて、サティの革命的実験の意図を当時の聴衆は理解できなかったという指摘もあるようだが、私にいわせれば、当時の聴衆はいたって健全で、サティの罠にはまって〝家具の音楽〟を容認したら、それは「音楽の死」につながりかねないと直感してそれを拒否したからではないだろうか。百年後の日本でも、二〇二〇年四月、星野源が自身のインスタグラムサイトで発信した「うちで踊ろう」が大ブレイク。時の首相の安倍晋三までがコラボ投稿したことで大反響を呼んだが、これもパンデミックにより音楽から身体性が奪われることへの忌避現象であったのかもしれない。
一九二〇年代に入ると、スペイン風邪の猛威がおさまるのを待っていたかのように、アメリカから、歌って踊っての刺激的なジャズエイジが華とひらく。それは、スペイン風邪で三年間にわたって音楽から奪われていた身体性を人々が取り戻したまぎれもない証しであった。

■「船頭小唄」の替え歌をスペイン風邪予防に

興味深いのは、スペイン風邪終息後、歌舞音曲のありようが日本と欧米で逆転することだ。アメリカではジャズエイジが華ひらいたのに対して、日本ではなんとも暗くペシミスティックな歌が大ヒットする。「船頭小唄」（作詞・野口雨情、作曲・中山晋平）。こんな歌詞である。

♪俺は河原の枯れすすき　同じお前も枯れすすき　どうせ二人はこの世では　花の咲かない枯れすすき
♪死ぬも生きるもねえお前　川の流れに何かわろう……

この歌は一九二一（大正一〇）年一月に発売され、その年の夏に、スペイン風邪はようやく終息をみせる。歌詞は全編にわたって厭世的で死さえ予感させ、メロディもそれに輪をかけて暗く物悲しい。スペイン風邪が収まったあと、社会には「疫病に打ち勝った」という高揚感はなく、国民の三分の一が罹患し四〇万人近くもが命をおとしてしまった「みじめな敗戦気分」の只中にあったのだろう。前述したように、スペイン風邪が猛威をふるっている最中に、日本は先進国では例外的に音楽が遮断されず活況を呈して人々を元気づけたが、そうであったがゆえに、厄災が去った後には、その反動で、社会は強烈な敗北感と挫折感に襲われたのではないだろうか。

「船頭小唄」は、現在は佐倉市に編入されている根郷村《ねごうむら》の衛生宣伝部によってスペイン風邪予防のこんな替え歌にされている。

一、俺は根郷の村人よ　同じお前も村人よ
　どうせ二人はこの世では　公衆の為に尽くすのよ
二、死ぬも生きるもネお前　健康保持のためなれば
　九の日九の日の衛生日　清潔法で暮らそうよ
三、照る日に曝す夜具衣類　不潔の場所に乳剤を
　撒いて蠅を退治しつ　寝間や居間も開くのよ
四、暴飲暴食慎しみて　愛しき子等の夜な〳〵
　寝冷のせぬよう注意して　病の魔を防ごうよ
五、人も泣かせて我身をば　敢果なき死境に近くは
　本は各自の不注意故　行ひ守るは衛生日　衛生日‼

この替え歌が記載されている『佐倉市史』（全巻四）には、当地を襲ったスペイン風邪について三ページがついやされ、一九一八年から一九二一年の四年間に佐倉市のある印旛郡をふくむ千葉県下で四六九六人の死者があったことが記されている。おそらく、「船頭小唄」の舞台がご当地の利根川河畔ということで替え歌にされたのだろうが、どうみても疫病に不意をつかれてなすすべもなかったことへの、恨みと諦めと自棄の歌である。とてもその後の疫病予防への実効性が期待

できるものとは思われない。

それゆえだろう、この替え歌が土地の名前をかえて全国へ普及することはなかったようだ。そのかわり、二年後、スペイン風邪に引き続いた大災厄にちなんだ別の替え歌にうたいかえられて、本歌である「船頭小唄」は歴史に残る「はやり歌」となるのである。

その大災厄とは、一九二三（大正一二）年九月一日、帝都東京をふくむ首都圏を襲って〝一等国〟になりかけた日本に壊滅的被害をもたらした関東大震災。そして、その替え歌はこんな出だしではじまる。

♪俺は東京の焼け出され　同じお前も焼け出され
どうせ二人は家もない　何も持たない焼け出され

これを歌いひろめたのは、明治・大正・昭和期に活躍した演歌師・添田唖蝉坊《あぜんぼう》（明治五年〜昭和一九年）。「演歌師」とは、明治初期の自由民権運動の中から生まれ、節をつけて「政治的演説」を行なう「壮士節」をルーツとする。唖蝉坊は、幸徳秋水や堺利彦などの社会主義者らと交流をもち、時の権力を揶揄することで明治末に頭角をあらわす。たとえば、演説会に招かれると、日露戦争をネタに「♪大臣大将の胸元にピカピカするものなんじゃいな。金鵄勲章ちがいます、可愛い兵士のシャレコウベ」とぶちあげて、警官から「弁士中止！」と弾圧をくらうことで人気を博していた。

写真1-67　替え歌による根郷村の衛生宣伝のビラ
（悪疫流行　衛生小唄　船頭小唄ノ節）

悪疫流行!!　衛生小歌　舟頭小歌ノ節
一、俺は根郷の村人よ　同じお前も村人よ
　どうせ二人はこの世では　公衆の為に尽くすのよ
二、死ぬも生きるもネお前　健康保持のためなれば
　九の日九の日の衛生日　清潔法で暮らそうよ
三、照る日に曝す夜具衣類　不潔の場所に乳剤を
　撒いて蠅を退治しつ　寝間や居間も開くのよ
四、暴飲暴食慎しみて　愛しき子等の夜な〱は
　寝冷のせぬよう注意して　病の魔を防ごうよ
五、人も泣かせて我身をば　敢果なき死境に近くは
　本は各自の不注意故　行ひ守るは衛生日　衛生日!!
根郷村衛生宣伝部
（渡辺庄一郎家文書）

根郷村が感染予防のために作成した「船頭小唄」の替え歌ビラ（『佐倉市史』巻4）

スペイン風邪の終息と共に生まれた「船頭小唄」は、こうして伝説の演歌師によって、スペイン風邪後の災厄をネタにした世情批判の替え歌にされることで、戦前の暗澹たる昭和を象徴する「時代の歌」になったのである。

思えば、スペイン風邪に襲われてからの日本は、災厄の連続であった。関東大震災の四年後には金融恐慌、その翌々年にはニューヨーク発の世界恐慌がおき、日本は活路を大陸に求めて後戻りがきかない戦争への道へと突き進んでいく。

かつて上古の日本では、やがておきる「悪しき出来事」を予知する「謡歌《わざうた》」がうたわれたという。「船頭小唄」はスペイン風邪が生み出した「現代の謡歌」ではなかったのかとさえ思えてくる。

■「船頭小唄」と「昭和枯れすゝき」は対の「謡歌」だった!?

では、「船頭小唄」は大日本帝国が滅んだことで、「謡歌」の効力を失ったのだろうか？

と、ある唄がわが口をついて出た。

♪貧しさに負けた　いえ世間に負けた……いっそきれいに死のうか……

今から半世紀近くも前、そしてスペイン風邪から半世紀後の一九七四（昭和四九）年の夏にリリースされた、さくらと一郎の「昭和枯れすゝき」（作詞・山田孝雄、作曲・むつひろし）である。

私もそうだったが、当時これを耳にした多くの歌謡ファンにとって、これが「船頭小唄」を「本歌」にしていることは明らかだった。だからこそ、はるか大正時代の懐メロとは「なんとアナクロな」と隔絶感を覚えたはずである。さらに、その歌が翌年には一五〇万枚を売上げ、オリコン年間のヒットチャートの一位を記録したと知って、時には「世につれない唄」が流行る〝おかしな事件〟が起きるものだとキツネに鼻をつままれた。

というのも、国内では前年にオイルショックが発生、一時期は狂乱物価で国民生活は大混乱をきたすが、二年ほどで「日常」を回復。また国外ではサイゴンが陥落してベトナム戦争が終結。世界は〝巡航速度〟をとりもどし、身の丈にあったライフスタイルへのギアチェンジが起こりつつあった。大量生産・大量消費の高度成長と政治の季節がおわり、怒れる若者たちは「「いちご白書」をもう一度」の歌詞よろしく、長い髪を切って社会へ復帰していった。私もこの年に結婚し、超零細広告代理店になんとか職を得て家庭をもった。だから私は（そしておそらく私の同世代も）、オリコン年間二位の布施明の「シクラメンのかほり」、三位の小坂恭子の「想いでまくら」、四位のジュリーの「時の過ぎゆくままに」から一三位の「「いちご白書」をもう一度」まで、「やっぱり歌は世につれている」と納得する一方で、ダントツ一位の「昭和枯れすゝき」には「いっそきれいに死のう」とまで世間は絶望していないのに、なんでこうも〝浮世離れ〟した歌がはやるのだろうかと違和感を覚えたものだった。だから私も、あれから半世紀近く、「昭和枯れすゝき」の大ヒットとはいったいなんだったのかと、ずっと得心ができないでいた。

ところが、この歌がわが口をついて出たことから、改めて調べてみると、なんと、ちあきなおみがカバーしていて（アルバム「春は逝く」）、しかも「船頭小唄」と対でうたっていることに驚かされた。私からすると「昭和枯れすゝき」は「船頭小唄」の「本歌取り」といえるほど大層なものではなく「筋の悪いパロディ」「トンデモソング」だったからである。

しかし、彼女がうたう「昭和枯れすゝき」と「船頭小唄」は、オリジナルとはちがって、こぶしもきかせず、彼女が愛した（正確を期すと彼女が愛した亡き夫が愛した）ポルトガル生まれの民謡「ファド」さながらに、じんわりと心に染み入って、五〇年来の私の大いなる誤解を解いてくれたのだった。すなわち――

「船頭小唄」は大日本帝国が滅んだことで「謡歌」の効力を失いはしなかった。この二曲はひとつながりで、大正に生まれ昭和へ、そして平成を超えて令和の現代へと引き継がれた「謡歌」ではないのか。そして、ちあきなおみは「現代の添田唖蝉坊」なのかもしれない、と。

♪どうせ二人はこの世では　花の咲かない枯れすすき（「船頭小唄」）
♪花さえも咲かぬ　二人は枯れすすき（「昭和枯れすゝき」）

の「二人」を「日本」に置き換えれば、やがてやってくる新型コロナという大災厄を不吉にも言い当てていたといえそうである。

＊

さて、これで、「船頭小唄」と「昭和枯れすゝき」は「謡歌」としてのお役はご免となったのだろうか。新型コロナは第五類としてインフルエンザ並みに「格下げ」されたが、令和の「船頭小唄」はいまだ聞こえてこない。音の沙汰も便りもないということは、〝良い便り〟なのか。あるいは、もはや歌には世の中に何らかの沙汰を告げる力がなくなってしまったのか。それとも、疫病の大流行の後にさらなる災厄がやってくるまので沈黙なのか……。いずれにせよしばらくは耳を研ぎ澄まし、「現代の謡歌」にしかと耳をそばだてておかねばならない。

♪第一九話　「カチューシャ」はウクライナ戦争を読み解くリトマス試験紙である！

「カチューシャ」（作詞・ミハエル・イサコフスキー、作曲・マトヴェイ・ブランテル、訳詞・関鑑子、補・丘灯至夫、一九三八年）

■「カチューシャ」の出自はジャズ

戦後日本は最後の被爆国となることを希って再出発した。それから七十余年、世界は第三のヒロシマ、ナガサキに慄《おのの》いているなか、その悲劇の可能性を推し量ることができるかもしれない歌がある。

二〇二三年三月二二日、モスクワ中心部に近いルジニキ競技場に、若者や軍人など二〇万人が参加して、一年一か月前にはじまったプーチンによるウクライナの軍事行動を鼓舞する大規模集会が開催され、その映像が日本のテレビでも流された。冒頭を飾ったのは軍服を着た兵士たちによる大合唱。その歌に私は驚くいっぽうで、その後の日本の反応に愕然とさせられた。その歌とは、

♪リンゴの花ほころび、川面に霞たち……

の「カチューシャ」である。

だが、それを指摘するニュース・コメントはなく、翌日の全国紙の記事にもその言及はなかった。さらに友人に確認してみたところ、それに気づいたのはごく少数で、しかも、気づいた友人に「これはロシアはやる気満々という重大メッセー

ジだ」と誘い水をかけたら、キョトンとされた。

やっぱりそうか。これでは、日本はウクライナをめぐるロシアの動きを読み間違えると、私は危惧をいっそう強くした。

「カチューシャ」は、日本では、「ロシア民謡」と名付けられた歌謡ジャンルにくくられているが、正確にいうと古くからうたいつがれてきた「民謡」（フォークソング）ではない。おそらく多くの日本人の理解とは異なるだろうが、アメリカ生まれのジャズを出自とする「流行歌（ポピュラーソング）」である。

一九一七年一〇月（ロシア歴）、農民と労働者を主人公とした革命によって、「社会主義政権」が世界史上初めて誕生。成立当初から西欧の資本主義諸国とは、政治経済体制だけでなく文化芸術でも敵対的だったが、アメリカ生まれのジャズは例外であった。

それまで世界の中心だったヨーロッパが第一次世界大戦で戦場となったことで〝漁夫の利〟を得たアメリカは、「ジャズエイジ」と呼ばれる狂騒の一九二〇年代を謳歌。その文化シンボルであったジャズを、生まれたばかりのソ連は、容認するだけでなく、積極的に受け入れて「ソ連製ジャズ」が数多くつくられる。その理由は、そもそもジャズは奴隷として連れてこられた黒人たちの魂を癒す音楽であるという理解から、これを「政治的な武器」として使えるかもしれないとの思惑によるものであった。

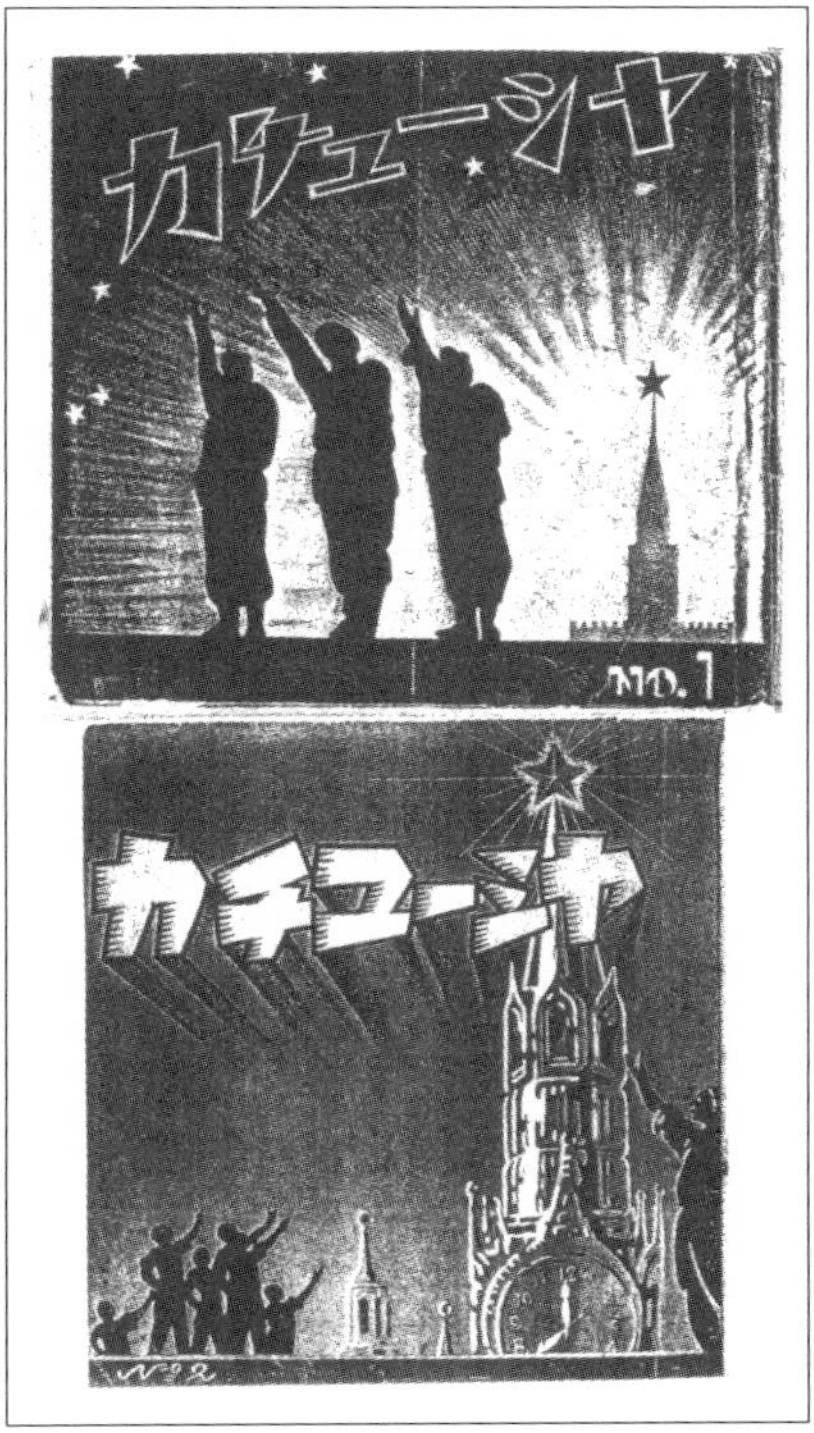

ソ連に抑留されていた日本人音楽家により結成された、その名も音楽舞踏団カチューシャ。その第１号機関紙の表紙と「ソヴィエト歌曲集」（『ロシアの歌に魅せられた人々』ロシア音楽出版会）

一九二〇年代後半にはモスクワとレニングラード（現在のサンクトペテルブルク、以下同）に、ご当地ジャズバンドが誕生。ソ連当局の肝いりで「国立ジャズオーケストラ」までつくられている。

しかし、一九三〇年代に入ると、ジャズは、ソ連指導部から「俗悪的かつ頽廃的なブルジョワ文化のシンボル」としてやり玉にあげられ、一時は消滅の危機におちいるが、第二次世界大戦が勃発、ナチスドイツとの戦いに赴く兵士たちを鼓舞するために、多くの慰問コンサートが開かれたことによって息を吹き返す。

日本においては戦時中、ジャズが「敵性音楽」として禁止され、戦意発揚のためにもっぱら軍歌のみが許されたのとは対照的であった。

そんな状況下で「愛国歌謡」となったのが「カチューシャ」なのである。

ソ連が第二次世界大戦に巻き込まれるのは、一九四一年六月、ヒトラー率いるナチスドイツ軍の侵攻をうけてからだが、一九三六年にはじまったドイツによるポーランド進駐によって、すでに戦時色は増しつつあり、国境警備にあたる兵士たちを鼓舞する歌が求められていた。

それに応えたのが国立ジャズオーケストラの芸術監督であったマトヴェイ・ブランテルである。ブランテルが、これまでジャズをふくめて多くの流行歌謡をてがけてきたミハエル・イサコフスキーに作詞を依頼したところ、すぐさま歌詞をそらんじてみせた。その場でブランテルには軽快なジャズ調のメロディが浮かんだという。それが「カチューシャ」誕生の瞬間だったが、その時の歌詞は以下の二番までしかなかった。（筆者のロシア語の直訳を付した）

（一）

Расцветали яблони и груши,　リンゴやナシも花を開きはじめ
Поплыли туманы над рекой.　川面を霧が流れだす
Выходила на берег Катюша,　カチューシャは岸に出てきた
На высокий берег, на крутой.　高くて険しい岸の上に

（二）

Выходила, песню заводила　そぞろ歩きながら口ずさんむのは
Про степного сизого орла,　草原の蒼い鷲のこと
Про того, которого любила,　愛しいあの人

Протого, чьи письма берегла.　大切な手紙をくれるあの人のこと

これだけでは戦時色がますます濃厚になる時局には不十分だという判断からだろう、国境警備兵とその恋人を主人公にした次の三番と四番が付け加えられることになった。

（三）
Ой ты, песня, песенка девичья,　ああ歌よ、娘の歌よ
Ты лети за ясным солнцем вслед　飛んで行け、輝く太陽を追って
И бойцу на дальнем пограничье　遠き国境の兵士のもとへ
От Катюши передай привет.　カチューシャからのことばを届けておくれ

（四）
Пусть он вспомнит девушку простую,　兵士が素朴な娘を思い出すように
Пусть услышит, как она поет.　娘の歌うのが聞こえるように
Пусть он землю бережет родную,　彼が祖国の大地を守るように
А любовь Катюша сбережет.　そして、カチューシャが愛を守り通すように

ここで読者はお気づきのことだろう。日本語に訳されている「カチューシャ」とはずいぶん違うではないかと。よく知られている関鑑子／丘灯至夫訳を以下にかかげる。

（一）リンゴの花ほころび／川面に霞たち／君なき里にも／春は忍びよりぬ
（二）川面に立ちて歌う／カチューシャの歌／春風優しく吹き／夢が湧く美空よ
（三）カチューシャの歌声／はるかに丘を越え／今なお君をたずねて／やさしきその歌声

「カチューシャ愛唱歌集第４集」（新宿カチューシャ）

（四は一の繰り返し）

ご覧のとおり、日本語の訳詞には、オリジナルにある「戦争の匂い」がきれいに消され、ほほえましい健全な「平時のラブソング」になっている。

この経緯を簡単に記すと以下のとおりである。戦後合法化された日本共産党は、娯楽のない時期に合唱サークルを職場や大学につくって党勢の浸透拡大をはかろうとの方針のもと、「うたごえ運動」をスタートさせる。そこでは、活動家たち向けに社会主義建設のすばらしさを忠実に訳した革命歌を提供して幹部教育の一助とするいっぽう、大衆には政治色を消した明るい楽曲を提供して支持をひろげるという、二正面戦略がとられた。

その大衆向け歌曲として白羽の矢が立てられたのが、抑留先のソ連で政治教育をうけて帰国した音楽家たちがもちかえった「カチューシャ」だった。そのためオリジナルの歌詞を無視したラブソングに「超訳」されたのだが、ここには複雑な事情がからんでいるため詳しい検証は別の機会にゆずって、話を独ソ戦前夜の社会主義ロシアにおける「カチューシャ」誕生にもどす。

■独ソ戦の中で大ブレイクし愛国歌謡に

ナチスドイツのポーランド進駐時に誕生した「カチューシャ」は、同年一一月二一日に初演を迎え、ブランテルが率いるジャズオーケストラの演奏をバックに、当時人気を誇っていた女性ジャズボーカルのパチシェヴァがうたって好評を博した。その後、民謡風にアレンジされて、多くの歌手にカバーされ、国民的支持を広げていった。

そして、初演から二年半後の一九四一年六月二二日、ヒトラーが独ソ不可侵条約を一方的に破棄、電撃的にソ連領土に侵入、すでにドイツに占領されたポーランドと国境を接するウクライナはまたたくまに蹂躙され、首都レニングラードも包囲され、建国まもない世界史上初の労働者と農民の政府に崩壊の危機がせまる。その中で祖国防衛のために戦場に赴いた兵士たちを励ます国民的シンボルソングとなったのが「カチューシャ」だった。当時この歌が戦渦のロシア人たちにたいしていかに熱伝導力をもったか、それを示すエピソードがある。

ひとつは、出だしを「自動小銃を持つ素朴な娘」と言い換えられた「女兵士のカチューシャ」や、同じく「カチューシャは包帯をしっかり巻いて」と言い換られた「従軍看護婦のカチューシャ」など五〇以上ものバリエーションを産んだこと。もう一つは、独ソ戦の最中に開発された新型多連装ロケット砲が、いつしか誰がいうともなく、「カチューシャ」と名付けられ、こんな替え歌までつくられ流行したことである。

♪狼の目にアドルフ（ヒトラー）を見ろ／強盗をかわいがれ　やさしくしてやれ／死後の夜を彼に望ませよう／風で骨をまき散らせ
♪ああ、きみ「カチューシャ」「カーチェンカ」よ／招かれざる客にご馳走をしろ／ウクライナのガルーシキをやつらにくわせろ／モスクワのシチューを熱く煮えたぎらせよ

（鈴木正美「戦時下ソ連のジャズと大衆歌謡における「声」」『人文科学研究』二〇一六より）


興味深いことに、往時のウクライナとモスクワは、歌詞の最後にあるように、同じ「カチューシャ」という名の歌と最新兵器を携えて、共にヒトラーと戦う息のあった兄弟同志だったのである。

ちなみにロケット砲の「カチューシャ」は、戦時中に一万台以上がつくられ、軍用の装甲車両や装甲列車に搭載、その迫力ある轟音から「スターリンのオルガン」による〝死の葬送曲〟と恐れられ、当初劣勢を強いられたソ連軍を挽回させ、勝利に大いに貢献した。

それにしても、なぜ、これほどまでに「カチューシャ」は国民的熱伝導力をもちえたのだろうか？

実はこれは、私にとって半世紀以上も前からの疑念であった。若かりし頃、たまたまロシア語を学んだ教材が「カチューシャ」だったため、この歌が日本で流布されている「青春のラブソング」などではなく、ある種の「愛国軍歌」であることは知っていた。しかし、それにしては歌詞も緩いしメロディも軽い、これでは戦意高揚にはならないだろうと不思議だった。

今回、前掲の鈴木正美論文の以下の指摘に行きあたってようやく手がかりが見えてきた。「銃後の妻や家族を思い『必ず帰るよ』、そのためには『絶対に死なないで、この戦争を終わらせるんだ』という強固な意思を表明するメッセージを打ち出すことで、かえって戦意を高揚させることになる。戦時下のソ連では『死に打ち勝つ』という、あくまでも楽観的な歌が人々の心をとらえたのであり、政治権力がそれを利用したのだ。こうして個人の内面の『声』は、民衆すべての『声』となり、『戦争という物語』を共有することになったのである」

「日常の延長にある明るく楽しい歌だからこそ戦意高揚になる」というパラドックスの指摘は、往時の日本の「欲しがりません勝つまでは」の戦意高揚策とは真逆で、示唆にとんでいる。

しかし、なぜ、このパラドックスが一九三〇年代のソ連では成立しえたのか。これについては、高橋健一郎の（「『ソビエト語』の言語空間――一九三〇年代の大衆歌をめぐって」北海道大学スラブ研究センター、二〇〇五年）指摘に説得力がある。要約するとこうである。

――この時期、スターリンは演説の中で、「生活が良くなった、同志たちよ、生活が楽しくなった」と繰り返し強調、これが「スターリン体制維持のキーワード」になっていた。折しも同時期に「ソビエト大衆歌」という新しいジャンルが花開き、皆が同じ歌を聴き、同じ歌をうたう行為が日常生活の一部となり、そのなかで最も人気を博したのが、「楽しい生活」をうたいこんだ「カチューシャ」であった。そこへ対独戦が勃発。かくして作詞者の意図がどうであれ、若い男女の牧歌的な恋愛が「祖国防衛」という国家的なテーマに結びつけられ、国家的物語を下から補強する役割を担わされたというものである。

■「カチューシャ」はなぜドイツ軍歌「エーリカ」に勝てたのか？

「カチューシャ」の「愛国歌」としての生い立ちについて、さらに調べをすすめるうちに、またまた興味深い符合がひらめいた。当時のナチスドイツの兵隊たちに人気のあった「エーリカ行進曲」もまた、「カチューシャ」と内容が似ているのである。以下に一番と最後の六番の歌詞を掲げる。（日本語の直訳は筆者）

（一）

Auf der Heide blüht
ein kleines Blümelein
und das heißt: Erika
Heiß von hunderttausend
kleinen Bienelein
wird umschwärmt Erika

荒野に咲くのは
小っちゃな花
その名はエーリカ
ブンブンとたくさんの
小っちゃなミツバチが群がっている
エーリカのもとへ

（六）

Und dann ist es mir,
als spräch' es laut:
"Denkst du auch
an deine kleine Braut?"
In der Heimat weint
um dich ein Mägdelein
und das heißt: Erika

花たちがまるで大声で
喋ってるみたいだ
「あなたの小っちゃなお嫁さんのことも
思ってくれてる？」
故郷であなたを思って
泣いている少女
エーリカのことを

「エーリカ行進曲」は、正式には「Auf der Heide blüht ein kleines Blümelein（荒野に咲く一輪の小さな花）」。「エーリカ」はドイツではよく知られた花と女性の名前である。「カチューシャ」が生まれた一年後の一九三九年につくられ、第二次世界大戦中、ドイツ軍兵士たちに愛唱された。

「エーリカ」と「カチューシャ」は、どちらもタイトルが娘の愛称であること、ストーリーが故郷に残してきた恋人に想いを馳せるという点で、きわめて似通っている。また、メロディも、「エーリカ」は戦局の激化により軍歌行進曲風にアレンジされたといわれるが、聴きなおしてみると、「軍国歌謡」に共通する勇壮さは薄くてむしろ軽快であり、これも「カチューシャ」と同工異曲である。

ファシズム（ナチスドイツ）と社会主義（ソビエトロシア）とは「国是」の違いはあっても、どちらも一党独裁国家ということで、くしくも「戦意高揚策」が似てしまったのだろうか。

ソビエトロシアとナチスドイツの戦闘は熾烈をきわめ、第二次世界大戦の帰趨を決めたといっても過言ではない。もちろん勝敗を決したのは軍事力の差ではあるが、その背後には重要な要素として両国民の戦意があり、従って両者の戦いは「カチューシャ」と「エーリカ」という「愛国歌謡」のヒロイン同士の戦いでもあった。

そして、勝利の女神は「カチューシャ」に微笑んだのである。

そもそも歌詞もメロディも同工異曲の「カチューシャ」が、なぜ「エーリカ」に勝つことができたのか？

かつて私のロシア語の先生であった、ロシア文学者で詩人の工藤正廣氏から貴重なヒントをもらった。

工藤氏のみたてては、不肖の弟子なりに咀嚼をするとこうである。

スターリンは、ナチスドイツとの戦争に勝利するには、ロシア国民の情に訴えて愛国心を高揚するのが最善の策と考えたが、それを見事なまでに体現したのが「若い兵士と故郷の恋人の娘」を物語にしたててうたいあげた「カチューシャ」であった。

当初のジャズ調から、メロディーは、ロシア民謡的な抒情性が前面に出るようにアレンジ。当時のソ連の兵士たちは圧倒的に農民の出であることから、歌詞は彼らの抒情の源泉であるロシアの大地・自然を、彼らの琴線にひびくように巧みに韻を踏んで表現されている。

この基調は現代のロシアの歌謡の大きな流れにつながるもので、いうなれば、「愛のフォークソング」「ロシア的な歌語り（カンツォーネ）」である。

そう分析した上で、工藤氏の口からでた次の一言が、私に大いなる閃きをもたらした。

「カチューシャはどちらかと言えば女歌です。大地と愛情がテーマの女歌です」。

たしかに、先に掲げた「エーリカ」と「カチューシャ」の歌詞を今一度くらべてみると、「エーリカ」は男の兵士が故国に残してきた恋人を想うトーンがつよいのに対して、「カチューシャ」は男の兵士による恋歌ともよめるし、故国にのこされた娘との相聞歌ともよめる。

工藤氏の示唆では、後者の色合いが濃いという。

歌詞にうたいこまれているのは、林檎、梨、草原といったロシアの農村の原風景、そして「カチューシャ」という名のロシアの農村のどこにでもいそうな普通の娘。これに加えて、どちらかといえば、娘が戦地の恋人を想う「女歌」である。これらがあいまって、「個人的なラブソング」は、戦地と銃後の両方からの「祖国への国民的な愛の歌」へと昇華。それがソビエトロシアに歴史的な勝利をもたらしたといえそうである。

一般に軍歌は「男歌」である。「♪勝ってくるぞと勇ましく誓って国を出たからは」（「露営の歌」）と決意を表明するのも、「♪ああ、あの顔で手柄頼むと妻や子が……」（「暁に祈る」）と故郷の母や女性を慰撫するのも、ほとんどが前線にいる男の側からである。「♪神とまつられもったいなさよ……」の「九段の母」、「♪家をば子をば守りゆく、やさしい母やまた妻は……」の「愛国の花」のような銃後からの「女歌」は脇役——それもはるか遠景にある脇役でしかない。

ところが、対独戦下のソ連では、「女歌」を愛国歌謡の主砲とすることで勝利を手にしたのである。「男歌」だけでは国民を統合包摂するのはむずかしい。「女歌」があいまってこそそれが可能となる。これを実証してみせたのが「カチューシャ」であったのかもしれない。

スターリン指導部がそこまで企図していたかどうかは不明だが、これによって得られたものは極めて大きいが、失われたものもまた大きかった。最も大きな果実を手にしたのはスターリン体制であり、もっとも大きなものを失ったのは、ロシアの母なる大地に根付いて生きる人々であったろう。

第二次世界大戦で最も多くの戦死者を出したのはソ連で、約二〇〇〇～二八〇〇万人、当時の人口の約一億七〇〇〇万人の一三～一四パーセントとされる。そのうちの七〇〇万人以上が一般の市民で、首都レニングラードやスターリングラード（現ボルゴグラード）では、ドイツ軍に包囲をされ、どちらも一〇〇万人を超える死者を出したといわれている。ちなみに第二次世界大戦で、旧ソ連に次いで死者が多いのは中国で約一〇〇〇万人（うち軍人一三〇万人）、三位がドイツで約七〇〇～九〇〇万人（うち市民一五〇～三五〇万人）、四位が日本で約三一〇万人（市民五〇～一〇〇万人）である。いっぽう真珠湾攻撃以外では自国が攻撃されなかったアメリカの死者は軍人約四一万人、当時の人口の約一億三〇〇〇万人のわずか〇・三％にすぎない。

ロシアの人々は、これほどの犠牲者を出し辛酸をなめながらも、大半はスターリン指導部に疑念をいだくことはなかった。それどころか、こぞって「カチューシャ」をうたい、「早く戦争に勝って故郷に帰ろう」という楽観的なメッセージを最後まで信じながら、わずか四年で二〇〇〇万人を大きく超える人々が命を落とした。逆説的にいえば、「カチューシャ」は二〇〇〇万人を超える犠牲者を熱源として、「大祖国防衛戦争」を勝利に導いたことになるのである。

■朝鮮戦争下では、赤軍兵士たちの望郷歌に

では、戦争が終結し、平和が訪れた後、「カチューシャ」はどうなったのか？　退役してお役御免の身になったのだろうか？　残念ながら「カチューシャ」に楽隠居は許されなかった。第二次世界大戦でソ連が戦勝国になってからも、「愛国歌謡」としての出番が求められたからだ。

終戦の安寧はつかの間で、それぞれソ連とアメリカを盟主とする東側の社会主義諸国と西側資本主義諸国との「冷たい戦争」が勃発、それは五年ほどで「熱い戦争」へと発展した。戦後三八度線によって南北に分断されていた朝鮮半島での東西陣営の激突である。

一九五〇年六月二五日、東側の盟主であるソ連の軍事支援をうけた金日成率いる北朝鮮軍が三八度線を超えて侵入、当初は優勢だったが、アメリカの主導で結成された国連軍が反転攻勢、北朝鮮軍は劣勢となり領土深く後退を余儀なくされる。しかし同年一一月、毛沢東率いる中国義勇軍の参戦により一進一退の膠着状態が約三年にわたりつづき、一九五三年七月に休戦となった。その間の犠牲者は米軍約五万人、中国軍約一〇〇万人、北朝鮮約二五〇万人、韓国一三〇万人以上とされる。（ＮＨＫ「映像の世紀　バタフライエフェクト　朝鮮戦争」より）

この朝鮮戦争が始まってから五〇年めにあたる二〇一〇年、新聞の特集記事の中で、中国義勇軍の生存者の証言とともに、「カチューシャ」をめぐるエピソードが紹介されている。（朝日新聞、二〇一〇年七月一〇日朝刊）

建国五年目の中国が朝鮮戦争に参戦した一九五〇年一一月、中学三年だった王剣貞は軍事幹部学校の募集に応じ、杭州の空軍部隊で訓練と政治教育をうけた後、翌五一年八月、突然命令をうけ、吉林省公主嶺の飛行場にある無線通信施設へと送られた。そこにははるか年上の六人のソ連の軍事顧問がいて彼らから通信兵としての訓練をうけることになった。

ソ連兵は、王の発音が中国語で「ワン」であることから、「ワーシャ」とよんで可愛がってくれた。彼らは毎日、肉や白米、果物やチョコレートを食べられたが、王たち中国兵士はコーリャンが主食で肉料理は半月に一回だけ。「こんな食事では発育に悪い」と、自分たちの肉やパンをこっそり分け与えてくれた。

王の思い出に深く残るのは、ミーシャというソ連兵で、わら山に寝ころんで「カチューシャ」をロシア語で教えてくれ、王にそれをうたわせてしみじみ聴き入ったという。

王は、「祖国の恋人を思い出していたのかもしれない」と述懐するとともに、「戦争初期のソ連軍は絶対的な主力で彼らがいなければ戦局はもっと厳しかった」と証言している。

朝鮮戦争で北朝鮮軍の攻勢で威力を発揮したのは、一〇年前にロシアの大地からナチスドイツを撃退するのに一役も二役も買ったロケット砲「カチューシャ」であり、ミーシャというソ連の赤軍兵士のように「カチューシャ」をうたいながら王たち中国義勇兵を教育したソ連の軍事顧問団であった。

二つの「カチューシャ」がなかったら、朝鮮戦争は異なる結末をむかえ、その後の東西冷戦体制もまた変わっていたかもしれない。

朝鮮戦争で「痛み分け」となったソ連とアメリカの東西の盟主は、その後も対立と抗争をつづけたが、一九六三年に第三次世界大戦が危惧されたキューバ危機をのりこえたからは「雪解け」へむかい、そんななかで「カチューシャ」にもようやく楽隠居が訪れたかにみえた。

「カチューシャ」が誕生してから四〇年めにあたる一九七八年、読売新聞のコラム「世界の裏窓」では、当時のソ連の若者たちの間で流行っている話題曲が取り上げられ、最後はこう締めくくられている。

「しかし古い世代にとってはやはり昔からの歌が良いらしく、レストランなどでは「トロイカ」「カチューシャ」など日本人にもおなじみの歌を合唱している光景をよく見かけ思わず楽しくなる」（一九七八年五月二日夕刊、モスクワ小島特派員）

どうやら「カチューシャ」は、「戦争を体験した老兵たちの懐メロとして消えゆく」かに思われた。

そして、一九九一年、ついにソ連崩壊の時がやってくる。その直前に発行された『音楽の友』六月号には、山之内滋美が、「ソ連の大衆音楽事情」と題して、こう記している。

「現代のソ連の人々にとって、『道』や『カチューシャ』は懐メロといったところだ。日本に置き換えれば、『戦友』『誰か故郷を想わざる』と同時代に同じような思いで作られ愛唱された歌なのである。もっとも、『カチューシャ』はその後、戦意発揚歌のような扱いを受けて、戦時中に様々なバリエーションで歌われたため、最近では人々はあまり好んで歌いたがらない」

この年の八月にソ連が崩壊。これで「カチューシャ」は「懐メロ」どころか、山之内が「♪ここはお国を何百里、離れて遠き満州の……」の「戦友」にたとえたように、やがて戦争体験者の死と共に「忘却の歌」になる、くわえて「カチューシャ」はソ連時代のプロパガンダソングゆえにソ連崩壊で支持を失うはずだから、なおさら忘れさられる、誰もがそう思ったはずである。

■東京五輪で不死鳥の復活

ところが、ソ連崩壊から三〇年もたち、戦争を体験した年寄りたちの多くとともに消えると思われていた「カチューシャ」が、不死鳥のごとく甦るのである。

それは、二〇二一年夏の東京オリンピックでの出来事だった。ロシアは組織的なドーピングに絡む制裁により国としての参加は認められず、表彰式では国歌の演奏も許されなかった。その代りとしてロシアが要求したのは、なんと「カチューシャ」だった。

だがスポーツ仲裁裁判所は「愛国的でロシアが連想される」などとして却下。これをうけてＩＯＣ（国際オリンピック委員会）は、ロシアの作曲家、チャイコフスキーの「ピアノ協奏曲第一番」を使うことにしたのである。

この不死鳥のごとき甦りに、さぞや多くの人が驚いたことだろうと思って、友人たちに訊いてみたが、気づいた人はわずかで、気づいてもこの出来事の意味を考えた人はほとんどいなかった。

なぜ、こんなことが起きたのかと調べなおしたところ、かなり前からその伏線があった。「カチューシャ」は突然、墓所から甦ったのではなく、ロシア人の心の中に、ずっと生き続けていたのである。

それは二〇二一年夏の東京オリンピックからさかのぼること三七年前の一九八四年二月二〇日、旧ユーゴのサラエボで開催された冬期オリンピックのアイスホッケー決勝で起きていた。世界選手権を兼ねた四年に一度のビッグイベントで、ソ連は宿敵チェコを二対〇で下し、八年ぶり六度目の優勝を飾った。ソ連選手とその応援団の歓喜ぶりを、新聞はこう伝えている。

「ソ連チームは試合終了後のブザーが鳴ると全員がゴールキーパーのトレチャクの周りに集まって歓喜の輪をつくった。国旗をうち振り『カチューシャ』の大合唱で祝福するソ連応援席にスティックを次々に投げ込んで喜びを分かち合う……」（読売新聞、一九八四年二月二〇日夕刊）

しかし、この「カチューシャ」の大合唱が起きた一九八四年は、前述したように、ソ連では「老兵たちの懐メロとして消えゆく」かの状態にあり、これと矛盾するではないか。いや、そうなるだけのもう一本の伏線があったのである。それは、さらに一五年前の一九六九年三月二八日ストックホルムで開催されたアイスホッケー世界選手権大会にさかのぼる。チェコはソ連を四対三で破り優勝をはたすと、チェコ全土は興奮で沸き返った。

それは前年の一九六八年八月、ドプチェクによる「人間の顔を持った社会主義」を掲げた民主化運動「プラハの春」が「ソ連軍の進駐」でつぶされたことへの抗議運動へと転化、その激越ぶりを新聞はこう報じた。

「市民たちのシュプレヒコールは『我々はソ連をやっつけたぞ』『チェコ万歳』『ソ連軍出て行け』と次第に政治的なスローガンへと変わっていき、最後にはチェコスロバキア国歌が深夜のプラハの町をゆるがせた」（朝日新聞、一九六九年三月三〇日朝刊）

アイスホッケーはソ連でもチェコでももっとも人気のある「国技」であり、以来、両国の「国の威信をかけた戦い」がはじまった。いわばスポーツによる「疑似戦争」である。ここで注目すべきは、チェコが勝てばチェコ国歌がうたわれるが、ソ連が勝つと、国歌ではなく「カチューシャ」が歌われたことだ。これはすなわち、「カチューシャ」が事実上の「愛国歌」であり続けていることの証しであった。

朝鮮戦争後の東西冷戦の雪解けのなかで、「カチューシャ」は「老兵たちの懐メロとして消えゆく」かに見えたが、それは「平時」のことであって、国家の威信がかかる「政治的危機」状況になると、「愛国歌」として不死鳥の甦りをみせる。

二〇二一年夏の東京オリンピックで、ロシアが代替国歌として「カチューシャ」を要求したのは、ロシアに「政治的危機」状況が訪れつつあることのシグナルであり、それからわずか半年後のウクライナ侵攻の先触れであったことに、私たちは気づくべきであった。

二〇二二年九月二一日、プーチンは予備役三〇万人を対象にした動員令を発令、膠着した戦況の打開を目論んだが、ここでも「カチューシャ」が戦意高揚歌の役割を果たしている。

「北東部のシベリア・サハ共和国の村では、旧ソ連さながらに『カチューシャ』の音楽が流されるなか、村の集会場所から男性は見送られた。首都モスクワでも召集された若者が、涙を流す母親に笑顔を見せていた」（佐藤俊介「招集から逃げる人々　ずさんすぎるプーチン政権の動員令」「ウェッジオンライン」二〇二二年九月二六日）

■「大ロシア帝国」の「愛国歌謡」としても機能

これら「カチューシャ」をめぐる現下の一連の動きからは、次のことが読み取れるだろう。

「カチューシャ」が今もって現役の「愛国歌謡」でありつづけていること。もう一つは、「カチューシャ」は生まれはソ連でも、「社会主義ロシアの申し子」ではなく、それ以前の「大ロシア帝国」の「愛国歌謡」としても機能していることである。

これを裏返せば、多くの識者が指摘しているように、一九一七年に成立し一九九一年に崩壊した世界初の社会主義国・ソビエト連邦は、一七二一年に成立した「大ロシア帝国」から続く歴史の流れの中にあった少々毛色の変わった七十余年間の一レジームであって、「母なる大ロシア」は、ソ連が崩壊後の今もなお途絶えることなく護持されている。

その有力な拠りどころかつ証拠が「カチューシャ」といっていいのかもしれない。

それを物語るソ連崩壊時のエピソードがある。

愛知県のある日本人夫妻が、日本で公演したレニングラード少年少女合唱団の一人の少女を自宅に泊めた縁で、一九九一年一二月五日、少女の自宅へ招かれた。そこで家族から歓待をうけた。

ともに「カチューシャ」をうたったあと、別れ際に、少女の父親からこう言われた。「ソ連は小さくなってしまうかもしれない。でもこの国が永遠に続くように努力する」。日本人の夫は「小さくなる」という意味がわからなかったが、九日午後に帰国、「ソ連邦消滅」の新聞の大見出しを見て、真意を理解したという。（朝日新聞、一九九一年一二月一二日夕刊）

「ロシアは小さくなる」と嘆きながらうたわれた「カチューシャ」——ここに多くのロシア人の心情の根がありそうだ。プーチンの支持率が今も八割を超えるというロシアの報道を海外メディアは「操作」だと指摘するが、ロシア国内ではそれは「現実」なのかもしれない。すなわち、ロシアによるウクライナ侵攻は、ソ連崩壊によって「ロシアが小さくなった」時からすでに準備されていたのではないか。そうしたロシアの庶民の内奥の想いと寄り添いつづけてきたのがほかならぬ「カチューシャ」であったのだ。

したがって、現下のロシアの人々のあいだで、「カチューシャ」が再び懐メロに戻らないかぎり、ウクライナ戦争は終息に向かわない。逆に「カチューシャ」がなお「愛国歌謡」として共感されつづけるなら、ウクライナ戦争は、一時的な和平があっても長期化・泥沼化はさけられないだろう。

その意味からも「カチューシャ」は要注目の歌である。

あとがき

本書は朝日新聞社のウェブ版言論誌「ＲＯＮＺＡ（論座）」で長期連載した「嗚呼！　昭和歌謡遺産紀行～あの時、あの場所、あの唄たち」（二〇一九年一〇月～二〇二三年三月）を改稿し、再構成したものである。

その作業をすすめるなかで、戦争が終わって生まれた私たち団塊世代の伴走者である戦後日本とは何であったのか、その核心を歌たちが問わず語りに語ってくれていることを改めて確認できた。七十余年のわが人生に貴重な振り返りと気づきを与えてくれた、同時代の歌たちに謝意を捧げたい。

いっぽうで紙幅の制約から連載で取り上げた歌たちの半数程度しか紹介できなかった。彼らにもいつかお披露目の舞台が訪れることを期待している。今も多くの歌たちが、戦後日本の行きつく先をひそかに告げようとしているはずである。これからも、それを聴き逃すことのないよう、わが耳を研ぎ澄ましたい。

かつてアメリカの原子力空母エンタープライズ佐世保寄港反対闘争の時、近郊の旧炭鉱町の茂山和也さんの実家に泊めてもらった。昨年暮れ、加藤登紀子さんのコンサートで久しぶり会った氏と、その時初めて炭鉱のボタ山を見た話になり、二人はたちまち〝青春が美しいなんて誰にも言わせない〟二十歳《はたち》に戻っていた。その後、ウェブ版「ＲＯＮＺＡ」が本年四月で閉鎖になり、何らかの形で連載原稿をまとめようと思っていたところ、氏との再会が機縁となり今回の出版につながった。

本書のもとになる連載の機会をいただいた朝日新聞の樋口大二氏と吉田貴文氏ともども、心より感謝を申し上げたい。

二〇二三年七月末日

前田　和男

著者紹介
前田 和男（まえだ かずお）
1947 年東京生まれ。東京大学農学部卒、日本読書新聞編集部勤務を経て、ノンフィクション作家、翻訳家、編集者、路上観察学会事務局。
『のんびる』（パルシステム生協連合会）編集長
著 作
『男はなぜ化粧をしたがるのか』（集英社新書）『足元の革命』（新潮新書）『選挙参謀』（太田出版）『紫雲の人、渡辺海旭』（ポット出版）『民主党政権への伏流』（ポット出版）『ＭＧ５物語』（求龍堂）ほか
訳 書
O・ハラーリ『コリン・パウエル リーダーシップの法則』（ＫＫベストセラー）、イーグルトン『悪とはなにか』（ビジネス社）

昭和《しょうわ》 街場《まちば》のはやり歌《うた》 —— 戦後日本《せんごにほん》の希《のぞ》みと躓《つまず》きと祈《いの》りと災《わざわ》いと

2023 年 8 月 15 日 初版第 1 刷発行 定価はカバーに表示してあります
2023 年 12 月 30 日 第 2 版 1 刷発行

著 者 前田 和男
発行者 河野 和憲
発行所 株式会社 彩 流 社
〒 101-0051 東京都千代田区神田神保町 3-10 大行ビル６Ｆ
電話 03（3234）5931 FAX 03（3234）5932
ヴェブサイト http://www.sairyusha.co.jp
E-mail sairyusha@sairyusha.co.jp

印刷・製本 ㈱丸井工文社
装丁 渡辺 将 史

ISBN978-4-7791-2920-9 C0073

☆彩流社の関連書☆

平成Ｊポップと令和歌謡

4-7791-2779-3 C0073 (21･10)

スージー鈴木 著

古今東西の音楽を独自の視点で批評する人気評論家・スージー鈴木氏、初めての平成・令和ヒット曲解説本！ その時々の最新ヒット曲を毎週１曲解説した東スポ人気連載＜オジサンに贈るヒット曲講座＞５年分215曲を満載！

四六判並製　1900円＋税

［新版］評伝 古関裕而

4-7791-2674-1 C0073 (20･05)

菊池清麿 著

国民的作曲家、古関裕而の知られざる人生の機微を描いた『評伝・古関裕而』(2012年) に、当時はあえて取り入れなかった興味深い逸話を多数盛り込み、大幅に加筆。判型もコンパクトに手に取りやすく編み直した決定新版。

四六並製 2500円＋税

〈越境〉の時代

4-7791-2407-5 C0074 (17･11)

大衆映画のなかの「1968」

小野沢稔彦 著

「1968年」は世界の若者たちの意識が連動した「革命」の時代だった。映画に内包されたこの時代の課題を取り出し、問い直し、激動の時代の「文化」として政治的に見つめ、いまなお持続する「問い」として真正面から思考する。

四六並製 2500円＋税

青春 1968（写真集）

4-7791-2453-2 C0072 (21･10)

石黒健治 著

五木寛之氏「ここに切り取られたどの人物も、時代の漂流者、デラシネたちである。マスコミの表皮を疾走しつつ一瞬の光芒にきらめいた群像だ。その一瞬に永遠がある。石黒さんは、60年代の人びとの写真と共に、それをみずからの墓標として上梓した、と言っていい」B5変形判 3200円＋税

ボブ・ディランに吹かれて

4-7791-2301-6 C0090 (17･03)

春樹・ランボーと聴く詩

鈴村和成 著

なぜボブ・ディランはノーベル文学賞を受賞したのか？ 仏の詩人ランボーを専門にする文芸評論家だからこそ解ける、ランボーから、ディランの文学性を問う。文学から紐解く新しい、斬新なボブ・ディラン論！

四六判並製　1800円＋税

フレデリック・ショパン

4-7791-2765-6 C0073 (21･08)

その情熱と悲哀

フランツ・リスト著／八隈裕樹 訳

世界中の誰もが知る超一流音楽家フレデリック・ショパンの芸術と生涯を、その友人にして大音楽家であるフランツ・リストが敬愛をもって書きのこした伝説的名著。72年ぶりの新訳！リスト自筆の雑誌連載記事の付録つき！

四六判上製　2700円＋税